问道语文课

程永超◎著

黑龙江教育出版社

图书在版编目（CIP）数据

问道语文课 / 程永超著 . –– 哈尔滨：黑龙江教育
出版社，2017.12

ISBN 978-7-5316-9375-8

Ⅰ . ①问…　Ⅱ . ①程…　Ⅲ . ①语文教学—教学研究

Ⅳ . ① H19

中国版本图书馆 CIP 数据核字 (2017) 第 320177 号

问道语文课

Wendao Yuwenke

程永超　著

责任编辑	宋怡霏
封面设计	人文在线
责任校对	张　江
出版发行	黑龙江教育出版社
	（哈尔滨市南岗区花园街 158 号）
印　　刷	北京市金星印务有限公司
开　　本	710 毫米 × 1000 毫米　1/16
印　　张	17
字　　数	261 千
版　　次	2018 年 6 月第 1 版
印　　次	2018 年 6 月第 1 次印刷

书　　号　ISBN 978-7-5316-9375-8　　　　定　价　60.00 元

黑龙江教育出版社网址：www.hljep.con.cn
如需订购图书，请与我社发行中心联系。联系电话：0451-82533097　82534665
如有印装质量问题，影响阅读，请与印刷厂联系调换。联系电话：18910147372
如发现盗版图书，请向我社举报。举报电话：0451-82533087

序一 | 做一个有 "文化" 的语文人

　　我和程永超老师的结识缘于温州市为 "551" 高层次人才聘请导师，真正见面是全国第八届全国新语文教学尖峰论坛。

　　在我组织的这个每年一度的全国性语文人的盛会上，程老师作为名师邀请其开设了一堂示范课。因为事务繁忙，一般名师上课我都不会去听的。但那一天，我不但留在教室听了，而且一听到底。因为程老师的课非常出彩，即以 "经典" 来形容，也不为过。

　　程老师的 "课" 比较独特，因为他没有进行一般的课堂授课，而是以一个 "说课 + 讲座" 的形式来进行的，也就是程老师自称的 "散讲" 模式。程老师的 "散讲"，概念清晰、逻辑严密，很有说服力，重归纳而非演绎，避免了一般语文老师极容易有的通病。记得那堂课上，他先指出当前语文教学领域中关于 "写" 存在的问题：概念不清，定位不准；教学混乱，效率低下。然后引导大家对 "写作" "作文" 和 "考场作文" 进行辨析，厘清概念，对语文教学中的 "写" 进行理性定位，再从事实与观点之间的关系进行深入剖析，最后对症下药，指导具体操作。尤其是课上他提到的从 "事实证明观点" 到 "事实支撑观点"，两字差别，就是质的飞跃，一针见血戳中当下论述文写作问题的要害。

　　程老师课堂语言幽默而睿智，诙谐而精准。一个老师的课堂用语最能体现自身的素养，我觉得这是语文老师永无止境不断修炼的追求。现在还有不少老师处于 "感觉不对"，但又 "无法准确说出来" 的尴尬境地，其实，这主要是读得不够、思考不够所致。

　　另外，我还很是欣赏程老师 "贴近" 学生的教法，在学生原有的水平和出现的问题上进行引导和修正，那堂课上他所提供的案例就是极佳

I

的示范。原本，作文教学本就易流于空洞，但是，程老师就事论事的实在与年复一年的研究对我启发极大，也深受感动。这学问，的确是"做"出来的！

这次他的书稿让我作序，我欣然接受。

《问道语文课》一书是程老师从近年发表的百多篇文章中遴选融合而成，是他多年语文教育教学的思考总结，这些文章全都在国内语文界权威刊物上发表过，不少还被人大资料复印中心期刊全文转载。它的与众不同之处在于：一般专著大都主题先行，文章后写；本书是文章先有，融合成书。

也许，程老师在撰写这些论文案例时，并没有着意为将来出书而进行系统思考，百多篇论文案例如同建筑材料般随意摆放在那里；而作者的语文教育教学思想一旦渗透进来，这些材料中的精华部分就会神奇地汇聚在一起，形成《问道语文课》这座浑然天成的建筑。

这座建筑由"语（语文）·文（课文）·课（课堂）"三大主体构成：

"语文"是顶层，涉及"语文—老师—读书—作文—考试"等基本构成要素，渗透的是作者多年的语文教育教学思想。

"课文"是支柱，选取了当下通行语文教材版本中的经典篇目，从全局到个体，从整悟到断章，对课文进行语文教学视域下的文本解析。

"课堂"是地基，从课论到镜头，从教学设计到课堂实录，内容涵盖古今中外各类文体，是前者"语文"和"课文"在教学实践中的具体呈现。

重要的是，纵览书稿，我发现全书架构并非"语文＋课文＋课堂"的简单拼凑，而是一种"语文×课文×课堂"的有机融合，仔细阅读，你会发现里面隐含着程老师的教学风格，你还会发现有一条主线贯穿其中，即程老师所说的"语文教学中的文化追求"。

说到"文化"，有如讨论哲学。这是一个颇具挑战性的话题。

记得日本思想家、哲学家中江兆民曾对哲学做过一个形象比喻。他说："国家没有哲学，恰像客厅里没有字画一样，不免降低了国家的品格和地位。……"一个国家如此，一所学校如此，一名优秀语文教师也应如此：是不是该时常问问自己，我的客厅里挂着字画了吗？应该挂什么字画？

杜威曾经讨论过哲学与教育学的关系，他的判断是"哲学就是广义的教育学说"。教育学与哲学有着天然的内在联系，教育学说如果不与哲学相联系，学科教育如果不上升到哲学层面去认识，不进行哲学思考，必然是流于肤浅的。

众所周知，中国文化是汉语言的特质和灵魂。程老师从汉语言特性出发，以文化传承的视角来观照语文，以中国文化思维解读课文，以无形氛围、格调、气韵经营课堂，最终形成"文化渲染教语文"的风格。这一风格的形成是他不断学习和深入思考，特别是通过实践不断认识与思索的结果。可以说，语文教学中的文化追求，让他的语文教学研究与实践进入了一个新的阶段。

教学风格是教育思想、教育理念的具体化和个性化，是教师实践和研究的魂灵，是教师核心思想。教师教学风格的形成有一个过程。程老师正是经历了这一过程。

首先，他有自己的教育理想。他不断激发自己创新的激情，保持着思考、创造的状态，对语文、课文以及课堂的本义、真义与要义不断思索与追寻。

其次，他善于分析自己的教学经验，从教学实践中提取思想，清理自己的教学思想脉络，清晰自己的发展方向，促使经验走向特色，从特色走向风格。

再次，他加强理论学习，尤其是教育硕士研究生的学习经历，让他增厚了自己的理论功底，提升了自己的理性思维，促使他把实践与理论结合起来，语文教学的理念有了一次升华。

如此而言，程老师"问道语文"就不是他的突发其想，执着于"语文教学中的文化追求"也不是他一时心血来潮。没有理想，没有追求，

没有思考，没有研究，没有痛苦的淬炼，灵感怎会去敲你的脑门？

著名画家刘海粟先生曾说过："演员比来比去，比的是文化。"其实，教师比来比去，比的也是文化。一个语文教师只要具备了厚重的文化内蕴，至于方法技巧那都是其次的。真正支撑语文教学步入高境界的，是那些无形的而又极其重要的文化内蕴。这恰如"冰山的下面"，不一定"显山露水"，但却是须臾不可或缺的支撑。或许，程老师十几年来所追求的就是这样！

语文教育是面对灵魂的事业，需要我们以自己的风格来感染学生；语言文字是审美蕴藉的意识形态，需要我们以"文化"的方式来进行。

我想说，过去如此，现在如此，以后也会如此。

是以为序！

蔡伟

浙江师范大学教授

浙派语文教育研究中心主任

2017 年 11 月

序二 | 问道语文课，董道而不豫

与永超相识，是十多年前。那时他初出茅庐，我也刚来到温州，担任高中语文教研员。人生地不熟，我不得不将大量的时间和精力投入到课堂观察，以获得"发言权"。

永超的长相，至少不属于"帅哥"一类；但他的睿智和"真爷们"的大气，在语文教师队伍中，却十分显眼。他很执着，八年前，温州市名师工作室招生，志愿一共三个，没想到他三个志愿填写的都是我，这不是"一根筋"吗？

这种执着，更多体现在他对"语文课"的实践与思考上。这种执着，注定了他将成为一位优秀的语文教师，一位语文教师中的思想者。温州市教坛新秀、浙江省教坛新秀、温州名师……踏石留印，他执着地走在"语文课"之路上。

2015年温州市杰出人才和青年拔尖人才评选时，永超的答辩令所有评委眼前一亮。中途休息时，忝为评委的我，不禁向浙江大学几位知名教授感叹："自古英雄出少年啊，作为老师的我，现在感觉已经被他抛在后面喽！"

我历来主张语文课应该发挥两种魅力——语文教师的魅力和语文课程的魅力。有了这两种魅力，学生不喜欢语文都不行，学不好语文也不可能。课堂上，他妙语连珠，学生如坐春风，从其弟子所集的"程氏语录"（见书末那篇别具一格的《语论》）便可窥见一斑。

从这部《问道语文课》书里，可见他身为语文教师的那种让学生着魔的特质，亦可见他关于语文课程的深刻思考。

关于"问道"，词典的说法是请教"道理"，追问"道行"。该词出

序言

V

于《晏子春秋·问上十一》："臣闻问道者更正，闻道者更容。"意为：我听说问路的人会改成走正确的路，而听见问路的人（因为听到正确的路）而神情改变。引申为君王若能善于纳谏并改正自己错误，百姓听说后容貌表情也会有变化。这里的"道"引申为"道行、道理"。到了老子那里，关于"道"的阐释则更为精辟："道生一，一生二，二生三，三生万物。"老子强调"道"是世界本源，"道"创造了万物。

如此推演，"问道语文课"，是不是要从"语文课"中去寻求语文的"道理"，语文的"道行"，语文的本源？那么，语文课的"道"究竟是什么"道"呢？

今天，当人们追问什么是"语文"时，陡然发现"语文"成了一个颇具纷争的哲学问题。"语文是什么？"君不见当下有太多的定义？譬如"真语文""正道语文""生命语文""智慧语文"……但不管何种"××语文"，依我浅见，都应包含"语"和"文"。"语"是"汉语言"，"文"是"中国文化"，二者相辅相生，不可剥离，共同构建了我们这个民族以母语为基石和载体的人类文化组成部分。汉语言是"表意"的，其本身承载着文化，又是在中国文化的土壤中生长的。中国文化是汉语言的特质和灵魂。在古希腊神话里，英雄安泰是大地母亲的儿子。只要身体不离开大地，他就拥有无穷的力量，就能够所向无敌。他的对手发现了这个秘密，将安泰举到空中使其无法从大地母亲那里获取力量，最后在空中将他扼死。同样，语文如果离开了中国文化的滋养，就会成为无根之木，一定会枯萎；语文如果不立足于中国文化，就如同希腊神话里的安泰，一定会死亡。

永超说：语文之"道"就在于汉语言中的文化。这一点，我是赞同的。语文老师就应该凭借着语文来解释、发展中国文化，推动文化的进步。退一步讲，"语文科"本来就隶属于人文科目，理应反映丰富的人文内涵，以陶冶健康的情趣、情调、情怀和情操，使学生领略文化的丰厚博大。

看看现在，我们语文教育教学中最缺的是什么？是文化！

认识汉字，还可能是文盲。说得严肃些：一是我们本来就漠视语言文字的文化性，忽略中国母语重情境、重虚实、重神韵、重意象等文化特征，因而在教学中对于语言文字的工具性训练很难说真正有效。二是我们远离或者弱化了语文的人文性，把语文当作单纯的语言工具来教学，老师更多去关注知识的传承，过分讲究经验的逻辑组织，热衷于文化表层的符号、技艺、形式的精致和完善，也很难说语文对于学生的精神发育而言会有多大影响。

中国文化是汉语的根本。永超这些年的实践探索我是看在眼里的，这种探索最后在表述上遇到了难题：仅在"语文"前面加以"文化"，难免落入"××语文"窠臼，再说也不宜以"文化语文"这一糅合而成的概念来表述。这的确是个头疼的问题。我想，概念很重要，但更重要的是对概念如何去理解和阐释。

关于永超"语文教育中的文化追求"，窃以为可从两个维度来思考。

首先，"文化"为名词。语文本身就承载着三千年中国人宏博的文化结晶，文化是语文的特质和灵魂。语文既有定型的字词句章的训练，还有无定形的氛围、格调、气韵、神采等性灵与精神，语文素养，最终培育的是有文化根基和民族脊梁的人。

其次，"文化"为动词。文化融注在日常的语文教学中。如果我们把"文化"当作简单机械的语言训练，那教出来的孩子可能有知识，却没灵魂；有技艺，但没精神；有智力，却没情怀。蜷缩在这样的知识体系中，触摸不到母语温润的爱，就谈不上"文化"的过程，我们的语文，注定是畸形的。所以，我们教语文，是在文化，我们的教学应该是文化的过程。

其实，不论是名词的"文化"，还是动词的"文化"，都需要"化"入人的内心。在日常教学中，永超和他的学生在自觉或不自觉状态下，用一种属于他们自己的方式去演绎语文。他将这种方式戏称为"渲染"。

渲染，本是中国画法，指的是用水墨或淡彩涂抹画面，烘染物象，分出阴阳向背，以强化和丰富艺术形象，从而形成不同寻常的艺术效果。后

被借用为文学中的一种表现手法，指通过环境、景物或人物行为、心理，进行多方面的描写或烘托，以突出艺术形象，加强艺术效果。

当然，不能将绘画或文学中的渲染生搬硬套至语文教学中。然而，毋庸置疑的是：绘画或文学中的渲染与语文教学中的渲染同为一种"艺术行为"，是有其共通之处的。譬如渲染之目的是为了突出艺术主体美，不能喧宾夺主；渲染之手段具有随意性和发散性，往往"不着一字，尽得风流"。由此可见，在语文教学中借鉴于"渲染"，不失为一条通向文化语文教育的途径。

故此，永超的上课风格也有如他自己所言，"文化渲染教语文"。记得他在某篇文章中曾提过：以文本中蕴含的文化为鉴赏主体，多角度（语言、结构、情感、思想等），综合运用各种手段（音乐，雕塑、朗读等）渗透文化，以玩味的方式引领学生通过一种感官的愉悦，沁入其境，品味蕴藉。

显然，永超是不愿纠缠于上述理论阐释的，对一个语文老师而言，他从事的研究，是行动研究。于是，他以文化的视角，立足语文，扎根课文，践行课堂。而这本书，正是对他行动研究的一个注脚。

路易斯·奈泽（Louis Nizer）说："一个用他双手工作的人是劳力，一个用他的手和脑工作的人是工匠，一个用他的手和脑和心灵工作的人是艺术家——由此，你展示的就是自己独特的魅力。"

我想说的是，永超超越普通语文教师的地方，就在于不甘做一个"教书匠"，而是从"语文课"（语文·课文·课堂）中去寻求语文的"道理"，语文的本源。

问道语文课，董道而不豫。这，就是永超不断超越自我的秘笈所在。

张新强

温州市教师教育院教授

温州市名师办主任

2017 年 11 月

目录

中编　问道课文

下编 问道课堂

目
录

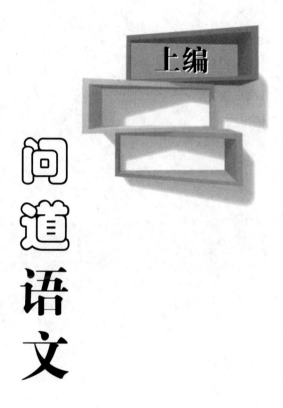

上编

问道语文

语文："学你有何用？"

记得《红楼梦》里黛玉进贾府时问姐妹们读了什么书，贾母回答说："读的什么书，些须识得几个字，不做睁眼瞎子罢了。"曾几何时，却在很多场合听到这样的声音：学的什么语文，大学语文课都要被取消了！再说凭它能找工作？学的什么语文，将来真做老板了还要那秘书做甚？……

对此，2018 年 5 月份"中国新闻网"上还挂出这样的讨论话题："你认为大学生还有必要上语文课么？"有三个备选答案：

（1）有，无论如何要先学好自己国家的语言；

（2）没有吧，小学中学都已经学了那么多年了，汉语底子够好了；

（3）具体情况具体分析，比如高考中语文分低的学生要上语文课，其他的就不用了。……

其实，这里人家是在探讨"大学语文"的事儿，咱"中学语文"那还是"相当重要"的！然而，"学""教"了十余年中学语文的笔者却从未像现在这样尴尬过：婚假影响了教学进度，考前还有两篇课文只好让学生"认真"去看了，没想到考试成绩却让人大跌眼镜：没讲的课文比讲过的课文学生得分要高得多！还有，这个学期班上有位女生住院数月后痊愈返校，其他科目成绩是跟不上了，但期中考试语文成绩"依旧灿烂"。这不，现在就连家长也深谙其中奥妙，给孩子请家教——"语文科就免了吧！"为何？因为地球人都知道："语文是笔糊涂账，上多上少一个样！"

……

笔者突然惶惑了：语文课真的是"可多上可少上"，甚至"可上可不上"了吗？如果不是这样，上述现象又该如何解释？进一步问：为何你班语文成

绩好的依然好，差的仍旧差，你却并不能提供实质性的帮助呢？撇开这些不说，就像有家长指责的那样，"学你语文家里电灯坏了能找到电路？"

一句话：学你语文有何用？

"学你语文有何用？"一语惊醒梦中人。其实，这早已不是什么新鲜话题，而且笔者还知道，争辩双方必定能从各自所熟知领域找出千万条"用"与"无用"的理由来辩个不亦乐乎。譬如咱是语文老师，自然会大声疾呼："学语文那是相当有用，没语文你连字都不识，不是'睁眼瞎'吗？语文是母语，'语文学习的外延与生活的外延相等'啊！生活处处有语文啊！你离得开生活吗？"……

然而，这样无休止的争论，人们似乎也早已经厌烦！前段时间，笔者读了龚鹏程先生的文章"豁然开朗"——原来愚蠢之人才会去争论那语文有没有用！——因为，当问"物有何用"时，"该物的用途必然是配合着使用者的目的而来的。例如，我们问碗有什么用时，其实就寓含着有关目的性的考虑：若以吃饭为目的，则碗就可以盛饭；若要打人，则碗就成了武器；若是托钵僧或乞丐用，则成了身份的代表。换而言之，凡有用的东西，必然是在为一个目的服务的。它的存在与价值、功能，就在于完成这个目的"。

如此看来，那些问"学语文有何用"者也是如此了。

如果你以"找电路"为目的来问"学语文何用"，则语文的价值（功用）就在于"找电路"了，可事实上"找电路"不是"语文"而是"物理"的价值（功用）。这就如同你对着物理课本说"学你电路知识能理解李杜诗歌吗？"一样荒唐可笑！

如果你以"能考多少分"来质疑"学语文有何用"，则语文的价值（功用）就在于那干枯的分数（数字）了。虽然语文学习需要量化（分数）来衡量学习效果，但学习语文显然不是为了分数，这就如同问"你活着有什么用"，而你回答"我活着要吃饭"一样文不对题。因为，人之生存是必须吃饭的，但却不是为了吃饭而生存。今人之错误就在于以非目的者为目的来"争论"语文有没有用。

从某种意义而言，语文不是为了某种特定目的而学的，否则，语文便会成为一切外在目的（诸如政治教化、文化交流、商业宣传等）的工具，人们也就会永远陷入无休止的"用"与"无用"的无聊论争中。也许您会立马驳斥道："你别忘了语文属性之一是工具性。"其实，所谓"工具性"

是否为语文本质属性，直到现在还被人质疑不已，当然这里不会赘述。但我们是不是可以反过来说：如果你愿意，诸多外在功用（政治教化、文化交流、商业宣传等）都可以在语文身上得以体现。或者，干脆借用龚鹏程先生的话说，"语文之用"（价值）就在于其本身"无用"，即它不能是专属于任何目的的工具。因为你一说到"用"，就必然会牵扯到"用"之不同层次与不同性质，譬如上述的经济、政治之用等。而就"语文"而言，完成其独立自存之美的价值，就是其自身主体性的完满实现。

事实上，语文"无用之用"方为"大用"，语文学习乃人之内在需求，它虽不能在过程中创造出显性的功利价值，但是唯有接近它，人，才会获得内在的自由与舒适。也只有在这"无用"的世界里，人们才能解除目的与机械的功利反应，让自己从工具的身份中解放出来，不再是一架机器中的螺丝钉，而是他自己。

君不见现实中的学子，当其用心品味那一篇篇活着的文章作品时，整个精神主体就会因此而变得玲珑活络、自由自得。因为，在语文学习中你能体验到"大江东去"的人生豪放，能感悟到"人比黄花瘦"的婉约；你能听到"磨损胸中万古刀"的愤懑呐喊，也能听到"杨柳岸，晓风残月"的浅吟低唱。这里有怒发冲冠的报国志，有窗前明月的故乡情，有独上西楼的长相思，有草长莺飞的梦江南。杏花春雨，铁马秋风，蕉叶题诗，红炉拥雪。这仅仅是语文学习吗？不，这是语文人生！

说到此处，笔者突然想起台湾大学叶嘉莹教授答问学生一事。叶教授是当代研究古典诗词的大家，一天学生问叶教授："先生，您讲的古典诗词我们很喜欢听，可是学了它有什么用呢？"叶教授回答道："你的这话问得很现实。的确，学了古典诗词既不能帮助你找职业，更不能帮助你挣钱发财，但学之最大好处就在于使你心灵不死。庄子说'哀莫大于心死，而身死次之'，如果你心完全沉溺在物欲之中，对其他一切都不感兴趣，那实在是人生中第一件值得悲哀的事啊！"我想，对于叶嘉莹先生的回答我们是否可理解为：语文学习，原本就是改变人之生存状态，提升生命质量的一段人生过程呢？

对了，据说去年国家教育部已正式下文，要求高校面向全体大学生开设"中国语文课"。目前北大、清华、南开等多所知名院校已把语文课列入了必修必选课……

（原载于全国中文核心期刊《语文学习》2009年第5期）

语文："阅读教学" 辩证

新课改以来，中小学语文教学在探索中深化，取得了显著的成绩，同时，各种冠以"创造性阅读""探究性阅读""非指示性阅读""深度阅读"等名目的"阅读教学"如雨后春笋般地冒了出来；语文课堂似乎也热闹非凡，在一片"对话"声中显得十分活跃；而有关阅读的名词术语，诸如"对话理论""接受美学""建构（解构）主义""读者中心说"等更是"忽如一夜春风来"，纷纷亮相。然而，当我们透视这些纷繁表象却尴尬地发现：现实中的"语文课"并未彻底"解除枷锁，冲出重围"，在一片热闹讨论声中"阅读教学是什么"这个问题依然没有明确答案。

笔者以为，当下语文阅读教学陷入困境，与其说是阅读教学理论纷繁混乱，倒不如说是人们对"阅读教学"概念本身及其定位归属模糊不清。本来按照习惯，"阅读教学"这一概念似乎是无须界说的。《义务教育语文课程标准》（2011 年版）指出"阅读教学就是学生、教师、文本之间对话的过程"；语文教育专家王尚文教授将"阅读教学"定义为"师生共同与选入教材的文本之间所进行的一种带有文学解释性质的对话"；著名特级教师褚树荣将阅读教学解释为"师生双方在特定的文化背景中与文本的对话过程"，等等。

从教学实践上看，不少教师对以上这些论述的理解是片面的，他们往往简单地认为"阅读教学 = 对话"。然而，"阅读教学即对话"这一概念至少包含两层意思："阅读"是读者与文本之间的"对话"；"教学"是师生、生生主体间的"对话"。也就是说"阅读教学即对话"其实包含了"阅读对话"和"教学对话"两个命题，而且这两个命题完全属于不同的领域，正如上海师范大学王荣生教授所言，"前者与源于西方的解释学、文学批评理论的发展密切相关；后者根生于课程与教学研究，是解释学在教育领域、在课程与教学领域的沿用，与主体教学、合作教学以及建构主义理论、批判（解放）教育学、后现代课程观都有直接关联"。按照专家阐释，包含了"阅读"和"教学"两个命题的"阅读教学"，这一概念在实践中该如何去理解？其重心是"阅读"还是"教学"？还是"阅读＋教学"？还是其他什么？鉴于此，笔者以为很有必要对"语文阅读教学"再行审视和辨析。

我们知道，"语文阅读教学"，其构成有"语文""阅读"和"教学"三个要素，且三要素构成层叠递进关系。首先，"语文阅读教学"应该是"语文的"，这是概念外延的确定，这也是当下阅读教学归属于语文根本的保障。其次，"语文阅读教学"的核心应落在"教学"上，也就是说"阅读教学"是关于阅读的教学，而不是阅读与教学，"阅读"与"教学"在这里并非平行概念，"阅读"是"教学"的限定，"教学"才是最终的目的。

一、语文阅读教学的媒介：课文 ≠ 文本

既然是"教学"，就一定存在教与学的媒介。而语文阅读教学的媒介，广义地说是指能够实现语文阅读课程教学目标和要求的中介和凭借，狭义地可理解为语文阅读资料。由于当前语文阅读教材主要是文选型教材，因而阅读教学的中介和凭借，其实就是指那一篇篇"选文"（作品）。然而，问题也便由此产生，按照"对话理论"观点，阅读教学的过程是"师生与选入教材'文本'之间所进行的一种带有文学解释性质的对话过程"。那么，这里入选教材的"文本"与通常意义上所讲的"课文"有无区别？或者说，用当下流行的"文本"概念取代传统的"课文"概念，其课程改革的意义体现何在？

纵观近年出版的语文教学相关文献，愈发发现语文界偏爱使用"文本"这一术语。众所周知，"文本"（text）是西方"新批评"文艺理论中与"作品"（work）相对应提出的术语。"文本"的本义是"交织""肌理"、"构成"，它强调的是文学作品自身由语言构成的质地、结构和形态，具有明显的客观性和自足论色彩；而"作品（work）"，主要是从作家这一方面去寻找理解作品的根据，强调的是对作家的依附性质和附属位置，从而也就有可能忽视构成作品的其他因素，如语言、形式、结构等，其实这些因素本身都含有一定意义，而且这些意义有可能和作家试图表达的意思并不

一致。所以，"文本"概念的提出有助于我们在理解和解释"作品"时，不仅要以作家的意图为根据，更要注意构成"文本"的诸因素所蕴含的意义。

应该说，现代文艺理论用"文本"（text）来替代"作品"（work），其意义不仅仅在于概念的简单更换，更重要的是体现了人们对文学的重新理解。但是，有限的理念"矫枉"并不意味着无限的实践"过正"。西方文艺领域内"文本"替代"作品"的价值，并不意味着将其植入中国语文教学领域也同样适用，更不能简单地认为，在新课改的背景下以"文本"替代"课文"就算"新课程改革"了。可以说，完全忽视或抛弃了传统俗称的"课文"的课程意义和教学价值，其本身并不理智。窃以为，在当下语文教学领域中，引入"文本"的意义主要是在于对传统阅读（作品）教学的改进，是对学生阅读权利的尊重与提升。至于"文本—作品—课文"三者关系绝不是等同替换那般简单，那种将"文本"＝"课文"的做法，在当下语文教学实践中已造成了不良影响。譬如对于"文本解读无边界"的讨论，其根源就在于三者不加区分，混为一谈。

入选教材的"作品"（选文）原本不是作为教材而存在的，而是作为一种社会阅读客体存在的，当这些"选文"进入教材，并不意味着这些选文"特性"消失，相反，其作为"作品"的某些方面的特性在语文教材编者的作用下反而会得到突出与加强。或者换而言之，语文教材编写者在"选文"原有"文本价值"基础上赋予其特定的"教学价值"，而承载着"教学价值"的这一文本，在教学中被师生在特定的时空（一节课；课堂上）中使用，通常被人们俗称之为"课文"。其实，在笔者看来，"课文"较之于"文本"，其更具有课程价值。什么是"课文"的课程价值（或曰"课文价值"）？窃以为就是指在特定语文教学环境中能够为作为教学主体的师生提供进行语文学习的范型、空间和过程的所在。它已不再是局限于传统意义上那种为学生提供现成资料的实体了。窃以为，这一诠释不仅是对"课文"意义的重新认定，而且对于当下语文阅读教学的拨乱反正具有一定的现实意义。

然而，纵观当下语文阅读教学研究现状，我们不难发现人们对入选教材"作品"（其实是"课文"）的"文本价值"的研究其实远远胜于对

"课文价值"的研究。这既体现在教材的编撰以及广大教师对教材的钻研上，也体现在一些大学教授学者的专业引领上。正因如此，当下所谓"文本多元解读"的讨论至今争议不已（文学文本解读本无定论）；而语文（阅读）教学一而再三地强调"语文味""语文意识"，其症结也正是因为人们过于对作品"文本价值"的专注与挖掘，而忽视了语文教学领域的"作品"（选文）的"课文价值"的研究和探讨。其实，对语文课而言，关注作品的"课文价值"才是在关注语文、学习语文，因为"课文"本是语文教育教学的课文，无论是教师还是学生，只有意识到自己是在语文框架下观照"作品"（课文），阅读教学才会运行于语文的轨道上。

同时，我们还须注意到，入选语文教材"选文"的"文本价值"和"课文价值"在某种程度上不必统一，即确定了"选文"的"文本价值"并不同时就确定了它的"课文价值"，同样，确定了它的"课文价值"也不意味着就排除了它的"文本价值"；另一方面，不管是它的"文本价值"还是它的"课文价值"，都是内隐的，综合的，高熵无序的。因此，这既要求语文教材编者在编写教材时，必须按照国家课程标准以及各地区学生实际情况和需要来进行编写，也要求我们一线语文教师在教学实践中不可片面地追求所谓的"多元解读"，而忽视语文教学目标的要求。

二、语文阅读教学的核心：教学对话 ≠ 文本解读

如果将"对话理论"引入语文阅读教学，那么，窃以为"语文阅读教学"所包含的"阅读对话"和"教学对话"应该是两个层面。其中"阅读对话"是第一层面，其强调的是师生能平等自由地与"课文"对话（阅读），是后者"教学对话"的前提和基础；而"教学对话"才是整个语文阅读教学的核心和最终指向。它除了"学生＝文本＝教师"双向对话外，还要求教材编者通过为学生提供材料，给阅读材料编设提示、注释与练习的方式参与教学对话，特别是要求教师能围绕着教材编写者所提供的文本（课文）与学生展开教学对话，而且，这其中不论是"阅读对话"还是"教学对话"，都是相互交融，不可分割的。唯如此，文本的内涵世界才能得以丰富，文本的"课文价值"才会得以实现，师生双方才可以从中构建生成出全新的意义领域。换而言之，"教学对话"就是教师、学生在与课文

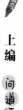

上编 问道语文

及其编写者在阅读对话的基础上所展开的"再次对话"（教学对话），而语文阅读教学的重心恰恰就落在"教学对话"上。

然而，将"教学对话"与"文本解读"混为一谈，将"阅读理论"等同于"阅读教学理论"，用西方文学批评理论来指点语文教学视域内的阅读等现象非常普遍。有的不仅大肆搬用西方文论来对语文阅读教学"指手画脚"，而且在教学实践中还借"对话形式"来掩盖阅读的真实性和科学性，营造一种"泡沫"的语文教改繁荣景象。这些现象究其根源，就在于不分"阅读对话"与"教学对话"的主次。其实，"阅读对话"只是文本解读的一种方式，它与"教学"不属同种概念，而"语文阅读教学"是师生建立在"阅读对话"（课文解读）基础上的所进行的一种教学过程。在这一过程中，作为语文学习的主体（学生），其最终需求不仅仅在于接收课文直接传输的信息，更主要的是希望通过语文教材提供的语言信息材料实体，进行感受和思考，进行听说读写的实践，进而形成和发展自身完善的语文心智结构。或者说，"阅读对话"的焦点不在于学生弄懂教材（作品）传输的内容，而在于"怎样"才能正确、快速地接受教材（作品）直接传输的内容；"怎样"才能像课文作者那样综合社会各种信息并进行整理加工，形成自己的思想情感；"怎样"才能像课文那样准确、自然、简洁、巧妙地传达自己想要表达的东西……

可以说，"语文阅读教学"就是通过师生之间的"教学对话"来提高学生的阅读素养，拓宽学生的人生视野，而且，在这个对话过程中，必须一定要有作为阅读主体之一的教师的"参与"才能进行的，否则，这就不是语文教育状态下的"阅读教学"，而是一般社会状态下的读书。从阅读教学的过程来看，从学之过程而言，教师会根据学生的实际需要来取舍教材、设计课堂和选择教法。但从教之过程而言，教师无论是在学识还是心理经历上都会强于学生，在学生对"课文"言语意义和言语形式缺乏正确而深刻感知的情况下，教师的指导是不可或缺的。尽管新课标要求允许学生从不同角度来解读课文，采用不同的方式来表达自己的看法，但这主要还是从"维权"角度而言。其实，教师绝不能以维护学生话语权为借口而"不作为"。当学生学习过程中出现牵强附会的任意性解读状况，教师就应该积极引导学生朝着学会与"课文"对话的方向发展，否则，学生各执一词、不得要领，无所适从，阅读教学将会陷入一种无序无效、混乱不堪的状态。

三、语文阅读教学的本质：帮助学生化解课文阅读冲突

语文阅读教学的本质是什么？在不同理念指导下，对这一问题可能会有不同诠释，笔者以为王尚文先生对其论述最具代表性："阅读教学的本质是张力的发现和消除。"他认为所谓的"张力"就是指"读者在阅读文本时感到文本中文化、知识、阅历、经验的陌生，感到自己与文本间艺术审美层次、精神人格层次的距离"。因此，"教师必须努力去发现文本视野与学生视野之间的距离，并想方设法帮助学生去消除这种距离，达到视野融合，张力消除"。

应该说，像这样从"对话理论"视角看"阅读教学本质"是对传统阅读教学观的挑战，具有一定的现实意义。但其中也存在一些问题，笔者将其归结如下：

一方面，阅读教学的媒介是"课本"而并非普遍意义上的"文本"，因而"文本视野"可以无限，但"课本视野"却应该是从属于语文教育教学的，或者说，语文课堂上的"文本解读"应该是"课文解读"，否则，语文阅读教学就会陷入无序混乱的状态。

另一方面，阅读教学的核心是"教学"，所谓"阅读教学的本质是张力的发现和消除"。当然需要"发现和消除张力"，这是前提和必要条件，但重心应该是落在"怎样"去"发现、消除"上。也就是说，在阅读教学中，作为特殊对话者、解释者的学生，当他们知识积累、人生阅历和审美能力还不足以与"文本"（课文）对话，或者是处于初步的、浅层次的对话状态时，教师是"怎样"引导学生去发现、消除他们和"文本"（课文）之间的视野距离，这个建立在教育心理规律基础上的"引导帮助学生""发现和消除"的过程才是"阅读教学"的根本所在。然而，遗憾的是，当下语文教学界对此探讨、研究甚少，有的只是如何对文本（课文）的一味肢解分析、挖掘解读，错误地认为只要从学科专业（语言或文学）入手就能解决"阅读教学"难题，而很少有人从学生学习心理的角度来研究学生"阅读"的过程。其实仔细想来，近年来语文教学界极力呼吁教师课堂少讲，不要对文本进行肢解分析却屡呼不止？其根本原因就在于我们将解

决"阅读教学"的钥匙放在了学科知识上，或语言，或文学，或工具，或人文，可就是没有多少人去"研究学生"，很少有人从学生语文智能的形成过程的角度来研究阅读教学的过程。以至于我们至今也不明白学生语文阅读智能的发展是一个怎样的过程，具有怎样的规律，应该进行怎样的操作，有的也只是少数教师根据自身多年实践而积累的一些零星的经验。

其实，以上所说的都还是建立在"对话理论"基础上的探讨。有时候在面对一些思想性与艺术性都极强的文本（譬如将林庚先生的《说"木叶"》一文设置高一学段学习），学生是无法与文本以及教师构成对话关系的。这种情形下，我们说传统的"传道受业解惑"的模式仍然具有无可替代的生命力。因为我们不能忽视这样的现实：对话理论的基点在于肯定、承认不同范式话语存在的合理性和必要性，每一话语都具有自身切入文学或理解文学的独特角度或框架，因而它也就具有了深入理解对象、把握对象的部分真理性和片面深刻性。而当下的语文教学中的对话理论，恰恰忽视了教学双边其实并不是在所有条件下都能构成各自话语体系的合理性与必要性的。而且，中小学生在学习语文的过程中，语言素养尚未成熟形成，就要让他们介入对话，其情形之尴尬与糟糕是可想而知的。既然不是无条件下都具备这样的对话情形，那么片面地认为"语文阅读教学"就是"对话教学"，其本质就是"发现和消除张力"，就有可能走入误区。

鉴于此，笔者认为，"对话理论"可以作为一种语文阅读教学理念，但绝不能奉为范式。在"语文阅读教学"中，教师的教学行为要发生改变，语文阅读教学的着眼点不是在教师"怎么教课文"（解读文本），而是在于"引导帮助学生"知道"做什么、怎么做"，重点研究学生阅读的问题在哪里，产生问题的原因何在，怎么让学生通过"做什么"和"怎样做"，从而克服阅读课文的障碍，达到相应阅读能力的提升。据此，笔者姑且将语文阅读教学的本质理解为"教师帮助学生化解课文阅读冲突"。对此，笔者拟从两方面对其阐述。

一方面，"课文阅读要有冲突"，其表现在"学生"对"课文"的解读（阅读理解）上。我们说，"课文"是语文教学状态下的"文本"。说其是"文本"是因为它具有开放性、多样性；说其是"课文"是因为它具有规范性、系统性。"学生"对"课文"的阅读，其实就是学生理解课文同时也是自我理解提升的过程。在这一过程中，学生从自身的视野出发去与"课文"视野、他人（作者、编者和教师）视野融合。这种融合使学生、课文与其他理解者之间建构起一种整体的意义关系：在将文本视野、他人（作者、编者和教师）视野置入自身视野的同时，也将自身视野置入到文本视野和他人视野之中。而这一融合置入的过程由于各方差异的存在，必将引发冲突，也正因为这些"冲突"的存在，"阅读教学"才显价值，教学过程中的作为另一阅读主体的教师才会去帮助学生化解这一"冲突"，"课文"阅读的课程与教学意义才会最终被实现。

另一方面，"教师帮助学生化解冲突"，其具体表现在教师的"教"与学生的"学"上。这种关系借用钟启泉教授的话说：教师的"教"（引导、帮助）就像作家创作文本的过程，学生的"学"（领会、运用）就好像读者阅读文本的过程，教师需要精心设计教学文本的"召唤结构"，以激发起学生学习的"期待视野"，实现教师的"教"与学生的"学"的双向融合，即在"教"中内在地蕴含了"学"，在"学"中内在蕴含了"教"。当我们把阅读教学看成是"教"与"学"的融合时，我们就会发现教也是学，学也是教，教师也是学生（学习如何帮助学生化解冲突），学生也是教师（不断提出问题），教师和学生的任务在一定情形下互为转换。在这种状态下学生课文阅读的"冲突"就会被逐渐被消解，在消解过程中，"教"与"学"之间相互影响，相互启迪，在改变着对方的同时也正被对方所改变。当然，这种相互启迪和诱导，共同促进与提高，并不意味着教师地位、作用的削弱，相反，教师所起到的是一种更高的思维开导的作用，学生正是因教师的"作用"才会不断地化解课文阅读的冲突，从而不断提升自身的阅读能力。

（原载于教育部主管《中国民族教育》2012 年第 11 期，原标题为《"语文阅读教学"辨析》）

上编
问道语文

语文内容："教学什么"

　　南开大学徐江教授在《中学语文"无效教学"批判》一文中指出："语文教学质量搞不上去归根结底是语文界对自己的教学缺少理性认识，换句话说，人们还不能进行理性教学。"徐语一出，中语界哗然，跺足痛斥者有之，冷眼相观者有之，笔者认为，若真有拍手叫好者，恐怕也少有是咱们这些被批对象（中学语文教师）——谁愿意被指责为"不能进行理性教学"！

　　其实，身为基层的中学语文教师，若真能撇开当前那种"学术界"动辄闹情绪的"批评"风气，若真有"有则改之，无则加勉"之精神，就会发现人家徐教授说的不是"不无道理"，而是"点到了痛处！"试想，自20世纪那声"误尽苍生是语文"的责问以来，我们中学语文教学现状实质上改变了多少？当发现自己语文课已不再被学生喜欢，甚至是厌恶时，就是没有什么人起来"发难"，三尺讲台前的我们又能厚颜麻木多久？真正"有理性"的中学语文教师是不会在乎谁来指责，也断不会一"激"便怒，原因很简单，在《中学语文教学》《语文学习》《语文教学通讯》等反映当前中学语文教学状况的杂志上，有很多思考性的文章正从不同角度"理性"地回答了徐教授的诘问——在新课改背景下，我们"教些什么"才算是有效教学？是不是完成了教参指定任务就算"有效"？对于一篇具体的课文，我们到底该引导学生解读到什么程度、什么范围才算"有效"？是不是解读得越"深入"就"有效"？中学语文课文阅读教学到底有没有一个"有效"评价标准？……下面，笔者就以人教版高中语文第四册的《三块钱国币》教学为例，不揣浅陋试论之。

　　《三块钱国币》是现代剧作家丁西林的独幕讽刺喜剧，剧情较简单：

　　　　"民国二十八年抗战期间，一位女仆李嫂不慎打碎了女主人吴太太的一只花瓶，而吴太太强迫她按原价赔偿三块钱国币。住在同院的大学生杨长雄极为愤慨，与吴太太发生口角。杨气急之下摔碎另一只花瓶，无可奈何地送上三块钱国币，完成全剧。"

如此一篇戏剧文本的教学，我们中学语文教师到底该"教什么"，才称得上是徐教授所说的"理性教学"（有效教学）？或者说师生对文本解读的程度达到一个什么标准才算是完成了中学语文教学的任务？（注意，这里不探讨"如何教"的问题）。

现在，先让我们看看权威教参是做何解说的。

人教社《高中语文第四册教师教学用书》（2005 年 10 月第 1 版，第105 页）在"课文鉴赏说明"里面做了如是阐述："全剧围绕花瓶事件展示主仆之间、大学生与女主人之间的矛盾冲突，表现了大学生的正义感和同情心，揭露了阔太太的自私和狡辩，也一定程度地讽刺了警察的趋炎附势。"这样"权威解说"似乎在告诉使用该书的语文教师，本文教学你只要引导学生去分析哪些地方能表现大学生杨长雄的"正义感和同情心"，哪些地方能够揭露"阔太太的自私和狡辩"等，然后再让学生接受结论即可。好了！有了这样一个权威"标准"立在那，可以说我们大多数语文教师接下来恐怕就是想着法子如何去教罢了（教学技巧）。

果不其然，《中学语文教学》2006 年第 4 期就刊登了《〈三块钱国币〉实录》一文，在这篇实录中教师采用课堂辩论形式，让学生分别站吴太太和杨长雄两人的立场，以"打碎一只花瓶该不该赔"为主辩题，鼓励学生从文中找出理由进行课堂辩论。从实录中我们看到，辩论双方共有 12 位同学进行了 20 多人次的发言辩论。最后教师指出："双方有赢有输：吴太太赢在理输在情，杨长雄赢在情输在理。"而辩论过程也达到了教师预期教学目标，凸显了"吴太太是自私吝啬无同情心，杨长雄是能言善辩有正义感"的结论。最后，教师是这样总结的：

"吴太太和杨长雄之间并没有敌我矛盾，但丁西林先生却写得如此精彩，把两个主人公刻画得栩栩如生，我们会为大学生喝彩，她确实是一位很可爱的青年，但也容易冲动缺乏斗争经验和策略；而吴太太要求赔偿也很合理，但她的表现却让人讨厌，她的自私

吝啬和大学生的见义勇为比起来确实逊色许多。"

可以说，该教师对于该剧本的文本解读基本上代表了《三块钱国币》入选高中语文课本后人们对该文本的解读趋向。纵观整个解读过程，我们不禁要问学生究竟从中得到了些什么？如果说学生得出了"大学生是多么有正义感和同情心，阔太太是多么自私和狡辩"的结论，作为高二的学生就是没有教师"引导"也能看得出来（别说高二，就是初二学生也差不多能看出）；如果说仅是为了让学生体验推演结论的过程，似乎"辩论"的形式对于高二学生也无新奇，倒是遮蔽了对文本语言的品析。难道这就是国家权威《教参》所赋予的要求？

果然，又有人对此提出了不同看法。《语文教学通讯》（高中刊）2005年第3期刊登了《〈三块钱国币〉中的情与理》一文，文章认为"这部作品反映的内容，以'阶级斗争'观念替代了人类的道德观念，作品所颂扬的'情'，只是一种'阶级偏见'；而所讲的'理'，则是一种"胡搅蛮缠'"。

总之，它是不适合作为教材的。作者文中指出，"碎瓶事件"的真正受害者是女主人吴太太，但作品却始终未能让人感觉到这一点，原因则因为"吴太太是阔人"，阔人受损就不该值得同情？（阶级偏见）男主人公大学生杨长雄路见不平，出面解围，按李老师的假设（先礼后兵），作为知书达理的大学生，杨长雄先应该叫李嫂向吴太太认个错，说几句同情体谅的话，提醒一下如果硬逼李嫂赔这几块钱会有损其形象等。若这些工作都做了还没有一点效果，那再进行"阶级斗争"，则吴太太受人仇视，无人同情便咎由自取了。遗憾的是杨长雄并没有这样做，他开门见山地将矛头直指吴太太，既不肯承认吴太太的损失，也不肯掏出一分钱替人补偿损失，甚至连做做样子也没有，只是一味地与吴太太斗嘴。而且他提出"不该赔"的理由是"女佣是穷人"，"女主人应替穷人想想"；要不就是"擦花瓶是姨娘的职务，姨娘是替主人做事的，所以有打破花瓶的机会，有打破花瓶的权利，而没有赔偿的义务"。（"胡搅蛮缠"）最后文章指出："无论是站在现实还是历史的角度上去审视，这部作品可以算是一部'阶级斗争'的好教材，却不能被称之为一篇'人文主义'的好作品。"

我们说，该文对《三块钱国币》的解读可谓是大胆创新、见解独到，在当前倡导"文本多元解读"的形势下可称得上是"另类解读"了。但如此解读是否就理性透视了《三块钱国币》的文本价值呢？让我们再次观照剧本。

众所周知，丁西林是中国现代文学史上著名的喜剧作家，他的喜剧不以滑稽为目的，而以智慧为基础，幽默与机智密切相连，尤其善于从人情世态中来表现富有现实意义的主题。有人说丁西林的讽刺喜剧"惯于在世俗风情的描绘中蕴含着对民族历史文化的反省与批判，与改造国民性的艰难探索"。此话不假，仔细阅读剧本文本我们发现，该剧标题为什么叫"三块钱国币"而不叫"三块钱"呢？强调"国币"一词正反映了那个时代的特征，国难当头但国却未亡（老百姓还是用着"国币"），而剧本开篇就提及了是"民国二十八年抗战期间"。可以说剧本反映的就是这样一个事关民族存亡背景下的国民生存状态。在作家丁西林的笔下，无论是有产阶级的吴太太，还是有修养的大学生，或是代表国民政府维护社会治安的警察，他们却都（没）成为一个"例外"，什么"例外"？无论是国民还是政府都丢弃了应尽之本分，偏离了正常之轨道，在中华民族生死存亡的关口，想的不是如何团结一致，共同御外（哪怕是一点哀国忧民的情绪都没有），反而是置国家危亡而不顾，为一个"花瓶"，这么一点鸡毛蒜皮的事大动干戈，最后还引来了（无用）警察，这真是莫大的悲哀与讽刺！我们说，剧作家丁西林正是通过自己那双独特的慧眼，捕捉住了那个特定年代的特殊一幕，在这看似"嬉笑怒骂"的"讽刺喜剧"中"蕴含着对民族历史文化的反省与批判"，尽管这比不上鲁迅先生的"匕首投枪"来得痛快淋漓，醒人三分，但却是以另一种形式诠释了"改造国民性的艰难探索"。

窃以为，这才是丁西林先生创作此剧的真正意图！教师至少解读到文本的这一层面，才能说是认识到了该剧本在高二阶段语文教学中的价值所在（姑且称为"课文价值"，区别于"文本价值"）。而以上"另类解读"不仅否定了该作品的教材意义，也否定了作家丁西林创作该作品的意义。尽管文学作品允许且应该"多元解读"，但"文学作品"的解读并不等于该作品入选教材后的"课文解读"，或者用当前流行的"文本多元解读应该有界"的话说，我们应该用"课文价值"（文本的教学价值）来界定规范"多元解读"的泛滥。就《三块钱国币》而言，不论是"教参阐释"还

上编 问道语文

是"另类解读"，如果不能立足于"课本"来解读"课文"，而使得剧本的"课文价值"丢失殆尽，那么我们说，这或许就是徐江教授所说的"无效教学"了。

其实，纵观当下的文本阅读教学，我们发现要想真正做到对文本适度有效的教学（解读）谈何容易。姑且不说我们有些教师对诸如教参等传统权威还听之任之，就拿当前较为流行的各种西方"舶来理论"（什么结构主义、解构主义、阐释学等）而言，不少人以为将其移植过来就算实现语文"教学革命"了，于是乎各种各样诸如"另类解读""多元解读""深度解读"等"文本解读"纷纷登台，好不热闹。但热闹之余，中学语文教师反倒糊涂了——如此之多的"文本解读"，我们到底需要哪一种呢？中学语文教材中的"文本解读"是否等同于文学批评、文艺争鸣？语文教师是否应该引导学生无限地、任意地解读文本呢？

我们说，一篇作品（文本）作为一个客观存在，其阅读价值是开放独立、丰富多元的。相对于不同阅读群体（如社会业余爱好者、专业研究者、教师、学生等），其价值的实现程度和表现形式是不等同的。譬如《三块钱国币》在被编入高二语文教材中且置于课堂之上师生研读，其"文本价值"就与戏剧爱好者在家中自由阅读不一样了，因为作品本身属性与功能对阅读主体需要的满足和实现发生了变化。处于教学状态下的《三块钱国币》（文本），其属性与功能所要求满足和实现的是相对于高中二年级师生而言，它所要实现的是当下状态的这一特殊阅读群体的语文教学价值，超过或不及都不能使其"课文价值"得以实现。其实，处于教学状态下的作品文本（我们称之为"课文"）是从属于语文教育的，其教学目标、教学内容、教学方法等选择都应该在语文教育的整体框架之内来确定。对于此时的"课文价值"，应该在语文教育范畴之内来认识，尽管作品文本价值所具有的开放性、丰富性是"课文价值"的重要来源，但在语文教学框架下的"课文教学"没必要也不可能去全部实现其所有价值，否则将真的陷入徐教授所说的"无理性教学"了。

当下不少人困于"文本多元解读"问题的旋涡，就是将"课文价值"与和"作品价值"混为一谈，甚至二而合一。我们说，任何入选教材的作品，其阅读价值都是受限于语文教学需要的。语文教师引导学生解读的不是普通意义上的"作品文本"而是处于教学状态下的"课文",或者说,语文课上的文学作品教学就是要实现当下学生对"课文"的语文教学价值。因此,一切教师的解读、教参的解读、专家的解读等都不可能取代学生所需要的解读,我们教师所应该做的,既不能一味迷信权威"教参",也不可盲目推崇"洋"理论,而是要立足学生学情,通盘考虑具体"课文"在语文阶段性教育体系中的地位与价值,用"适度而又有效的解读"来实现语文阅读教学的长足发展。

（原载于全国中文核心期刊《语文学习》2007 年第 6 期,原标题为《我们到底该教些什么?——由〈三块钱国币〉教学引发的思考》）

语文现象："练熟还生"

一、聚焦"练熟还生"现象

　　明人张岱在《绍兴琴派》一文中，述其从师习琴，半年得二十余曲，可谓稔熟也。然而他坚持"练熟还生，以涩勒出之"。由生而熟，本是习艺常规；练熟还生，那就是非同寻常的独特体验了……

　　张岱"涩勒出之"与清代郑板桥画竹体验酷似，郑板桥曾云："剔尽冗繁留清瘦，画到生时是熟时。"此亦深谙"练熟还生"之道。其实，无论是习琴还是学画，大凡追求艺术至高境界者都会在"练熟"基础上，不断进入新一轮"生涩"的艺术创造，如此方能体验"艺无止境"的乐趣。

　　语文教学亦如此。长期以来，人们在阅读教学上一直困惑于经典名篇难以新教，其中一个重要原因就是经典名篇大多已被历代名家阐释解读，而一旦研读得太透太熟，则自我蒙蔽视野。譬如长期入选语文教材的《祝福》（鲁迅）、《荷塘月色》（朱自清）等，似乎已被历代名家阐释透彻，就连学生手中也有不少"权威"资料，教师除了给予学生现成的"学术定论"以外，如何引导学生"重读经典"似乎就成了问题。

　　写作教学亦如此。教师批阅作文时往往对那些翻炒了多遍而仍人云亦云的陈词滥调"深恶痛绝"。譬如描写孩子的"眼睛"，到哪都是"水汪汪的"；一看"脸蛋"就非要像"红苹果"，而教师们除了批上"语言要注重文采"之类套话外似乎无可奈何，因为我们本身就缺乏此方面的写作教学策略。

　　纵观当下语文教学现状，无论是阅读教学还是写作训练，教师如何引领学生如上所说"由生而熟"再"练熟还生"，创造性地"读""写"出一片语文新天地来，的确是一个值得研究的课题。

二、"练熟还生"现象背后的理论参照

1. 高原现象

中小学阶段的语言学习（包括听、说、读、写）本是一个渐进发展的过程，要经历从开始、提高、高原期以及再次提高的循环往复。可以说，包括语言"习得"与"学得"在内的所有艺术修行都须经历这一循环往复的过程。上文所说张岱习琴"稔熟"后还坚持"练熟还生"，就是因为他意识到自己处于习琴"高原期"，虽已"登堂"但未"入室"，所以他坚持"以涩勒出之"，一旦能在"涩勒"中找到突破口，就必将更进一步，从而实现新一轮的质的飞跃。

2. 同化顺应

心理学家皮亚杰认为人的认知活动是一个"同化顺应"的过程。文学创作与欣赏属于人之认知活动，以皮亚杰观点论之，应是主体以原有"图式"不断"同化顺应"的过程。随着主体认知"图式"的不断积累，现实中就会出现越来越多被认可使用的"图式"，即所谓"现成套话""共同语言"。但是，文学的创作与欣赏，并不止于强化主体原有审美"图式"，更重要的在于能丰富主体内心的情感体验，而那种通行共用的"套话语言"，恰恰遮蔽阻碍了个体独特情感思想的表达交流。从这个角度而言，无论是文学创作还是阅读欣赏，都要求人们能够"练熟还生"，以文学的原生态方式来还原文学的本真面貌。

3. 语言陌生化

形式主义奠基人什克洛夫斯基认为，文艺创作不是照搬所描写的对象，而是要对这一对象进行艺术加工处理，使本来熟悉的对象变得陌生起来，从而让读者在欣赏过程中感受到艺术的新颖别致。我们说，"陌生化"理论可能是文学领域"练熟还生"现象最直观的解释。因为，所有主体表达内心情感的文学语言，都是异常丰富和复杂的语言：欢乐与忧愁，意识与无意识，理性与非理性……在这个"内宇宙"中，朦胧的、迅速嬗变而无以名状的心理情绪和体验，都很难用那通行共用的"现成套话""共同语言"来表达，于是人们便想办法让它富于象征性、暗示性和跳跃性，给人以

上编 问道语文

21

"准确感"（同样也就有了"陌生感"），而这一过程其实就是主体"练熟还生"的过程。

三、"练熟还生"现象对语文教学的启示

基于以上现象的透视与理论参照，我们再来分析当前语文教学中的阅读与写作。无可否认，时至今日，我们还是悲哀地发现，无论是阅读教学还是写作教学，都始终徘徊于低效的边缘。究其根源，这与我们长期囿于陈旧的教学内容、惯性的教学思维不无关系。鉴于此，透视"练熟还生"现象，从中发掘规律，或许能启示我们在语文教学中推陈出新，变习见为新知，化腐朽为神奇。

1. 在阅读教学中，培养学生"练熟还生"的阅读意识

当下，中学语文界对"文本解读"的讨论似乎掩盖了"阅读教学"存在的问题。其实，"文本解读"不等于"阅读教学"。文本解读，注重的是解读的结论；阅读教学，偏向的是阅读的过程。阅读教学并不止于让学生掌握多种解读结论，哪怕这结论中不乏真知灼见。因为，阅读教学注重的是培育学生的"阅读能力"，养就其探索未知的"阅读意识"，而"练熟还生"就是一个不断追求创新的过程，就是一种不断启发个体认识、改造世界的意识。

譬如我们对经典文本《项链》（法国莫泊桑）的阅读教学，过去学生在教师的牵引下"读出了"玛蒂尔德的"虚荣"，此外就寻不出其他内容了。而在当下"多元解读"的浪潮启发下，人们终于读出了"玛蒂尔德诚实守信的品质""路瓦栽珍爱妻子的宽容大度""佛来思节夫人真诚善良"……其实仔细想想，这些所谓"多元解读"结论，与"玛蒂尔德的虚荣"并无本质差别，因为这都是从人之"伦理"视角来解读文本。如此观之，我们不得不感慨于自身阅读视界之狭小，教学知识之贫瘠。因为长期以来，人们似乎习惯于从"伦理学"视角看文本，跳不出以人伦反映文学的思维定势。古人云"种瓜得瓜，种豆得豆"，日常语文课堂，若总是以一种单极思维方式进行教学，不敢想象，学生是否有创新思维的发展。

鉴于此，我们语文课堂上若能坚持"练熟还生"式教学，不断追求创造性阅读，突破教材文本解读的"高原"区，或许能提升自身解读文本

（尤其是经典文本）的能力，培育学生探究未知的意识。或许有人质疑何其难也！下面，笔者就以"语文味"倡导者程少堂先生的《荷花淀》教学为例，具体阐释对经典文本进行"练熟还生"式的教学尝试。

众所周知，孙犁的小说《荷花淀》是语文教材中的传统名篇。过去人们总是习惯于从文章学、社会学甚至政治学视角解读文本，日积月累，将其成就为"经典名篇"，以至于在教学内容选择上进入了"高原"区。但程少堂先生却另辟蹊径，上了一堂题为"用另一种眼光读孙犁：从《荷花淀》看中国文化"的语文课。

在具体教学中，程老师先从中西文化差异入手，以"中国人和美国人在表达感情上有什么不同"为切入口，打开学生阅读视野，然后再让学生反复品读小说开头三段景物描写，让学生思索：这里人与自然是什么关系？并引导学生将其与高尔基的《海燕》做比较，从而得出结论：西方文化中人与自然的关系是一种对立关系；中国文化则主张人和大自然和谐交融，呈现出一种天人合一的和谐美。接着，老师旁征博引，从"芦苇"到诗经中的"蒹葭"，借此告诉学生：跳动在女人怀中的芦苇正是中国女人爱情的象征。至此，女人心中美好的情感在荷花淀的诗意环境中达到了和谐统一，而就在这诗意品味中老师顺势引导学生思考了小说主题：抗战如此残酷，孙犁为何要写这种如诗如画的荷花淀？在理解小说主题后，师生紧扣文本，着重分析了夫妻关系、父子关系以及女人之间的关系，让学生明白小说中人与人之间的关系无不渗透着一种和谐美。最后，师生研读小说中女人们探夫不遇情节，得出了中国人处理人与自我（心灵）之间的关系是中国文化的处理方式：含蓄且内敛，即和谐适中。

纵观课例，程老师抓住"人与自然、人与人、人与自我"三重关系，以文化的视角重新解读《荷花淀》。无论是整篇教学内容的选择，还是局部具体细节的品味，无不渗透着中国文化的气息。虽然这堂课也有争议，但其对于经典名篇"练熟还生"式的解读，这一别开生面的课堂教学，"但开风气不为师"，极大激发了学生重读经典文本的新思维、新意识。

其实，无须力举经典名篇的"练熟还生"式教学，许多名著本身就是"练熟还生"式创作的典范。鲁迅小说《阿Q正传》中一处说"阿Q发现未庄革命，有人在衣服上挂着'自由党'的牌子"。鲁迅先生偏让阿Q将

其说成是"柿柚党"而不是"自由党"。其实，先生此处有意为之，就属于"练熟还生"式创作。他没有习惯于使用传统"口号式"的批判议论，而是将讽刺寓于细节，巧妙地唤醒了读者的审美情趣：作为底层群众的阿Q只知"柿""柚"而不懂"自由"，辛亥革命之所以失败也就可见一斑了。

2. 在写作教学中，培养学生"练熟还生"的写作策略

写作，是作者将内在思维付诸外在言语的过程。这一过程实际上包含了两个要素：一是内在思维的运用，二是将思维外显的言语。长期以来，我们一直感慨于学生作文内容无新意，语言干瘪无味，于是教师便大讲特讲写作技巧之类的知识。其实，对于中学写作教学而言，讲技巧不为过，关键是如何讲，如何在思维与语言这两个基点上着力，让学生在实践中化技巧为能力。

笔者曾进行过一次以"家"为话题的作文思维训练，教学中发现学生摆脱不了惯性思维：家是"温馨的摇篮""幸福的港湾""停靠的彼岸"……如何让学生打开视界，重建新"家"？笔者先引入一个"练熟还生"式创作范例，重构学生思维"图式"。《红楼梦》第六回中写"刘姥姥一进荣国府"，曹雪芹一改常规思维让刘姥姥的眼来正面描述荣国府，而是着力写"一面挂钟"，而且是从一个一生从没有见过挂钟的刘姥姥的视角来描绘那"一面挂钟"，让读者感受到一面普通挂钟在18世纪老农妇眼中所引起的惊奇，体会到一个18世纪贵族家庭的独特氛围。曹雪芹如此安排，正是基于对荣国府描写的"练熟还生"，它换了一个跟常人不一样的视点或者角度去看待寻常事物，反而给读者提供了一种全新的不同寻常的视角，扩展了生命体验的境界。

在上述范例引导下，笔者再要求学生尝试转换思维，可举例也可创写，只要求写出家的"另类"即可。于是，有学生举例曹禺改编《家》的剧本中，主人公觉慧激愤地说："家是宝盖下面一群猪。"有人列举王朔调侃"家就是你在那里面大便感到最舒畅的地方"。也有学生写道：家是一辆汽车，可以送你去很远的地方。父母是轮换开车的司机，孩子是乘客……我们不得不承认，无论是引述觉慧、王朔的理解，还是学生自己的诠释，将传统之"家"另类解释，已是一种"练熟还生"式思维的开始。只要能坚

持从改变生活常态的角度，来重新打量周围熟悉的事物，就有可能于司空见惯中突破定势，收到意想不到的审美体验效果。

我们说，写作思维教学能如此，写作语言教学亦能如此。

清代李渔在《闲情偶记》中说："人惟求旧，物惟求新；新也者，天下事物之美称也。而文章一道，较之他物，尤加倍焉。"若从写作语言角度观之，李渔似乎告诉我们，文章的语言贵在"新"，这种"新"不同于日常语言。日常语言，重视的是言语内容，实现的是沟通功能；而文章的语言，内容却不及言语形式重要，因为表达的本身就是目的。例如诗人黎云智《蛙声》中一句："蛙声在故乡的田野里/长势良好。"说"蛙声长势良好"，这种主谓反常搭配虽不合语法，却展现出"稻花香里说丰年，听取蛙声一片"的意境，而且表达清新宜人，语言耐人寻味。这就是文学的语言，它就是要人为地增加读者阅读的难度，延长你接受体验的时间。

其实，我们在阅读优秀作文时，也偶尔会遇到一些用词新颖出奇，有意打破和颠倒语序，或者"以故为新""夺胎换骨""点铁成金"的，究其实都是"练熟还生"式的语言诗学的具体运用。

譬如上文写"家"的作文中就有一位学生写道："……圆珠笔在纸上不停地蹭痒痒。"尽管"圆珠笔在纸上写着"符合语法规范，但比较而言：前者不受习见的限制与束缚，能给人一种新颖、强烈的艺术审美刺激；而后者只是一般性的事实陈述，不能增加读者的审美召唤力，就没有了潜在的语言力量。通过这样的训练，笔者与学生达成共识：作文语言要给人以审美感与震撼力，就必须学会"练熟还生"，在常规中发现超常规，在日常词语中发现与众不同。

综上所述，无论是阅读教学还是写作教学，我们所说的"练熟还生"是可理解的。信息论告诉我们，信息的可理解性与独创性常常成反比。语文教学提倡"练熟还生"，但必须寻得创新性和可理解性的最佳契合点，而不能一味地为了追求新奇而离奇，走向了另类极端。

（原载于人大书报资料复印中心《高中语文教与学》2013 年第 1 期，原标题为《"练熟还生"：一个语文教学现象》）

语文思维："归纳—演绎"

《语文学习》（2012 年第 1 期）刊发了赵克明老师《语文教学重演绎还是重归纳?》（以下简称赵文）一文，文章对三个"演绎法"课例分析后用相应的"归纳学"给予了修正，文章最后呼吁"语文课堂教学当首选归纳法，慎用演绎逻辑"。很快网上又现江苏卓立子老师的商榷文章，卓老师认为"语文教学要大胆、多元丰富地运用演绎法教学，归纳法教学时而为之也未尝不可"。两篇文章分别对语文教学中的"归纳"与"演绎"情有独钟，各执一词，笔者在感佩两位老师深入思考同时，以为两文对语文教学的"归纳"与"演绎"尚未形成共识，还须深入探讨，故不揣浅陋，就教于方家。

一、正确理解归纳与演绎的内涵是讨论的前提

卓立子老师在文中说"正确理解演绎和归纳的内涵是这个问题的基本常识"，确如所言，我们讨论"语文教学重演绎还是重归纳"的问题，首先要弄明白"归纳"与"演绎"的内涵，以及语文教学中的"归纳"与"演绎"的本质，否则问题的讨论就会失去共有平台，滑向无效争辩。好在能达成共识的是：归纳和演绎，其本质是两种逻辑思维方法。

归纳，是从个别性的前提推论出一般性结论的推理方法。先摆事实，后求结论，这是从个别到一般，寻求事物普遍特征的认识方法。它有两种功能，一是概括一般情况，二是推测将来结果。优点是体现事物共性，寻求根本规律。局限是不完全归纳，则无法穷尽同类事物的全部属性。

演绎，是从一般性的前提推论出个别性结论的推理方法。先假说，后求证，其推理形式是由大前提、小前提和结论构成的"三段论"，这是从一般共性到特性，推论和判断个别事例的认识方法。其优点是把一般原理运用于特殊现象，使得原有知识得以深化。局限是其本身只揭示共性和个性

的统一，不能进一步揭示共性和个性的对立。

所以，孤立的演绎与孤立的归纳都不能正确地反映不断变化的客观世界。逻辑史上曾形成过"归纳派"和"演绎派"两大派别。两派各执一端，各自夸大彼此间的矛盾和对立，忽视了联系和统一，结果是给逻辑学发展造成了极大伤害。

其实，在思维实际中，归纳推理与演绎推理紧密联系、相互补充。其联系表现在：第一，归纳推理为演绎推理提供前提。演绎推理要以一般性知识为前提，这就要依赖归纳推理来提供一般性知识。第二，归纳推理也离不开演绎推理。为了提高归纳推理的可靠程度，需要运用已有的理论知识，对归纳推理的个别性前提进行分析，把握其中的因果性、必然性，这就要用到演绎推理。归纳推理还要依靠演绎推理来验证自己的结论。因此，归纳和演绎作为两种逻辑推理方法，二者相辅相成，不能厚此薄彼。恩格斯就曾说过："归纳和演绎，正如分析和综合一样，是必然相互联系着的。不应当牺牲一个而把另一个捧到天上去。应当把每一个都用到该用的地方，而要做到这一点，就只有注意它们的相互联系、它们的相互补充。"

二、三个课例及其修改方案的背后

基于以上的共识，我们再来评析赵、卓两位老师所谓的"演绎"型和"归纳"型语文教学（姑且如此称谓）课例及其观点，看看语文教学与"演绎""归纳"之间能否构成联系，若能，我们又当如何认识这种关系。

先来看看赵文中列举的三个课例及相应修改方案，现简述以下：

课例①：教师列出《荷塘月色》主旨的不同理解，然后让"学生列举课文某一片段印证上述某一说"。修改方案：先让学生阅读文本及相关资料，然后自由探究发表看法，然后教师再列举出历来关乎本文主旨的不同理解，与众多思想发生碰撞。

课例②：教师展示"以意逆志，知人论世"理论，利用理论教师演示白居易《长恨歌》，最后引导学生进行同类作品赏析训练。修改方案：先让学生赏析同类作品，借以掌握"以意逆志、知人论世"理论，最后引导学生进行同类作品赏析训练。

课例③：告诉学生横向议论知识，教师再解说例文，然后进行话题训练。修改方案：先让学生阅读例文，进而掌握横向议论知识，最后进行话题训练。

赵老师认为，三个课例虽然"内容不同，形式各异"，"但都运用了演绎逻辑，即从抽象到具体、从一般到个别、从规律到特殊的思维方法"。

窃以为，问题就出在这里。

如果依赵老师理解，其所举课例就是"演绎法"教学。那么，比照"演绎逻辑"的内涵，其课例内涵就理应与"演绎逻辑"内涵相符合。按前文所述，"演绎逻辑"一般都是先假说，后求证，其推理形式为逻辑学"三段论"（大前提、小前提和结论）。注意，若逻辑推理的前提假说是真命题，其后之求证过程才会是形成真命题结论的过程。而纵观赵文中的三个课例，无一有如"三段论"式的演绎推理过程。换以课例①具体言之，教师先给出《荷塘月色》主旨的不同理解，然后让"学生列举课文某一片段印证上述某一说"。这种"观点＋例证"的做法就是"从抽象到具体、从一般到个别、从规律到特殊"，或者说这种简单做法就可称为"演绎型语文教学"，笔者实不敢苟同！

再来看三个相应的修改方案，是否有如赵老师所言都是"归纳法的设计"。

课例①的修改方案很简单，即把教学顺序倒转，先让学生探究并发表看法，后再展示"人们历来的不同理解"。如前文所述，"归纳逻辑"是先摆个别事实，后求事物一般普遍结论的逻辑推理。而修改方案中让学生探究发表各自观点，最后是否能达成共识、形成结论，恐怕仅此一点就值得怀疑！若赵老师认为不必达成共识，而是与"众多思想发生碰撞"，这岂不正应了卓老师"商榷文章"所言："《荷塘月色》主旨历来众说纷纭，至今还争论不休，按赵老师的做法，最后还得展示，不知道这样的课堂效果到底高还是低？"

课例②和③的修改方案有相似之处：恕笔者将其简化，原课例：A（定论）—B（演示定论）—C（学生演练）。修改方案：A（演示定论）—B（定论）—C（学生演练）。两相比较，我们发现，原课例与修改方案之间差异只在于 A 步骤和 B 步骤间顺序调换，如上所言，步骤简单调换并非意味着"归纳"与"演绎"间的相互转化；而《赵文》主张"慎用演绎逻辑"，但令人费解的是，按赵老师的理解，此处修改方案中的第三步 C（学生演练），却恰恰是用到了"演绎"方式。

其实，透视赵文所举课例及修改方案的背后，我们发现二者并非是"演绎"与"归纳"两种逻辑方式（教学策略）的矛盾，而是当下语文教学届"收"与"放"两种课型的矛盾。"收"与"放"，是一种通俗说法，其实就是语文课堂的两种常用教学策略，笔者姑且将其称为"聚合型课堂"（收）与"发散型课堂"（放）。

以"收"为主的"聚合型课堂"，其特点以教师讲授为主，注重目标落实，知识传授，具体表现为信息密集，环节完整，教学任务以教师预设目标的实现为准。这种课型由于教师主导充分，课堂严谨整饬，便于教学目标的实现及知识的系统掌握，缺点是易束缚学生思维和创造力。

以"放"为主的"发散型课堂"，其特点以学生研讨为主，教师大胆放手，为学生创设自学条件，具体表现为学生思维活跃，求知主动，互动性强。这种课型因突出学生主体地位，使学生个性潜能及创造精神能得以发挥，课堂灵动活泼，但若处理不好，也会流于随意，不利于教学目标的达成。

明眼人一看即知，这两种课型，犹如"归纳"与"演绎"，寸长尺短，无所谓优劣，关键在于教师面对什么样的学生（具体学情）教学什么样的内容（教学内容）。一句话，课型无好坏，关键在于人。

但话说回来，无论"聚合型课堂"，还是"发散型课堂"，其中都能找到类似于"归纳""演绎"这两种逻辑思维的教学策略，或者说，语文课堂教学，本身就可借鉴"归纳"与"演绎"的逻辑思维方式，从而优化教学策略，提高课堂效率。

三、语文课堂教学中的"归纳"与"演绎"

无论是"聚合型课堂"（收）还是"发散型课堂"（放），从逻辑学和方法论的角度来看，都可以借鉴"归纳"与"演绎"这两种逻辑思维方式，形成一种带有"归纳"与"演绎"特点的教学策略。据笔者观察，当下中语界尚未形成对此深入而系统的研究，所以，笔者姑且将其称为"归

上编 问道语文

纳型教学"和"演绎型教学"（区别于《赵文》"归纳法"和"演绎法"）。

下面，我们就以《论语选读·中庸之道》的教学案例为例，看看"归纳"与"演绎"在其教学中的实际运用。

《〈论语〉选读》是目前浙江省使用的语文版高中选修教材。该教材相对于内容驳杂的《论语》原著而言，重选主题，重新编排。尽管如此，但每一章节材料依旧没有内在逻辑关联，这让一线教师明显感觉此类教学难于一般的文学文本教学。

但有老师在实践中摸索出"点——线——面——心"式的论语教学课型，效果不错。所谓"点——线——面——心"即四个教学环节："点的剖析、线的延伸，面的总结，心的回应。"具体而言：①先从学生疑惑的、感兴趣的全息性的文本事例切入，引导学生探讨；②然后再引导学生在更多的、丰富的文本事例的研习中进一步感受其特点；③接下来再将文本事例举三反一，提升到理性认识的高度，领会其主题内涵；④最后学生在联系现实和切记体察中生成自己的认识。

具体以《论语选读·中庸之道》教学为例。教师先从学生预习中寻找学生阅读的兴奋点（备"学情"），发现学生普遍对"乡人皆好之"一节有疑问："乡人皆好之"的境界为何还不如"善者善之，恶者恶之"？教师即从此切入，按上述步骤设置问题：

①"点的剖析"：一个人用何方式才能让善恶皆有的一乡人都喜欢自己？

②"线的延伸"：你还能从其他语录中感受到孔子这一原则立场么？

③"面的总结"：你觉得中庸之道有哪些特征？

④"心的回应"：结合自己生活，说说你怎么在现实中践行中庸之道。

……

整堂课就师生地位及相互作用而言，教师从学生疑惑处入手，让学生从节选文本中发现研讨，自己归纳出"中庸之道"的特征，从而形成对"中庸之道"的最终理解，最后再让学生结合实践畅谈现实中如何践行"中庸之道"。课堂突出学生主体地位，教师只是为学生研讨创设问题，整个课堂教师放手，始终让学生思维动起来，或许这就可称其为"发散型课堂"。

但是，这种所谓"发散型课堂"是否就是"归纳型教学"呢？我们依据"归纳"和"演绎"推理公式来分析这堂课的教学：

归纳推理公式：　　　　　　　演绎推理公式：

S1 是 P，　　　　　　　　　大前提：有 P 理论在某一范围内是正确的

S1 是 S 类的代表性个体　　　小前提：假定事物 S 行为受 P 理论支配

所以，所有 S 具有属性 P　　结论：则 S 行为规律为 P

第①环节（点的剖析）：师生从疑惑处"乡人皆好之"切入，通过"感化式"和"讨好式"两种正反"好之"来体验"中庸之道"的"原则性"和"平易性"特征。

第②环节（线的延伸）：教师要求学生再对文中能体现上述原则立场的类似事例加以分析，从而体会文中孔子在评价"狂与狷、过与不及、适与莫"等方面的原则立场。

第③环节（面的总结）：通过上述活动，水到渠成地归纳出"中庸之道"的特征。

上述三个环节教学下来，学生脑中则进行了这样一个"归纳推理"过程：

环节①："乡人皆好之"体现了"中庸之道"的"原则性、平易性"特征。

环节②："乡人皆好之"是与之类似的"狂与狷"等事例中最具代表性的。

环节③：所以，文中类似事例都体现了"中庸之道"的"原则性、平易性"特征。

而课堂最后的环节④与环节③则进行了一个"演绎推理"的过程：

大前提："原则性、平易性"属于"中庸之道"。

小前提：学生生活事例具有"原则性、平易性"特征。

环节④：所以，学生是在践行"中庸之道"。

通过以上案例分析，我们至少可得出两点结论：

第一，现实中的"归纳型教学"与"演绎型教学"是相对而言，没有好坏之分的。许多老师认为"演绎"的主体是教师，主要以知识传授为本，注重结果，属于灌输式教育观念的产物；而"归纳"的主体是学生，主要以能力培养为本；体现过程，属于研究性学习理念的产物。其实，这是一种静态考察，片面理解，是经不起推敲的，如上述《中庸之道》的教学，前三个教学环节构成了归纳推理，而推理而出的环节③又与最后一个环节④构成了演绎推理，整个教学流程，正所谓"归纳"与"演绎"并存，有机有效地完成了教学。

而上述赵文的三个课例及卓立子老师商榷文章，都极力推崇各自认可的"归纳"和"演绎"的优点，但"归纳"和"演绎"的各自优点，却并不能构成对方的各自缺点，因为二者使用的对象不一，情况不同。

第二，现实中的"归纳型教学"与"演绎型教学"是不可分割的，其道理有如"归纳"与"演绎"之间的辩证关系。我们知道"归纳"与"演绎"这两种逻辑推理是辩证统一的，即归纳是演绎的基础，没有归纳就没有演绎；演绎是归纳的前导，没有演绎也就没有归纳。同理，作为语文课堂教学策略的"归纳型教学"和"演绎型教学"，二者也是相对独立，而又相互渗透的。

其实，我们在具体教学实践中，常常会看到这样情形：从整堂课或整篇课文阅读教学来看，其采用的是"归纳型教学"，但在总体归纳中又有局部的演绎。同理，有时总的是"演绎型教学"，但其局部却又有归纳。譬如上述赵文中的第②③课例都有"归纳"和"演绎"并存的影子，而我们之所以分别将其称为"归纳型教学"或"演绎型教学"，主要也是看其总体侧重，同时也是便于分析，但在实际教学中，这两种教学策略往往是相互融合，交叉进行，各自发挥着应有的作用。

（原载于全国中文核心期刊《语文学习》2012 年第 12 期，原标题为《也说语文教学中的"归纳"与"演绎"》）

比较：医生、教师和语文

偶阅王晓春老师《教育智慧从哪里来》一书，其中说到一个有趣问题："为什么医生越老越香，教师越老越臭？"

王晓春老师说："医生凭的是专业技术，专业技术这种东西是越研究越深，经验越多越好，时间长了甚至会'一招鲜'。年龄不会磨损它的价值，因为那是一种智慧，智慧是不容易随着体力的衰弱而减退的。为什么教师老了就不行了呢？因为很多教师拼的是体力，他们在工作中很少研究，专业能力停滞不前。"那为何医生必须提高专业能力，而教师却非要去拼体力呢？王老师接着解释说："奥妙在于医生对病人没有领导关系，而教师对学生有领导关系。"

纵观全文，感慨万端，王晓春老师是从管理权角度来区别医生与教师的，笔者乃一普通语文老师，感叹之余，突然发现，若从专业角度而言，医生与教师，尤其是语文教师，还真有的一比！

医生"治病救人"，教师"教书育人"。医生和教师都得面对人的问题。只不过一个是在"生理"上有问题的"人"，一个是"灵魂"上需要塑造的"人"（教师被誉为"灵魂工程师"）。在如何解决问题上，两者也都是专业人士，都得凭借专业待人（一个是"救人"，一个是"育人"）。

但是，如果我们仔细分析二者"待人"过程，就会发现其中奥妙不同。

先说医生"治病救人"。一般而言，医生看病，其流程第一步是先研究病情，按中医之说，先得对病人"望闻问切"，然后制订方案，对症下药。注意，这里医生是先研究"病症"，然后再研究"药"，顺序不可反。或者说医生是为了病情才去研究"药"的，医生研究"药"不是目的而是手段，因为研究药品是医药专家的事，医生只需了解医药专家研制出来的药品药效即可。因而，医生可以把精力主要用在病人上，其流程简约为"医

上编　问道语文

33

生—病人—药品"。如果病人病情没有好转，医生得继续研究病情，再换药治疗。实在治不好，医师只能承认自己医术不高，而不会去埋怨："你这人怎么得了这么个怪病，难为死我了！"

再看语文教师"教书育人"，情况可能复杂得多。

当下学校教育基本上是"班级授课"，学生四五十人，语文水平参差不齐，要说研究学情，也只能是大概估量，即便倡导"因材施教"，也不可能像医生那样个个"针对性诊断"。因而，现实中语文教师"教书育人"，往往第一步是研究"教的书"，然后再想着如何"育人"，其流程简约为"语文教师—书（教材）—学生"。这与医生治病救人之流程恰好相反。

按理说，语文教师的工作重心是不应该放在"书"（教材）研究上的。为何？因为教材有课程专家、教材专家编写完成，按专家的话说是"课程教材化"了的，既然人家已经把东西弄现成的了，你就应该像医生那样把主要精力放在对象"人"（学生）上，用叶老的话说，"用教材教"好学生是了。可当下之怪相是，我们的语文老师一个个想着法子将"书"（教材课文）往死里整。本来，对文学文本深细研究应该是文学界的活，现在倒好，只要文学作品一进入语文课本，就会被"蒸熟炖烂"，还美其名曰"文本细读"，而且是无休止地"细读"！恕笔者妄言，几十年来，语文教师要"认真钻研教材"的玉律，已经将一些选文捶打到无以复加的地步，直至其成就为所谓的"经典名篇"。

其实，"钻研教材"本无错！譬如"教材好在哪里，有哪些地方值得教，或者该怎么去教"等，做这些工作，不就是我们老师通常所说的"备课"吗？

但是，若仔细审视一下现实中语文老师的"备课"流程，又不禁大跌眼镜。

据上海师大王荣生教授"考证"，一位普通语文老师的"备课流程"如下：

> 第一步，按教师教学用书所提供的结论"理解"课文；第二步，根据课后"思考和练习"题揣摩教材编者"意图"；第三步，想出一个好办法如何去教"教学内容"。

仔细想想，也不可全怪咱语文教师。君不见当下"集锦"式的语文教材，根本就不像数理化学科那样，要教学的东西一目了然。不少人一旦离开《教师教学用书》，甚至连课文教什么都搞不清，那当然要好好"钻研教材"了！

于是，原本应将重心放在"人"（学生）上的语文"备课"，演变成了"备选文""编课文"。一句话，本来作为教学专家的语文教师，现在被要求同时还要充任"语文课程专家"和"语文教材专家"，一切另起炉灶，重新开张！

其实，语文教师"教书育人"也应如医生"治病救人"一样，将精力放在"这一班、这一组甚至这一个学生身上"，也就是说语文教师应该是服务于具体情境中的具体学生的，所关注的应该是"这一个学生"在场的学情，并能为之提供帮助。这就如同医生是为病人服务而不是服务于药品的道理一样简单。现在本末倒置，语文教师先从"书"（教材）入手，备好上课的材料，再来一个引君入瓮，把学生往"瓮"里面引。如此一来，既给语文教师自身带来莫大负担，也造成了语文教学内容的复杂不确定性。

说了半天，语文教师的"备课"就应该是在"备学生"基础上的"备课"。这也正如那位王荣生教授所言，理想情况下的语文备课，应该是语文教师根据学生具体情况，将课程专家提供的"一般应该教什么"转化为"实际上需要教什么"，将教材专家建议的"通常可以用什么去教"转化为"实际上最好用什么去教"。

当然，咱不是在否认语文教师参与课程建设，必要时甚至可对课程内容有所创生，但这些参与创生应是基于学情的，即在"备学生"的基础上去完成"备教材"。一句话，语文教师备课教学，其道理如同医生治病救人；或者说，语文教师，就是学生语文学习病患的处方医生！

（原载于《中国教师》2013 年第 1 期，原标题为《论教师"教书育人"的职业意识》）

上编 问道语文

反省：面对 "过去的老师"

商友敬先生主编的《过去的教师》一书，收录了大量近现代名人大家回忆自己求学时代老师的文章。半个多世纪过后的今天，当我们面对此书，重温前辈如何求学、敬业、处事时，不禁感慨万千……

他们，读书而渊博

丰子恺在纪念夏丏尊一文中写道：夏先生和李叔同先生是同事，也是好友，夏先生常说："李叔同先生不仅能作曲，能作歌，又能作画、作文、吟诗、填词、写字、治精石、演剧"，"他的诗文比国文先生的更好，他的书法比习字先生的更好，他的英文比英文先生的更好。"

的确如此，李叔同先生集诗词、书画、篆刻、音乐、戏剧于一身，在多个领域，开中华艺术之先河。他把中国古代书法艺术推向极至，"朴拙圆满，浑若天成"，就连鲁迅、郭沫若等也以得其一字为荣；他是第一个向中国传播西方音乐的先驱者，所创《送别歌》，历经传唱而成经典；他是中国第一个开创裸体写生的教师，深厚的造诣，先后培养出了画家丰子恺、音乐家刘质平等一大批文化名家……何止于李叔同先生，就是夏丏尊先生、丰子恺先生本人，哪一个又不是博学多才者呢？

其实，纵观这些泰斗级人物，我们发现他们都有一共同特点：爱读书。这些名家大师，无一不是饱览诗书、满腹经纶之士，也正因如此，才成就了他们一代宗师的地位。我们说，"学富五车"，方可"才高八斗"。我们说，"腹有诗书气自华"。我们说，真正的为人师者，首先应该是一个乐读好学之人。过去的教师们能够受到这么多学生的敬重和爱戴，他们的课之所以如此受学生喜欢，读书而博学，无疑是其中一重要因素。这就好比是一尊受人顶礼膜拜的佛像，背后有金光，才能令人敬仰。笔者认为，我们若想得到学生之敬重，是不是应该静下心来，好好读一读书呢！

他们，精神之独立

书中有这样的片断，读后不禁让人沉思：

"放学后在学校玩，不天黑不回家，不怕考试，不突击考试，提倡多看课外书，选修课很多，学生的知识面很广，对学科知识要求不死抠书本，班里最好的学生要求只考80分就行了。但全班没有考不上大学的。"（钱学森《北师大附中》）

"1941年，我级同学谢邦敏参加毕业考试。谢君素喜文学，但数理化成绩差。当他进入考场，展开物理试卷一看，顿时目瞪口呆，一题也回答不上，只得交白卷，但心有不甘，乃填词《鹧鸪天》一首。物理教师魏荣爵先生评卷时，也在试卷上赋诗一首，然后给分60，使谢君能够毕业，而考入西南联大。"（王铨《评卷的魅力》）

笔者总在想：为什么民国时期会涌现那么多名师大家？为什么这些名师大家又具备那种令今人仰慕的开放、民主、博爱的思想。也许我们能找出很多理由，但窃以为其根本原因就在于那些深受传统文化浸润的知识分子，他们的精神与前辈一脉相承，而他们又经历了20世纪国门开放的整个历程，对民主和自由的精髓有着透彻的理解。今天，历经数次思想政治运动，新中国的知识分子与前辈相比，也许在技术上是先进了，但在精神和思想上则是贫瘠的，更有甚者早已从思想和灵魂上彻底分离了。

他们，人格之高尚

商友敬先生在本书"序言"中写道：教师的品格的高低，就在于他对学生的态度。为什么要做教师，就是基于对学生的爱，正如父母对待儿女一般。

我们来看看"过去的老师"：

"每日清晨，校门大开，校长站在门前亲自迎接来校上课的教师学生——这不是神话，而是过去许多学校和校长的一贯做法，

不仅显示人格平等，更是一个学校生气勃勃之所在，是教育精神的生动体现。"（资中筠：忆母校天津耀华中学）……

陶行之先生曾说："先生不应该专教书，他的责任是教书做人；学生不应该专读书，他的责任是学习人生之道。"也许时代不同，对优秀教师的评价也不同。但笔者认为，不管时代怎样变化，"亲其师，方信其道"。学生喜欢你的人，也就会喜欢你的课，一个能让学生在潜移默化中感受到你人格魅力的老师一定是位好老师，一个博学有爱的老师永远都会受到学生的爱戴。

合上扉页，凝望着书本封面上那盏发黄的油灯，笔者仿佛看到他们在弹拨生命的琴弦。子曰："高山仰止，景行行止，虽不能至，心向往之。"作为现在的教师，我们该以怎样姿态立于三尺讲台？我们将给学生留下怎样的人生回忆？笔者认为，如果能这样去思考，去工作，心存向往，至少，我们将站得比现在高。

（原载于《黑龙江教育·中学教学案例与研究》2010 年第 6 期，原标题为《当我们面对〈过去的教师〉时》）

个性：语文老师的 "专业"

教师专业化发展是一个常说常新的话题。随着课程改革的深入，"教师即课程"的理念已成为共识。如何做一个新课程所需要的语文教师，便成了一个突出问题凸显出来。而诸多专家认为，能够彰显自己教育教学个性的教师，才是新课程所需要的教师，这也是教师发展的理想状态。

窃深以为然。其实，从某种意义上说，素质教育就是个性教育。但个性只能靠个性来培养，没有教师的个性就没有学生的个性，而教师的个性又往往体现于他的教学个性，这也是教师本人创造性能力的体现。很难想象，一个没有语文教学个性的教师是如何让其学生去体验语文魅力，进而对语文产生执着兴趣的！而一个有理想的语文教师只有铸成自己的教学个性，才能真正形成自己独特的风格、体系，唯有此，自己才能在众多流派中自成一家。君不闻"民族的才是世界的"，引申过来也可说"有个性的才是有魅力的"。但今天我们看到更多的是语文教师在教学模式化的操作中"追随于名家，模仿于技巧"，在应试教育挤压下"埋首于应试，汲汲于分数"，哪有时间奢谈什么教学个性？

鉴于此，新一轮课程改革强烈呼唤语文教师的教学个性。那么什么是语文教学个性呢？笔者以为，语文教学个性就是一个语文教师教学生命力的独特呈现，它是指语文教师在日常教学中（包括文本处理、教学程序、教学手段、教学方法乃至教案的写法等）所表现出来的带有语文味的个人化的特征。那么，如何才能养就自身的教学个性呢？笔者认为，语文教师只有置身于丰厚的书壤，汲取思想的养料，开放出创造的花朵，才能实现语文教师教学的个性化发展。

一、厚积博学："腹有诗书气自华"

"亲其师，信其道。"教师作为"学习共同体"中的"首席"，其独特的个性品质（气质、风格、情感等）对学生的发展有着深远的影响。而教师的个性品质又与其自身的学养有关。古人云：腹有诗书气自华。读书可

以养气，诗书能为语文教师的气质增华添彩。同时，在接受书的个性教养过程中，你又会用形成的个性眼光去解读书中的个性。如此相互作用，语文教师身上的个性品质和独特的"语文味"才会不断地得到巩固和发展。

"学富五车"，方有可能"才高八斗"。因此，语文教师首先就应该是个乐读好学之人。任何一个语文教育家都离不开学习。事实上，很多教育家，只不过是把别人的财富运用到自己的教育实践中，提出很多理论上的共鸣而已。君不见古今中外的名家大师，不论是苏霍姆林斯基、卡耐基还是陶行知等，无一不是饱览诗书、满腹经纶之士，正因如此，才成就了他们一代宗师的地位。另外，语文作为一门"工具性·人文性"的基础学科，它不仅仅是培养学生的语文运用能力，而且要发展学生的语文素养，这就要求教师自身必须具备扎实的学术功底和深厚的文化素养。卢梭就曾言："在敢于担当培养一个人的任务之前，自己就必须要造就成一个人，自己就必须是一个值得推崇的模范。"从这个角度来讲，从一个教语文者上升为教语文之"师"，则须虚心好学，广泛吸收，纵横古今中外，融得众家所长，同时也要定位一门，苦心钻研，或古典文学，或现代写作，或语言文字等，让学生从你身上就能感受到浓厚的"语文味"，使自己成为一部令人感叹不已的个性经典。

二、整合创新："它山之石可攻玉"

俗话说："它山之石，可以攻玉。"但采来的石头不尽都是玉，它需要雕琢方可成器。因此，一个富有个性的语文教师要有"拿来主义"精神，且善于发展自我的吸收改造能力，从而铸造自己的"杀手锏"。

随着教育年轮的增加，有理想的语文教师都会尝试在教学问题的实际解决过程中形成自己的风格。这就不可避免要涉及学习借鉴他人的东西，其中包括专家理论指导、名家范例模式和同事经验技巧等，如很多青年教师喜欢将名家教学模式、经验技巧搬上自己的课堂。但是，教学是一动态系统，任何教学都是在特定环境下发生的特殊的过程，尽管有些东西是跨时空相通相联的，但一味追寻模仿别人现成的东西，正应了一句话，"顺着别人脚印走，踩出来的是坑而不是路！"

其实，一个有个性的语文教师是要有独立思想来支撑的。没有个性化的语文思想，教师就不可能形成自己个性化的教学风格，而思想是在自己实践并在对他人经验改造吸收的过程中产生的。因此，语文教师个性化教学的形成和发展，应该在统摄提取他人经验教训的基础上，用习得的经验来印证自身实践的体验，通过不断对照反思来更新教学观念，通过整合改造来重塑教学行为，如此教师才能创生出自己的思想，彰显自身的个性，揭示语文教育的真谛。

三、因长施教："彰显个性成一家"

在语文教育教学中，教师的个性要真正成为一种教育力量，还必须把个性的彰显与自身特长相结合。"十全十美的语文教师是不存在的。任何一个语文教师都难做到同时具备十几'板斧'"。因此，语文教师提高自己素质科学而快速的方法，并不是"全面发展"，而是发展其教学个性，扬长补短，因长施教。这就要求教师从自己的实际情况出发，找到自己的特长，不断突出、强化进而在实践中扩展创新这一特长，如此才能逐步形成自己的教学特色和教学风格。但须注意的是，个性化教学不等于什么教学模式、教学技巧，而所谓的教学模式、教学流派，从某种意义上讲恰恰是语文个性化教学形成的最大束缚与障碍。

语文教学天高海阔、博大精深。每位教师就其人生阅历、气质禀赋而言，是鲜有"拷贝"版的，就如世上绝无两片完全相同的树叶。如有的教师擅长书法，能画出栩栩如生的简笔画；有的口才极佳，绝不亚于激情飞扬的演说家；有的演技不差，能即兴流露出喜怒哀乐等。所以，语文教师在教育教学个性化发展上一定要因人而异。譬如音质动听、擅长朗读者，如支玉恒教《金色的鱼钩》，当场范读，听课的全体师生潸然泪下，乃至抽咽不止；韩军在舟山上《大堰河，我的保姆》，二十多分钟深情吟诵，全场耸然动容！又如笔锋犀利、写作一流者，如杂文家、南京师大附中语文特级教师王栋生就以自身魅力影响学生对写作的爱好……这些名师无不是在自身禀赋基础上，不断创生发展乃至最终形成了独树一帜的教育教学流派，如丰子恺"美的教育"、朱自清"有信仰的教育"等。

综上所言，有个性的语文教师应把握住自身独特的魅力，或清丽温婉，或大气磅礴，或机敏厚重，积极在实践中创造性地磨练自己。唯有如此，学生才能在你独特个性的濡染下走出死气沉沉的精神洞穴，你才能放眼语文教学世界的天光云彩，使课堂成为展示语文个性化教学的亮丽舞台。

（原载于全国中文核心期刊《中学语文教学》2006 年第 12 期，原标题为《语文教师，亮出你的个性来》）

上编
问道语文

学生： 遗忘的 "弱势群体"

当前，新课程积极倡导体验、参与、合作的教学模式，但在实际操作过程中，我们却发现热闹的表象下却有着不和谐的音符："优势"学生比"弱势"学生表现出更为积极和更高质量的参与，他们总是承担着小组活动的重要工作，包括支配组员，提供资讯、汇报成果，俨然成了学习的主角。而有一部分学生却总是不能承担实质性工作，他们或偶尔随声附和，或一言不发地充当听众，更有甚者趁机打闹嬉戏，成了合作学习中真正意义上的"弱势群体"。毫无疑问，这使得所谓"合作"的效果大打折扣，与新课程理念背道相驰了。因此，我们十分有必要关注这一"特殊群体"，让全体学生走向真正的合作学习。

一、透视合作学习中"弱势群体"

1. 观念偏差人为导致 "弱势群体" 的存在

尽管新课程提倡素质教育，但"应试教育"对教师教学和学生学习观念有着根深蒂固的影响，师生观念上的偏差往往人为地导致了合作学习中的"弱势群体"的存在。对多数教师而言，成绩好坏仍是区分学生优劣的主要尺度。如在"小组合作"活动中，有些教师总是给予"优生"重任，让其充分地展示自己。而"差生"却很少能获得表现的机会，只能在一旁当看客。而对部分学生来说，他们已经习惯了"认真听讲"的上课方式，缺乏参与的经验和技巧，还没有形成真正的合作意识。部分"优生"把"合作"当成自我表演的舞台，认为成绩不理想的学生是累赘，忽视其他合作成员和集体的利益。久而久之，这部分所谓的"差生"因得不到任何信任和鼓励而逐步沦为合作中的"弱势群体"。

2. 情感障碍主观影响 "弱势群体" 的参与

从主观上看，不难发现那些在合作学习中出现的"弱势群体"主要有着如下一些情感障碍，从而极大地影响了其参与合作学习的主动性。一是性格内向：这类学生虽然上课认真听讲和思考问题，但由于性格内向，不善于与他人交往，于是不愿意主动参与合作学习。二是缺乏兴趣：这类学生认为学习的主题枯燥无味，缺乏学习动力，因而学习目的不明确，态度不端正，所学的知识肤浅零散，因此不敢参与合作学习。三是学习困难：这类学生虽花了不少的时间和精力，但由于学习方法不恰当，造成其语言基础薄弱，因而产生焦虑情绪。他们总是担心自己犯语言错误而受到他人的批评嘲讽，所以回避"合作"。

3. 机制缺陷客观上限制了"弱势群体"合作能力的发挥

从客观上看，由于小组合作机制不完善，导致"弱势群体"的无所作为，从而限制了其合作学习能力的发挥，挫伤了其参与小组合作学习的积极性。小组合作机制不完善主要表现在以下几个方面。

（1）分组不均。有些教师对合作分组十分随意，往往按前后桌关系或学生自己自由组合的方式进行分组，这往往导致各小组实力不均。有些"强势"小组合作活动开展得热火朝天、硕果累累；而有的"弱势"小组却冷冷清清，收效甚微，有的甚至半途而废。

（2）任务不均。在进行小组合作任务分配时，一些教师往往把重要的任务分配给"优生"，使其得到充分锻炼和提高的机会。而对于"弱势"学生，教师则常常让其充当次要的小组角色，承担较少的合作学习任务，使其没有机会发掘自己的优点，体现自身的价值。于是，他们逐渐对小组合作学习感到不知所措。

（3）检测不均。在检测合作学习成果时，有的教师为了节省课堂时间，总是让"优生"代表小组发言。"优生"的成就感得到满足。相反，"弱势"学生的发言机会却极少。有时即便他们鼓足勇气开口发言，教师也常常对其平庸的陈述表现得不耐烦，或对其语言错误进行批评，这极大地挫伤了其参与合作学习的积极性。

（4）评价不均。优生善于思考，且语言功底扎实，因而有着独到的见解和流利的表达，为此，他们经常得到教师的称赞。相比之下，"弱势"学生的思维较简单，语言表达也显得零乱而无新意，且断断续续，为此，他们很难得到教师的夸奖。至于其是否有进步，教师也很少提及。这种只重

上编 问道语文

结果不看过程的评价方式使得"弱势"学生最终不得不退出合作学习的舞台。

二、探究"弱势群体"参与合作学习的策略

1. 转变观念，引导"弱势群体"参与合作学习

（1）教师树立正确观念。教师首先要改变以往对"弱势"学生的偏见，给予其更多的关注和帮助，尽可能多地为他们创造语言实践的机会。如在进行合作学习的过程中，教师应认真倾听"弱势学生"的发言；留意那些游离在小组活动之外的学生，及时与其交流，协助其参与合作学习。同时要培养学生正确的合作意识，使其学会接纳和帮助这些"弱势群体"，构建民主和谐的小组合作学习环境。

（2）帮助学生学会合作。教师要帮助部分学生改变过去对待"弱势群体"的错误态度，学会与其合作。如要求学生在小组合作活动中不搞"个人英雄主义"，不轻视"弱势"学生，学会尊重和包容他人，用心倾听其倾诉，对其优点表示赞赏，对其缺点给予礼貌的提醒和适当的帮助，以形成团结互助的小组合作气氛。

2. 疏通情感，激励"弱势群体"融入合作学习

（1）克服胆怯，体验成功。对于性格内向的学生，教师要经常与其沟通，消除其与人交往时的胆怯和害羞心理。在合作学习时，要激发其参与意识，鼓励其把内心想法大胆表达出来，并给予及时的表扬和奖励。这样，他们就能体验到成功的喜悦，意识到自己对小组合作的重要性，从而增强其责任感，使其渐渐主动地参与合作学习。

（2）端正态度，体会乐趣。对于合作探究毫无兴趣的学生，教师除了平时的心理辅导和严格监督外，更要想方设法让其体会到学习的乐趣，从而促使其端正态度，摆脱懒惰，学会思考，能够热情主动地加入合作的队伍。开展形式多样，丰富多彩的课堂活动是提高学生兴趣的极好途径。活动的开展可以激发其集体荣誉感，增强其学习动力，使其在热烈的氛围中投入到合作学习中去。

（3）提高水平，树立自信。对于学习困难生，教师要给予更多的关心和帮助。首先要帮助其改良学习方法和策略，制订合理的学习计划和目标。

其次在合作活动中要鼓励其克服焦虑，积极参与，并给予其适当的点拨，对不会引起误解的语言错误采取宽容的态度，努力提高其语言运用的能力。随着参与度的提高，他们信心倍增，自然也乐意参与小组合作学习了。

3. 完善机制，促进"弱势群体"共同合作发展

（1）恰当分组，最佳搭档。恰当分组是合作学习活动的良好开端。教师尤其要考虑到"弱势"学生群体的实际情况，为其做好安排。使其在小组中找到合适的位置，不会游离在合作学习活动之外。例如，将性格内向孤僻的学生与活泼开朗的学生安排在一起，这样内向的学生会被这种活跃气氛感染，也能参与合作学习。而缺乏兴趣，态度不端正的学生，将其安排在责任感强，积极上进的学生一组，使得他们迫于压力，不得不对自己严格起来。对于学习基础薄弱，学习不得法的学生，可以将其安排与基础扎实且乐于助人的学生一组，这样薄弱的学生在合作中可以得到及时的帮助，而基础好的学生也可以在帮助别人的同时"教学相长"。

（2）拼图组合，各司其职。合理分配合作任务，让每一位成员都能在小组合作中发挥独一无二的特殊作用，这是开展和谐的合作学习的关键。正如每一位成员像一片独具形状和颜色的图块，它在特定的方位具有特定的功能，缺少了它整个版图将是残缺的，甚至是难以辨认的。在合作学习中，教师可以针对不同学生的特性，进行合理的任务分配，使每位学生尤其是"弱势"学生都有事可做。例如，在"美在家乡"的综合性学习活动中，笔者让学生为家乡的古建筑做旅游广告，让小组中较内向的学生担任小组长，锻炼其交际协调能力；让缺乏兴趣的学生去拍摄古建筑的照片和上网收集资料。这样，"弱势"学生就有了施展自己才能的空间，这种信任和责任对他们是一种莫大的鼓舞。

（3）轮流发言，全体锻炼。汇报任务活动成果是检测学生合作学习质量的重要环节，同时也是培养"弱势群体"合作学习情感的极好时机。全组成员在协商一致后将活动成果整理好，进行全班汇报交流。这时可以让每个组员轮流发言，这样，人人机会均等，全体组员都得到了锻炼。如上述任务，各小组选出四个最具代表性的建筑物到台上去介绍，每个成员轮流介绍一个，当发言不够充分时，其他组员还可补充。这种集体行动给内向的同学壮了胆，使其敢于发表自己的见解；给懒惰的同学施了压，使其

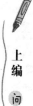

变得勤奋了许多；给学习困难的同学指了路，使其在"优生"的带动下也能理清一些头绪。

（4）综合评价，共同提高。在小组汇报后，教师要进行及时而有效的评价，但要改变以往只重优生好坏，或只看合作成果优劣的评价方式。而应对参与活动的成员数量，合作状况，以及"优势群体"对"弱势群体"帮扶情况及其效果，进行综合评价。在评价时突出每位成员对小组的贡献。尤其要对小组中的"弱势群体"的进步和对小组的贡献进行鼓励嘉奖。这样，"弱势群体"在过程与结果并重的评价中找到了前进的方向。

（原载于全国中文核心期刊《中小学教师培训》2008年第4期，原标题为《合作学习中的"不合作"》）

小说教学： 寻找文体特质

随着新课改的深入，外国小说（本文主要指西方小说作品，以下相同）在中学语文教材中的份额不断加大，且愈发注重从不同风格、不同流派、不同民族、不同国家的作品中选择教学文本。但由于历史文化、地理环境等差异，外国小说作品无论是内容还是形式，与我们所理解的传统中国小说都有很大差异。这也就决定了外国小说应有自己独特的教学特性。然而，纵观当下中学外国小说教学现状，普遍存在着目标模糊、知识陈旧、教学内容混乱等问题。仔细审视此类问题，笔者以为，其根源就出在"外国小说"和"教学"这两个基本构成要素上。

一、外国小说：把握"这一类"的文体特质

顾名思义，"外国小说"是外国的小说，是异域、异质文化的载体。但中学语文教材中的"外国小说"作品属于翻译文学，从某种角度而言，并非严格意义上的外国作品。一般来说，大凡翻译作品，基本上是按本国语言来表现异国社会文化的。因此，作为翻译作品的外国小说，一方面它由于中国汉语文化的渗入而具有中国性；另一方面，它毕竟来源于另一语言和文化传统而具有外国性。因此，承载着异域、异质文化的外国小说，既非真正意义上的外国文学作品，也有别于传统的中国小说，这也就意味着我们教学时，务必了解外国小说的特性，把握其文体特质。

（一）不同的文化决定相异的思维方式

西方小说作品蕴含着西方的文化。西方文化尊重个人尊严与价值，倡导自由精神，它以个人所表现出的力量、智慧为最高人格体现。譬如海明威的小说《老人与海》，传达出人与自然斗争中的一种坚强不屈的精神，张扬着人之为人的价值。中国文化则注重节制、适度，追求平稳、秩序，人

上编 问道语文

与人之间关系，要求个人服从集体。不同的文化价值观，直接反映在不同的文学作品中。例如，西方小说作品所塑造的人物，多以"圆形人物"为主。譬如雨果小说《炮兽》的主要人物是叛军统帅，却具有赏罚分明，指挥若定等优秀品质。小说充满了浓郁的浪漫主义气息，反对暴力，主张以爱制恶。教学中学生很难理解这种写法，这就体现了文化冲突的复杂性。而中国文化讲究"是非分明""惩恶扬善"，我们在中国小说中，常常能看到塑造完美的诸如"诸葛亮"式的"扁平人物"形象。

（二）不同的表达方式所表达的侧重点

不同西方文学作品十分重视想象力，尤其表现在小说上，他们认为小说的本质是虚构，虚构的真实才是艺术的真实，而这种真实更能反映出生活的本质。譬如博尔赫斯说，她的写作只不过是受"一个梦"的指引，而卡尔维诺则干脆宣称是"一只脚跨进的幻想世界，一只脚保持客观现实"。从他们入选《外国小说欣赏》（曹文轩主编）的《沙之书》、《牲畜林》等作品来看，无一不展现了现象的魅力。中国传统小说则以描绘精彩场面、塑造人物性格见长。可以说，注重人物刻画和情节曲折是中国小说的艺术传统，如《水浒传》《天龙八部》等。西方小说注重人物的心理描写，强调人物内心潜意识的挖掘，其作品较重视对人物内心的思考，因而西方小说诞生了意识流、魔幻现实主义等流派，譬如入选多个版本语文教材的英国小说家伍尔夫的意识流小说《墙上的斑点》，在实际教学中不受学生欢迎，从一个侧面体现了中西方这种文学追求的差异。

（三）不同的情感需求所造成的价值追求

不同文学离不开情感，中西方小说对情感的处理方式不尽相同。譬如以爱情为主题的小说作品在西方文学中最为常见。对西方人而言，爱情是人生的至乐，因而在西方小说作品中，我们常能看到西方式的大胆直接的爱情表达，譬如列夫·托尔斯泰在《战争与和平》中对"娜塔莎"这一人物的塑造，其对爱情勇敢热烈的追求，是很难被含蓄的中国文学作品所接受的。外国小说在情感追求方面，其作品往往注重对博爱等大爱的追求。譬如入选高中语文选修教材的《桥边的老人》（海明威），其中老人对战争中动物命运的关注，令人震撼，这体现了人类一种高尚的悲悯情怀。以上所述并非能体现"外国小说"的全部特质，但至少从文化背景、民族习惯等方面可见"外国小说"有别于传统中国小说。因而，这也就意味着我们在欣赏外国小说作品时，必须考虑"外国小说"这种文体类的共性特质。不仅如此，当"外国小说"作品进入到"教学"情境时，我们还要把握其作为"这一篇"的文本特质，进而确定其合宜的教学内容。

二、教学：建构适宜"这一篇"的教学内容

如果说，对外国小说"这一类"的文体特质的把握，是进行外国小说有效教学的前提，那现实中外国小说"教学"存在的问题，就出在"这一篇"的"教学"上。长期以来，关于语文的讨论大多集中于教学方法上。方法固然重要，但过度关注方法，忽视内容的建构，会迷失语文教学的根本方向。因为，教学内容尚未明确，却死钻教学方法，即便不是缘木求鱼，也定是越研究越糊涂。如理所推，外国小说作品本身并非教学的内容，其教学内容隐含于文本之中，有待于师生开发建构。由于教师个人性素养、学情相异，实际"教学内容"不尽相同。而外国小说教学，作为一种有目的的语文教学活动，其教学内容必然要求有其自身特性。因此，笔者以为，有必要从以下四个维度来研究外国小说教学内容的建构。

（一）"教学内容"建构须遵循文体体式

文体体式，也称"文体"，通常而言，教学内容的确定理应依据文体特性，而所谓的依据文本体式，就是指教学过程中不仅要考虑某一篇课文作为类的共性特征，更要把握其自身的个性特征。

从文体体式角度而言，"外国小说"本身就有别于传统中国小说。如前文所述，承载着异域、异质文化的外国小说，既有别于传统的中国小说，也并非真正意义上的外国文学作品。它属于翻译文学，虽然文本已被翻译为汉语，但因为原来文本存在与汉语不同的语言表达习惯和一些特有的地方俚语俗语，没那么原汁原味，因而，这也就意味着我们在选择建构外国小说教学内容时，务必考虑其文体特质。

其实，即便是"外国小说"范围内的作品，也是流派各异，风格多样，具体到某一篇（部）作品，解读到位也是极为不易的。譬如海明威的"电报文体"、巴尔扎克的深刻批判、雨果的浪漫夸张等，再如教学《外国小说欣赏》（曹文轩主编）中的小说《牲畜林》，我们必须了解这位被称为"作

家们的作家"的轻逸化表达和童话式构思的创作风格，这能为我们解读其小说《牲畜林》提供一条可参照的路径。在《牲畜林》这篇以战争为背景的小说中，作家以幽默调侃的艺术手法，通过"朱阿"这一独特人物在"牲畜林"中的搞笑表现，一下子化解了沉重的战争主题。

当然，依据文体体式确定教学内容，如果仅停留在对文本体式共性特征层面的把握，其价值是不大的。教师应该努力发掘文本体式个性的特征，将其建构为"教学内容"。譬如美国欧·亨利的小说《二十年后》，就存在这样一些具体的文体特征：情理之中、意料之外的结尾；大量运用"暗示"的手法；人物身份的暴露与隐匿；时间距离的运用；读者期待"落差"的运用，等等。在教学时，教师需要根据教学需要，来选择、确定建构"这一篇"小说的教学内容。

（二）"教学内容"建构须立足于学生学情

通常而言，教师预备的教学内容还只是想让此成为教学内容，并非已经是教学内容。因为，决定"教学内容"的一个非常重要因素，即学生学习的本身。学生"怎样学"决定了教师"怎样教"，唯有具体的学情分析，教学才有正确的方向和重点。

应该说，当下我们教师是有学情分析的，譬如备课"三备"（备教材，备学生，备教法）中的"备学生"就是指分析学情，了解学生学习需要。但问题是，现实中不少教师将学情分析停留在概括性的抽象分析上，这些分析由于缺乏实践指导性而流于形式。笔者以为，教师要立足于学情建构教学内容，既要有对班级群体和个体的共性与特性分析，还要有对学情的动态分析，因为学生的需要是偶然、复杂和多变的。教师只有把学生起点学情和现有生成结合起来，对其当下状态进行分析验证，根据反馈的信息进行重组，才能建构起有效的教学内容。

譬如笔者在教学《娜塔莎》时，就曾从学生阅读中寻找突破口。笔者通过预读发现，学生对女主人公娜塔莎第一次参加舞会很兴奋，但无法理解娜塔莎在舞会上矛盾的表现，更无法理解她那么快就背叛爱情，竟然狂热地爱上库拉根。鉴于此，笔者及时点拨学生：主人公娜塔莎跟你们几乎同龄，假如是你，你会以怎样的心理参加这样的一个舞会？如果有人向你发出邀约，你又会有何反应？当学生有了切身体验后，教师再水到渠成地引导学生解读这一人物形象，让学生明白"娜塔莎"的美，是一种未经雕琢的美，也正是因为她的单纯，所以涉世未深才会被诱骗。这也是她人生必经的阶段，催熟了她的性格。托尔斯泰也正是借此来表达自己独特的女性观和爱情观。

（三）"教学内容"建构须顾及编者意图

语文教材是以特定的结构方式呈现编者对"教什么"与"学什么"的构想与设计。因而，揣摩审视教材编写意图不失为一个建构教学内容的视角。然而，教材编者意图隐晦地渗透在教材之中，这需要教师的思考和发现。譬如作为教学文本的一篇文章，以什么方式进入教材，与教材中哪些要素组合，组合的关系如何，都渗透着编者的意图。一篇课文是独立存在，还是单元组合，其教学指向都存差异。这种差异反倒为教师取舍教学内容提供了新途径。以美国欧·亨利小说《最后的常春藤叶》为例。苏教版和鲁教版的高中语文教材都收入了这篇课文，但组合方式明显有异：

苏教版：《我与地坛》《最后的常春藤叶》《假如给我三天光明》《鸟啼》；

鲁教版：《屈原列传》《记念刘和珍君》《最后的常春藤叶》。

两种不同的组合方式，体现了不同的编者对于同一份文本的不同编写意图。苏教版将《最后的常春藤叶》安排在专题"珍爱生命"下，围绕"珍爱生命"这一主题选入了四篇文章，旨在让学生体会自然生命的伟大，敬畏生命，善待生灵，热爱生活。但苏教版教材编排，不仅按照专题组元，而且一个专题又分成不同的板块，譬如将这篇小说放在这一专题的第一板块"精神支柱"中，旨在引发学生的思考：信念是生命的精神支柱，启示学生珍爱生命，乐观向上。这就启发我们在确定教学内容时，不仅需要把握课文与主题，而且还要考虑主题与板块间的关系。鲁教版相对而言没有这么复杂，直接将《最后的常春藤叶》与《屈原列传》《记念刘和珍君》编排，组成必修三第二单元"生命的赞歌"专题。鲁教版编者意图显然是将《最后的常春藤叶》看作关于个人与国家、个人与社会等严肃话题的文章，以此作为"生命赞歌"的阅读材料，探究对生死选择的态度，引导学生思考生命的力量。由此可见，虽然每一篇文章都有其独立的价值指向，

但当其以"课文"身份处在不同编写体系中，其教学价值是存在差异的。

（四）"教学内容"建构须对接高考评价

"小说教学内容须对接高考"，这是一个很冒险的提法。外国小说教学属于文学教育，其本质是一种文学欣赏，而文学欣赏是一种复杂的高层次的情感活动，是读者对文学作品的感受、体验和鉴赏。而在高考试卷中，考题的重心却偏偏放在分析作品思想内容、写作技法上，这显然背离了文学欣赏考查的本义。

如此看来，作为文学欣赏的外国小说教学似乎无法与高考相联。但窃以为，虽然有些内容无法进入高考，但其对于提升文学素养却非常重要，因此，我们即便是"戴着镣铐跳舞"，也须在夹缝中求得生存。笔者以为，其策略是先找出外国小说高考考查特点，然后对症下药。

从近年高考"（外国）小说阅读"导向来看，至少有以下两个特点值得注意：

（1）外国小说作品考查面较为偏冷。譬如2008年高考广东卷的《河的第三条岸》，小说带着一种神秘色彩，具有某种象征性，是一篇超现实主义的现代小说，有点类似于拉美魔幻现实主义作品《百年孤独》。再如2011年浙江高考卷《第9车厢》是俄罗斯的米哈依尔·扎多尔诺夫的作品，辽宁卷《怪人》是乌拉圭作家比亚纳的作品。这些作家作品并非是名家大作，相对于中国学生而言，比较冷门，这对学生阅读面提出了更高的要求，这对外国小说教学也是一种新的挑战：外国小说教学不能仅教出"这一篇"，更应以文本为例，教出"这一类"，不断提升学生外国小说文本阅读的能力。

（2）外国小说考点与小说新知识趋近。譬如上述海南、浙江和广东三份高考卷中的外国小说阅读题，如广东卷《河的第三条岸》最后探究题是考查小说的"虚构""象征"等现代特征。不难发现，命题者着重考查小说作品中的人物性格、景物描写及叙述者、虚构等。综观这些试题，从中可抽取"叙述、情节、人物、景物"等小说专业术语，这些恰好与曹文轩主编的《外国小说欣赏》所呈现的小说元素（叙述、场景、主题、人物、情节、结构、情感、虚构）不谋而合。以上分析，尽管省份及考查年份不一，但其命题趋向却能对外国小说教学具有一定的指导意义。

其实，笔者于教学中发现，一篇外国小说文本教学内容的建构，实际上包含了"定"与"变"两部分。所谓"定"有两个。一是外国小说文体特质，文本阅读离开文体特质的把握，就不是真正的阅读；二是高考评价，外国小说教学绕不开高考，语文学科是能力型学科，既然是教学就必须有评价，但我们不能功利对待外国小说教学，教学的最终指向还是要提升学生的文学素养。所谓"变"也有两个。一是学情。从因材施教角度而言，不同学生的起始能力、情感态度、求知需要，都会影响教学内容的取舍；二是编者意图，一篇外国小说以什么方式进入教材，与教材中哪些要素组合等，其教学指向都存有差异，这其中渗透的编者意图我们是必须考虑的。

总而言之，外国小说教学内容建构过程中的"定"与"变"，其实是一个辩证统一的关系。忽视了"定"性，其教学内容的建构就会失去存在的价值和意义，外国小说教学就会失去基本的方向；忽视了"变"性，其教学内容将会成为僵硬的教条，外国小说教学仍旧会回到传统单一的教学模式中。因此，在外国小说教学内容建构过程中，我们绝不能顾此失彼，否则将会因无法真正把握外国小说特点而使语文阅读教学走向另一歧途。

（原载于全国中文核心期刊《语文建设》2016 年第 8 期，原标题为《外国小说"教学内容"选择与确定》）

上编
问道语文

诗词鉴赏： 一个比字了得

　　古典诗词教学的研究历来仁智互见，各有千秋，诸如有借鉴价值的"品读法""美读法""改写法"等。教法虽有万千，但一点却始终未变，即诗词是一门经典的语言艺术，它注重用词炼句，讲究反复推敲，绵里藏针；它对语言简洁、准确和传神等方面的要求，可谓近乎苛刻。"两句三年得，一吟双泪流"便是古人斟字酌句的典型写照。反而思之，若将如此"一字千金"的诗词语言进行替换、增减和变更，再与原诗词进行比较，其艺术效果必将得到凸现。下面，笔者就从 以此为突破口，引导学生通过品味诗词语言，感其情，晓其义，体其境，悟其旨，从而使学生真正领略到古典诗词的艺术魅力。

一、"变序"比

　　一般而言，无论是词序还是句序，都是按其约定俗成的惯例排列的。可在具体的语言交际中，说话人调换一下原有语序，即便不另增新词，也能创生新意，使语言表达尽显姿彩，还能达到意想不到的效果。譬如一首诗："空花落尽酒倾缸，日上山融雪涨红。红焙浅瓯新火活，龙团小碾斗晴窗。"若将其语序变动，可倒念为"窗晴斗碾小团龙，活火新瓯浅焙红，红涨雪融山上日，缸倾酒尽落花空。"两相比较，令人回味无穷，这也给诗词教学以很大的启示。

　　笔者教学《迢迢牵牛星》时，曾要求口译"迢迢牵牛星，皎皎河汉女"一句，学生发现此句为互文，应作"迢迢牵牛星皎皎，皎皎织女星迢迢"。笔者追问，既为互文，能否将语序变为"皎皎牵牛星，迢迢河汉女？"经过研讨，学生悟出其中奥妙，原来用"迢迢"（距离遥远）写牵牛星，还可让人联想到他是一个远在他乡的游子；而用"皎皎"（星光之亮）写织女星，则会让人联想到女性之柔美，两者可互文，但不可互换。再如教学王维的《山居秋暝》，有学生认为，可将其中"竹喧归浣女，莲动下渔舟"一句，变序为"浣女归竹喧，渔舟下莲动"，后经师生研讨品味，发现尽管意思未变，原诗却失去了"未见其人而先闻其声"的细节艺术美。

二、"变式"比

古典诗词讲究韵律，于是便会出现平常少见的句式，初学者一时较难理解，不能适应；待其稍稍适应后，有的也未必能深思其中道理，这对学生诗词鉴赏能力的培养是极为不利的。所以，教师可以通过变换句式来帮助引导学生理解，但要注意的是，"将句子换一种说话"的改写只是手段，目的还在于通过比较，使学生能够领会原句表达的精妙。

譬如教学辛弃疾的《永遇乐·京口北固亭怀古》，开篇"千古江山，英雄无觅孙仲谋处"一句，学生咋看难以理解，笔者于是让学生在原句基础上稍做调整和补充，（"千古江山，无处觅英雄孙仲谋之事迹"），使它再变为散文句式，（千百年来，江山依旧，可是孙仲谋的英雄遗韵已经找不到了）。然后师生对照原句，体会两者的表达效果有何不同。学生感觉到两句区别在于"英雄"与"孙仲谋"孰前孰后，原句先"英雄"而后"仲谋"，意在突出词人的景仰之情。笔者如此点拨，学生学习运用，对词中另一句"四十三年，望中犹记，烽火扬州路"进行改写，（遥望对岸的扬州，我回忆起四十三年前在炮火中南下归宋的经历），经过对照品读，发现原句突出强调的是时间"四十三年"，这就使得词人壮志未酬的辛酸不言而自明了。

三、"替换"比

诗词中有些字词的运用可谓独一无二，精妙无双，即使是用意义再相近的词语替换也难奏其效。当然，我们通过替换字词进行比较，有助于理解难词新句，同时也能够领会词语运用的准确巧妙，就如同王国维《人间词话》中的评述："'红杏枝头春意闹'著一'闹'字而境界全出。"若换成"浓"字则恐怕意境顿失了。

笔者在教学曹操《短歌行》"明明如月，何时可掇"时，有学生发现《三国演义》版本中是"皎皎如月，何时可辍"，是否课本有误呢？于是师生趁热打铁，发现用"掇"不仅能显示曹公"欲上青天揽明月"的求贤若渴之心，而且还作比兴手法，暗寓贤才何时求得与自己理想何时实现等丰

富涵义，而取"辍"则仅是"求贤之心不可停"。两相对照，意境迥然不同。再如教学《念奴娇 赤壁怀古》中写赤壁之景的诗句："乱石穿（崩）空，惊涛拍（裂）岸，卷起千堆雪（层浪）。"笔者问，若改为后者岂不更有气势？经过一番研讨，学生认为从豪放词风格而言，似乎可行，但"崩空""裂岸"给人以惨烈之感，与后文"江山如画"之语境极不协调。

四、"增删"比

名家之作大都可称得上是文不加点，不刊之论，有时是"不著一字"而"尽得风流"，如若增字删词，再与原诗词比较，则能凸显其遣词著字的大家风范，读者也能进一步体会作品准确、生动的艺术表达效果。对此，笔者在教学李清照《声声慢》一词时感触颇深。

《声声慢》词开篇"寻寻觅觅，冷冷清清，凄凄惨惨戚戚"，七叠连用，历来被倚声家视为叠词运用的典范，而如何使学生领会却一直是教学中的难题。笔者将原句改为"寻觅，冷清，凄惨戚戚"，让学生结合词人身世研讨，反复诵读，最后学生终于领悟到李清照不相信丈夫已死，在恍惚中仍觉夫君在家，于是不停寻找，一处找不着再寻一处（寻寻觅觅）；而后几叠连加，极其生动细致地表现了女词人内心悲戚之情。当读到词人借酒浇愁，"三杯两盏淡酒，怎敌他、晚来风急？"笔者就此启发，若将其中"淡"字去掉如何？（古代女子饮酒怎会觉得"酒淡"呢？）学生猛然醒悟，原来词人悲苦浓重，就是"酒"在口中也无味啊！

五、"前后"比

诗词中还有一种现象，即某些词句在文中反复出现（有的也仅是字面上的细微差别），如李白《蜀道难》一唱三叹，反复出现"蜀道之难，难于上青天"之句，鉴赏者切不可忽视这一细节，有时通过前后的比较，可以体察作者创作手法的匠心独运及词句表达的艺术效果。

笔者在教学《诗经·卫风·氓》时，有学生就质疑诗中三次对"淇水"的描写，问这是否有其特别意义？经过师生研讨后认为，第一次"送子涉淇"，是他们幸福生活的开始；第二次"淇水汤汤"，写出了归途中弃妇内心的"汤汤"悲愤；第三次"淇则有岸"表明女主人公决绝的态度。三次写"淇水"，其实是暗示了女主人公爱恨思绪的轨迹。睹景忆往事，乃人之常情，"淇水"就是女主人公那段以欢乐始而悲伤终的生活见证。再如《孔雀东南飞》中兰芝自述才艺的诗句："十三能织素（教汝织），十四学（能）裁衣，十五弹箜篌，十六诵诗书（知礼仪）。"其后文兰芝被遣回家，刘母哭诉时再次提起（仅有细微差别），前后共出现两次，有学生问，"这是简单的重复吗？"答案当然是否定的，后者重提不仅再次强调了兰芝的才艺双馨，而且进一步衬出兰芝之委屈、焦母之蛮横，同时丰盈了女主人公的人物形象。

六、"整体"比

诗词语言鉴赏除了本身可进行"咬文嚼字"外，还可以大见小，以整体带局部，进行整体性语言风格比较。在比较过程中，既可横向以不同作家的同类题材作品相比，也可纵向以同一作家不同时期的作品相比，但教师都要引导学生反复吟诵，精心推敲，使学生能够整体把握住不同诗词语言的独特风格。

譬如同写诸葛武侯，《蜀相》"出师未捷身先死，常使英雄泪满襟"，是杜甫在述惋惜之心与壮志未酬之愤；《书愤》"出师一表真名世，千载谁堪伯仲间"，是陆游在抒爱国之情与收复中原之志。同登岳阳楼，杜甫是"吴楚东南坼，乾坤日夜浮"；而孟浩然则是"气蒸云梦泽，波撼岳阳城"。一样的手法，不同的切入角度，师生在吟诵推敲中发现，原来是诗词语言魅力给读者带来异曲同工的气势美和震撼力啊。再如婉约派之"晓风残月"与豪放派之"大江东去"，理论上人人皆知，但如何才能品味出这两种不同的风格呢？笔者在教学过程中就没有进行过多的理论辨析，而是让学生换位朗诵，即以缠绵深婉之语气吟诵豪放激越之词，反之亦然，学生就是在阵阵诵读声中整体把握，体验感悟两大古典词派独特的语言神韵。

诗词鉴赏千古事，得失成败寸心知。诗词语言鉴赏博大精深，以上浅述仅是冰山一角，触及皮毛，但我们或许可以让学生在"比"中学会思考，在"比"中学会学习，在"比"中悟出"天机"，从而真正提高一点古典诗词鉴赏的能力。

（原载于全国中文核心期刊《中学语文教学参考》2006 年第 5 期，原标题为《诗词鉴赏，一个"比"字了得——兼论高中语文诗词单元教学》）

上编 问道语文

戏曲传承： 在尴尬中突围

　　包括京剧、昆曲和各种地方戏在内的中国戏曲，以其独特的歌舞说唱形式，在民族艺术舞台上演绎了数千年，可谓是传统艺术殿堂中的一朵奇葩，而今之处境却令人甚忧。据一项调查表明，当前看戏的群体基本上以中老年人为主，即使有年轻人，也多是些戏剧艺术学校的学生。尽管有关人士为此而大声疾呼，"拯救民族艺术！"其结果却应了著名剧作家魏明伦先生所言——"台上振兴，台下冷清。"中国戏曲艺术濒临如此尴尬境地，自然也会波及当前的中学戏曲教学，并由此而衍生了一系列的问题，如中学阶段是否需要戏曲教学，新课程改革背景下的中学戏曲教学又该如何进行，等等。下面，笔者就不揣浅陋试论之，敬请方家不吝赐教。

一、戏曲价值：不在实用而在文化

　　毋庸赘言，中国戏曲是一门包容广泛的综合性民族艺术。传承与弘扬这一民族文化艺术应"从小抓起"，自然是离不开中学语文教育这块厚实的阵地。新颁布的《语文课程标准》早已指出：语文课程"必须发挥自身优势，弘扬和培育民族精神，使学生受到优秀文化的熏陶，塑造热爱祖国和中华文明的精神品格"。

　　什么是"优秀文化"？我们说，那些古典戏曲就是灿烂民族文化中的瑰宝。然而，让人遗憾的事实是：自2000年语文教材新版（人教版）以来，整个中小学仅在高中语文第四册原有的《窦娥冤（节选）》的基础上增加三篇，才构成了一个独立的中国古代戏曲单元，而其他处则再难觅其踪影；而现行的新课程5套不同版本的语文教材，连一个完整的"戏曲专题"都没有，有的也是零星点缀，但就是这些承载民族文化精华的"零星点缀"，在实际教学中也令我们师生伤透脑筋，困惑不已：古典戏曲"远离现代生活、内容艰涩难懂，学得没意思"；"再说高考又不会考，我凭什么学你？"其实，透视这些问题，我们不难发现这实际上涉及"戏曲教学的价值取向"

问题，而我们只有在现实中解决这一问题，才有可能接下去探讨如何优化戏曲教学等系列问题。

朱自清先生曾在《经典常谈》中指出："经典的价值不在于实用，在于文化。"此言甚当，选入中学教材的古代戏曲作品，如《西厢记》《窦娥冤》《桃花扇》等，可谓篇篇称得上是经典戏曲文本。其他不说，单就这承载着戏曲文本的独特"艺术语言"就深深地打上了民族文化的时代烙印。乌申斯基曾说，"一个民族把自己全部精神生活的痕迹都珍藏在民族的语言里"；洪堡特也曾说过，"民族的语言即民族的精神，民族的精神即是民族的语言，二者的同一度超过了人们的任何想象"。的确如此，作为民族艺术精粹之一的中国古代戏曲（如京剧等），积淀着丰厚的民族情感和民族思想，有人就曾这样评价道："阅读经典戏曲作品的过程，就是一个体验民族情感，解读民族心理密码的过程。"此话一点也不为过，"阅读"经典戏曲，感受着它们所承载的丰厚的文化内涵，我们将会领略到民族艺术的无穷魅力，激发我们内心潜在的民族自信心与自豪感，也会为自己一生打下"精神的底子"。

我们的戏曲艺术在世界艺坛中独树一帜，集各民族艺术之大成，历经无数艺术家不断创新积累，已经成就为一个博大精深的文化体系。为此，在中学阶段进行戏曲教育，我们说不仅必要而且重要；不仅要凸显戏曲应有的价值地位，而且还应该"把戏曲当成戏曲教"，教出戏曲文本的"戏曲味"。唯其如此，我们才会在提升自己语文素养的同时，传承且弘扬着这一独特的民族文化艺术。

二、剧本解读：还我原有艺术品貌

《语文课程标准》不止一处提到要"了解戏剧等文学体裁的基本特征及主要表现手法"，"初步把握小说、戏剧等各自的艺术特性"，这些表述无不说明不同类型的文体应有其不同的教学特点。我们说，作为中国传统戏曲也应有其独立的、具有个性特色的教育教学方式。但遗憾的是，由于客观存在因素的制约，我们不少教师在教戏曲时，"摸着石头过河"却"摸"失了方向。于是五花八门的"戏曲剧本教学"便纷呈于课堂：有的将剧本文本肢解成小小块，精嚼细咀，仿佛是在串讲文言文；有的"像教小说那样"，顺着情节发展，对剧本中人物"深入分析"；有的干脆以

上编　问道语文

"放"代"讲"，将节选的电影戏曲片段搬上课堂等。可以说徘徊于戏曲艺术殿堂门外的各种非戏曲剧本教学，有时内容处理之"粗糙"，有时形式运用之"时尚"，使得学生或草草然或嬉嬉然，哪还有什么真正的戏曲鉴赏兴趣？

黑格尔说过："任何一门艺术都是人们用来感受生活的一种方式。"这就告诉我们，要想深入欣赏艺术，就不能不以艺术原本固有的方式来把握它。尽管我们中学语文所承担的"戏曲教学"不可等同于高校专业戏曲教育，但艺术欣赏只有高下之分而无对错之理，其内在鉴赏规律是不可改变的。这也就意味着我们应当还原戏曲原本的艺术品貌和个性，把"戏曲"当成"戏曲"来理解，将剧本文本当作剧本文本去解读。

众所周知，中国戏曲是一门"以歌舞演故事"（王国维）的独特艺术。其中"歌"在戏曲中被拆为"唱""念"（即音乐性的对话）；其中"舞"在戏曲中称为"做""打"（舞蹈性的动作）。可以说中国戏曲就是"唱、念、做、打"的艺术综合体，而且构成这一艺术综合体的各种局部成份彼此渗透，有机结合。它们不会游离独立，也非平分秋色或互不相扰，可以说戏曲的局部成分会因整体而显独特，整体也会因局部而熠熠生辉。戏曲独特的艺术生命，就是在其动态的立体的发展中得以传承与发扬的。如果我们在实际戏曲教学中硬将其人为地进行肢解，就会使其肢解成份顿失光彩，也会令戏曲整体黯然失色。譬如（戏曲）元杂剧中的"舞台语言"，就是区别于任何其他语言的"语言"。有的教师将其按照曲牌规定的字数、句法、平仄、韵脚去填写，尽管它也强调语言的节奏感和韵律，但"戏曲语言"绝不仅仅是"诗的语言"，更不是模仿生活的"对话"，它必须是要配合相应的音乐进行"说"、"唱"的。试想，如果教师忽略了这一点，仅将其简单地处理为一般的"文学语言"，其"戏曲语言"的特性就会丧失殆尽，如《窦娥冤》等元杂剧的戏曲语言艺术魅力也就无从谈起。

三、课堂教学：在尴尬中突围

应该说，我们所谓的"戏曲教学"并非是严格意义上的"戏曲教学"，而是从文学角度而言的戏曲"剧本（文学）教学"，这种"剧本（文学）教学"是不可等同于高校专业戏曲教育的。而不具备专业戏曲教育条件的中学戏曲教学，如何在新课程改革背景下走出困境，可谓是路险道阻，困难重重。姑且不说"宾白、科介"之类的专业术语及外加的文言语言（本来学生就怕学习"文言文"），就是我们当下语文教师所接受的戏曲教育知识的缺失，也恐难承担起中学戏曲教学之重任。再加上我们不少教师在实际教学中，很少有文体变通的教学意识，有的只是沿袭传统的枯燥灌输和平面讲读，自然激发不了学生对戏曲艺术的兴趣，反而会使学生更加远离戏曲艺术的真实。那么，中学戏曲教学如何在新课程改革中突出重围，走出尴尬的境地呢？

（一）重建序列，奠定基础

当前戏曲作品在中小学教材中所占比例甚微，十几年的语文教学，戏曲教材仅此数篇而已，作为传承民族文化的语文教育的确有点不可思议，而且这些戏曲作品大都集中于古代戏曲作品，更谈不上形成什么戏曲教学序列了。其实，在调查中我们发现，相对而言学生对当代话剧的兴趣要浓于对当代戏曲的兴趣，对现代样板戏和当代地方戏的兴趣要浓于对古典戏曲文本艺术的兴趣，也就是说，愈是具有现代性的艺术学生愈喜欢，反之，则接受起来越困难。因此，笔者建议在当前"新课改"的东风下，我们基础戏曲教育也应当从接受学角度出发，在中小学教材中（无论是人教版，还是地方版教材），在其各个学段按先易后难的接受原则，适当地增加一些（或适量）戏曲作品的分量，就如同传统的文言文教育；或者干脆就将其融于文言文教学体系之中，即先穿插一些简单的话剧学习，然后选取适量的现代样板戏、地方戏曲，最后再进行宋元南曲戏文、元代北曲杂剧、明清传奇顺序的教学。当然，也可以通过"研究性学习"活动或"校本教材"等途径重新开发整合戏曲教材。如此，戏曲教学方能初步拥有自己较为稳定的教学体系。

（二）相互融合，彼此吸收

戏曲是一门不断吸收其他姐妹艺术（如诗歌、音乐、舞蹈、绘图、说唱、杂技、武术等）营养，逐渐成为一种包容广、繁、杂的综合性艺术，而戏曲教学应该是艺术的教学。但是，当前我们的中学戏曲教学并非是完整意义上的戏曲教育，或者说它还仅仅是单一的戏曲剧本的文学欣赏，而要真正地理解欣赏戏曲艺术，就不能仅仅关注从戏曲整体中肢解下来的静态文本而不顾其他。尽管中学戏曲教学并不要求中学生有舞台实践，但很多时候艺术需要的不是艺术成分的肢解而是整体艺术的熏陶。或者说在进

行戏曲教学时，我们不应该仅仅将其平面地孤立地处理为文学教育，它应该与其他文学作品教学或科目教学（如音乐、美术等）平行进行。诸如联系小说、诗词曲赋等知识，积极吸收其中有益成分，构建"大戏曲教学"的整体框架。另外，在音乐、美术、诗词等教学中注意联系、吸取戏曲相关成分。诸如在音乐教学中注重戏曲中的音乐教学，从诗词教学的视角来审视戏曲中的唱词艺术等。如此相互融合，彼此吸收，将戏曲教学融合在各学科教育的大家庭之中。

（三）立体教学，整体鉴赏

如果说中学戏曲教学还仅是戏曲剧本的文学欣赏，那我们就应该在戏曲艺术与语文学科之间找到一个平衡点。如何做到这一点呢？我们说，戏曲剧本教学一定要体现剧本的"舞台语言的文学性"（这一点是中学戏曲教学与其它文体教学的区别之处），也就是说教师应该引导学生从"剧本舞台语言"入手，让学生通过富有感情的"诵读"（当然学生会"演唱"更好）来感受戏曲情节的发展，体验人物情感的变化；同时，师生还可以通过对剧本语言的推敲斟酌，文学分析，让剧本情景、人物形象在语言分析的过程中再现于师生的头脑中。当然我们也不能一味强调文本至上，在戏曲课堂教学中，教师还应该结合教学内容播放一些相关的戏曲录像，这样戏曲艺术的魅力才不会在分析中丧失殆尽。譬如对剧本"舞台语言"的静态评析，就不如结合真正"唱出来的戏词"，两相比较，让学生在动态欣赏中感受戏曲语言的独特艺术魅力。

试想，当学生直面于舞台上的"崔莺莺"，欣赏着那抑扬顿挫的道白、多愁善感的表情、圆润婉转的歌唱、妩媚多姿的身段和舞蹈，这不比教师仅仅拿着书本，在"滔滔不绝"评述《长亭送别》中的"崔小姐"更令学生激赏痴迷吗？可以说，在中学戏曲教学中进行立体教学、整体鉴赏，至少比现在某些戏曲教学境况要好，学生也自然会逐渐找回对民族戏曲艺术的兴趣了。当然，以上所述，也仅是戏曲教学改革冰山一角，就如何在中学语文教育中传承这一民族文化艺术，还有待于我们进一步探索。

（原载于全国中文核心期刊《湖南教育》2006 年第 6 期，原标题为《中学戏曲教学：在尴尬中突围》）

语言理解： 语境中的词义

一、问题在翻译中提出

我们知道，词语能够成其为词语，就在于它有自己约定俗成的意义，或者说，词语作为一种语言符号，都有其特定的指称意义。这个意义可能是事物种类，一种性质、一个事态、一种关系。它一旦存在于语言系统中就具有一定的稳定性和普遍适用性。然而，这种普遍性和稳定义的词语，一旦进入具体的语段文句中，它所表示的意义就要受到语境的制约和影响。譬如当研读苏轼《前赤壁赋》时，有学生问"于是饮酒乐甚，扣弦而歌之……"一句中的"而"是什么意思？经讨论有以下三种意见：

> 例①：若是承接，则解释为"先扣舷后唱歌"。
>
> 例②：若是并列，则解释为"一边扣舷一边歌唱"。
>
> 例③：若是修饰，则解释为"敲着船舷歌唱"。

连词"而"表关系，如果孤立看此句，上面所说三种关系都能成立，尤其是例②与例③皆能自圆其说，但"词不离句，句不离篇"，在这一篇这一句中，"扣弦"是为了"歌"，或者说，此句中心事件是"歌"。为何？文章开头写作者泛游大江，陶醉于初夜江景，于是借歌抒怀，表达自己虽贬谪黄州却抱负不泯的豁达情怀，故而以"扣舷"为节拍，"敲着船舷"唱歌畅怀。

如此看来，虚词"而"做何解，主要取决于其语境。这正如语言学家纽马克说："语境在所有翻译中都是最重要的因素，其重要性大于任何法规、任何理论、任何基本词义。"文言词义的理解也必须在具体语境中进行。其实，语义的确定、遣词造句、篇章结构以及语体形式等均离不开语境，语境构成了词义理解的基础。遗憾的是，诸如此类语言现象，在中学

上编 问道语文

63

文言文阅读教学中并未引起高度重视。很多学生即便参照注释、查证词典，也不能准确理解某篇某句中的词语内涵。究其原因，与教师未能在动态阅读中指导学生把握词语在特定语境下的含义不无关系。

二、语境可以选择文言词义

一个词或词语在词典里是孤立的，而词典所列出的词义也是有限的。但词语一旦用于具体语境中，与其他词语构成一个有机体，其具体意义也会千差万别。所以词的意义不是由词典决定的，它只为阅读者提供了重要的参考依据，而其真正的意义则应由语境来决定。或者说，词典只为我们提供了某一词的各种词义和用法，而语境则帮助我们去选择某一适合该语境的词义和用法。这就需要我们在阅读文言文时，能够结合具体语境，为其选择一个贴切文意的理解。

譬如笔者教学《鸿门宴》（节选）（苏教版高中语文必修三）一文，据笔者粗略统计，节选文中共出现 24 个"为"字。这些"为"字既有做动词，读 wéi，译为各种动词意思，又有做副词，读 wéi；还有做介词、语气词等。在具体语境中所表现的意义和用法可谓区别较大，学生掌握不易，那么教学中该如何指导学生选择正确意义和用法？最有效的办法就是利用上下文语境进行过滤，筛选，留下最合适的。

再如某年高考语文卷考文言文意的理解，原文是"齐武成帝子琅邪王，生而聪慧，帝及后并笃爱之，衣服饮食，与东宫相准。帝每面称之曰此黠儿也，当有所成。"所出试题要求学生做出正确选择：

A. 武成帝常常当面称述他说："这是一个狡猾的孩子必将有所成就。"
B. 武成帝常常当面称赞他说："这是一个聪明的孩子必将有所成就。"

文言实词"黠"在《古汉语常用字字典》（《商务印书馆》2005 年版）只有"狡猾"和"聪明"两项意义。如何做出正确判断，这就要求学生能够根据上下文语境进行合理推断。原文"生而聪慧""笃爱之""与东宫相准"等词语明显为褒义，因为"黠儿"亦为褒义，应取"聪明"之义。

三、语境可使文言词义具体化

著名学者陆宗达先生曾说过：词通常是以两种状态存在，一种是贮存状态，其意义叫"贮存义"；一种是使用状态，其意义叫"使用义"。贮存状态中的词，保存了人们对该词所标识事物的共同认识和理解，因而词义是抽象的，又是广义的。而使用状态中的词，也就是个人言语中的词，它因有了具体所指而免除了广义性。(《训诂学的知识和应用》，语文出版社1990 年版)

按陆先生的这一说法，具有广义而抽象的词，一旦在具体语境中使用，其意义就会变得特定而具体。譬如汉语中"胖""大"等一些没有明确外延的词语，其语义就是摸糊不确定的，但当其进入具体语境，意义就会发生变化。如"巴掌大的地方"，这里的"大"其实就可理解为"小"，且是像"巴掌一般小"之义。在语境中理解词义，会使得原本抽象概括的词义变得具体化。

譬如语文版高中语文选修教材《论语选读》中《沂水春风》（又作《子路、曾皙、冉有、公西华侍坐》）一文中有一句："千乘之国，摄乎大国之间，加之以师旅，因之以饥馑……"对"加之以师旅"课文做了如此翻译："外有敌军进犯。"此处意译是对的，但具体词语如"加"字需要解释。"加"在《古代汉语词典》所列出义项中，根本没有"进犯"这一条。很明显这是教材编注者将"加"意译为"进犯"之义的。实际上"加"在《古代汉语词典》中有多达 15 条义项。第一条义项是"加上，放上"，又引申为"施加"，将"加"做"进犯"之解就是该词在这一语境中词义的具体化。

四、语境可使文言词义异化

袁仁林在《虚字说》中说："实字虚用，死字活用，此等用法，必由上下文知之，若单字独用，则无从见矣。"的确，语境的作用下的词义，往往会发生与该词基本义不同的转变。这种词义的转变，笔者姑且将其称为"词义异化"。

其实这类"词义异化"的语言现象在古诗词中较为常见。譬如宋祁

《玉楼春》中的"红杏枝头春意闹"中的"闹"字，后世读者大多如此赏析：认为"闹"字不仅有色，而且有声；不仅形容出红杏众多纷繁，而且点染出生机勃勃的大好春光。这种赏析其实并未对"闹"字做出释义。或者说"闹"字词典中所有义项都无法解释此句诗中的意境。即便是大学者王国维，在其《人间词话》中说："着一'闹'字而境界全出。"奇怪的是，至于"何等境界?""境界如何全出?"等问题，先生并未做出赏析，只能靠读者自己"意会"。倘若真的按字典释义，读者岂能体会到"闹"字所演绎的盎然春意？

再如唐代韦应物（《滁州西涧》）"渡无人舟自横"一句中"横"字，也是如此，词典基本无法解释在这句诗中"横"为何意。读者只能从"横"的基本义联想出这句诗所表达的意境，比如"一种闲适""一种自然"。

这些都还是典型的诗词中词义的异化，在文言文中此类词义异化现象也不乏见。例如，文言实词"治"，用做动词基本义，在《古汉语常用字字典》中只列出了"治理，管理"等义项，由此引申为"处理事情"，"有惩处、医治、研究等义"。显然，这些义项都是词语基本义在特定语境中的异化，如"治"作"修建"（如"治渠"）、"疏理"（如"治水"）、"整理"（如"治装"）、"营治'（如"治产"）、"训练"（如"治军"），等等。

维根特斯坦说："一个词的意义是它在语言中的使用。"确如所言，语言在孤立状态下，语义是静止抽象的，是形式上的，是具有一定局限性的。但是当语言出现在一定的语境中时，语义丰富的表现能力便被激活，语义就会变得具体而灵活。鉴于此，分析语境和语义转换之间的关系就可以更好地把握文言词义，提高学生对语境的领悟力，从而实现真正的文言阅读。

（原载于全国中文核心期刊《语文教学通讯·高中刊》2013 年第 11 期，原标题为《从文言翻译看词义与语境的关系》）

古文阅读： 如何走出困境

当下学生戏说语文学习有"三怕"："一怕文言文，二怕写作文，三怕周树人。"的确，文言文历来就是语文教学的老大难问题。究其缘由：一方面是文言字词生僻不易解，教师唯恐学生不知之，总是"多多益善"地讲；另一方面学生又整天听老师在解字释词上打"持久战"，"觉得很没意思"。如此恶性循环，文言文教学自然而然就陷入了两难境地。其实，解决问题还须寻根觅源。下面，笔者就"如何走出文言文教学困境"做一简单思考，敬请方家不吝赐教。

一、认识文言："其实离我并不远！"

文言文，由于缺少使用语境，学生大多认为晦涩难懂，枯燥无味，戏称其为"第二外语"。当然，这与其远离现代生活有关，但从"教学"观之，则与我们平日教法不无关系。长期以来我们教师多是从"应试"角度出发，将文言文肢解成语言碎片（实词、虚词、特殊句式等），就如同传统外语教学——单词加语法，"除了背还是背""背多分"，如此违背语言规律的文言文教学，自然会让学生谈"文"无趣，望"言"却步了。鉴于此，当下文言文教学当务之急，则是我们如何让学生缩短文言与现代生活距离，激发起学习文言的兴趣，逐步唤醒学生探究传承文化的潜欲望。

譬如教学文言知识，教师能否结合现实生活来构建学生的文言知识结构。笔者在落实文言实词"克"时，就曾尝试结合生活实例进行阐释，如掌握其"能够"（《尔雅》：克，能也）之意，有学生想到了感冒药品"康泰克"，"康泰克"即"能够健康安乐"之意；而又一种感冒药"快克"中的"克"则为"制胜、制服"（《玉篇》：克，胜也）之意。这种以"现实"例证的方法，比之用文言例句进行阐释，学生更能欣然接受。再如教学王羲之《兰亭集序》时，笔者结合成语典故"入木三分"的由来，谈及

"唐太宗与《兰亭集序》"之故事，这一"旁逸斜出"的故事链接，使得学生探究文言文本的兴趣大增，这篇文质兼美的精彩华章也就在师生"谈笑间"被欣赏了。

另外，教师还可通过"古典名著"来激发学生对文言文的兴趣。笔者曾组织过学生就近些年高考文言满分作文现象展开探讨。譬如从 2001 年《赤兔之死》（江苏卷）改编自古典名著《三国演义》，2002 年《刺秦》（山东卷）改编自《史记·刺客列传》，2003 年《吊屈原赋》（全国卷）源于《史记·屈原列传》，一直到 2009 年《站在黄花岗陵园的门口》（湖北卷）等。这些范文之所以成功，就是得益于作者熟读古典名著。实践证明，文言"阅读"与现代写作关系的探讨，大大激发唤醒了学生重读文言经典（如"四大古典名著"等）的热情。当然，以上做法绝非在鼓吹"文言复古"，也绝非提倡"文言写作"，而是要让学生明白：我们阅读着文言经典，才能够在潜移默化中享受着我民族丰厚文化底蕴的浸染。另外，教师在文言文教学课堂上还须以身示范，有意识地援引名言，用历练的语言与学生交流等，如此着力建设文言教学的"软环境"，学生才有可能由"厌学"逐渐转向"可学""乐学"。

二、课堂教学："还于学生主动权！"

窃以为，文言文学习始终是在一个怪圈内轮回：教师若不"串讲直译"则怕学生"吃不透"文章；若"字字计较"则又会养就依赖感与惰性心理，学生又难以形成古文阅读能力。其实，教师应该相信学生，且不说文下注解已覆盖大部分课文语句，就自学能力而言高中生也有了一定的古文阅读基础。所以，一个成功的语文教师是不会简单"串讲直译"的，而是指导方法，逼着学生借助工具书自行阅读，也许刚开始会有困难，但学生一旦养成独立阅读之习惯，其兴趣就会大增，受兴趣拉动，学生便会主动搜寻材料，从而巩固和发展文言文的阅读能力。为了探出一条"小径"，笔者在实践中倡导学生自主阅读文言文本，且称其为"文言三读"。

第一步"粗读"：不借工具，感知"问题"，自我构建。"粗读"是对文言文本的"原生态"阅读，即要求学生在没有任何帮助的情况下，凭借原有的文言认知"图式"对新文言知识进行初步"自我建构"。当然教师可采用多种方式（如默读、听读、诵读等）促进学生的这种"自我构建"。在初读文言文本的过程中，一方面学生将已知的文言知识在运用中巩固，在巩固中不断内化为自己的东西；另一方面要求学生将疑难困惑之处标出，为接下来进一步"细读"文本奠定基础。

第二步"细读"：结合资料，自行解决，发现"问题"。"细读"是在"粗读"基础上对文本再行细化的过程。学生借助相关资料及工具书，尽可能自行解决"粗读"所留下来的问题，进一步历练自己文言阅读的能力；同时，在解疑过程中注意从思想内容等方面进一步探究文本，发现"问题"。其实，"细读"文言文本的过程也是自我"对话"过程，在自我"对话"构建知识能力的同时，求知欲望会大增，可形成下一步"研读"的期待心理。

第三步"研读"：相互释疑，提交"问题"，师生研习。"研读"是"师—生—文本"三者碰撞对话的过程。学生将阅读中发现的"问题"提交于课堂，而教师作为"学习共同体"中的"首席"，则应积极创建平台（如将提交的"问题"整合为"话题"），引导学生自由地、有个性地对文言文本进行"二度开发"。学生通过合作探究方式不仅培养了文言自读能力，而且还有可能在过程中创生新的课程资源。

德国教育家第斯多惠曾说："教学的艺术不在于传授的本领，而在于激励、唤醒、鼓励。"是的，当我们激起学生文言文学习的兴趣，也就唤醒了他们正在沉睡的语文意识，必然会鼓励着他们充满信心去学习文言文。实践也证明，"文言三读"，教师还学习主动权于学生，极大激发了学生学习的主体意识，从而促进了学生自主阅读文言文能力的提高。其实，这种做法并非是什么"新课程理念"的创新，而是一种从根本上符合了语言"习得"与"学得"规律的实践。

三、文本解读："行于文与言之间！"

其实，以上无论我们采取何种方式（包括自主三步读）来教学文言文，还仅是从外围上努力尝试破除传统文言文教学的禁锢，要想彻底根除（尽管不可能）沉疴，还得从文言文本身入手，即我们只有抓住文言文教学的内核，正本清源，才有可能辟出一条河渠，引导学生享用那流之不绝的民

族文化源泉。文言文教学的内核是什么？关于此问题的探讨，窃以为首先要弄明白文言文教学价值取向何在，或者说我们为什么要教学文言文？而现实中很多人对此是不甚了了的。

《普通高中语文课程标准》明确指出，"学习中国古代优秀作品（一般都是经典文言作品）是为了体会其中蕴含的中华民族精神，为形成一定的传统文化底蕴奠定基础，从古代作品中汲取民族的智慧"。一言以蔽之：学习文言经典是为了传承文化。而纵览当下文言文教学现状，我们发现无论是工具论一统天下时的唯言独尊，还是当下人文性凸显的以文代言，人们似乎已习惯于从二维视角来功利性解剖文言经典。朱自清先生早在《经典常谈》中指出"经典的价值不在于实用，在于文化"，而文言经典的文化就在于构成经典的"文""言"之中，且两者是相融相生，不可分割的。海德格尔说过："语言是存在的寓所"；德国洪堡特则大胆指出："民族的语言即民族的精神，民族的精神即是民族的语言，二者的同一度超过了人们的任何想象"。的确如此，文言经典以其不同于白话语体的语言存在，千百年来承载着民族文化的独特密码，蕴含着丰厚的民族人文精神。如果我们后人在解读过程中，却人为强行地拆开"文"与"言"，置任何于一端，那文言经典本有的文化内涵就会在肢解中消失殆尽。反之，学生则会徜徉于文言所营造的独特文化氛围之中。

譬如教学王羲之《兰亭集序》（多个版本教材都有选录）时，其中描写兰亭周围环境的有这样一句："此地有崇山峻岭，茂林修竹。"学生对这一句颇感兴趣——"竹"为何要以"修"形容呢？笔者为了能让学生明喻其中渊源，特地联系"天人合一"的中国文化进行阐述：与"梅兰菊"并称"四君子"的"竹"，千百年来以其清雅淡泊的品质，被赋予了特定的审美情感。有"竹"为伴，不正是君子贤士聚会的好所在！这还不够，王羲之为何还要以"修"饰"竹"呢？（此举乃"因文悟言"，目的是让学生从根本上掌握实词"修"。）学生兴趣盎然，有人说"修竹"就是"长（高大）的翠竹"的意思，如《邹忌讽齐王纳谏》中"邹忌修八尺有余"也用到了"修"，即"身高（长）"意思。既如此，那这里为何不用"高（长）"？是否古人写"高（长）"就习惯用"修"呢？不尽然。《三国志·诸葛亮传》中就有"亮少有群逸之才，身长八尺，容貌甚伟"一说，但是，我们结合《邹忌讽齐王纳谏》一文语境却发现，"修"则更能写出邹忌"伟岸""英俊"之容貌。(这又是"因言释文"，通过"言"之解读来阐释作品的象外之意。) 如此看来，"修"与"长"所蕴含的审美情感大不相同；同理，《兰亭集序》中王羲之以"修"饰"竹"，其意也不尽在"竹"，而是借竹之坚韧挺拔、刚劲气节来表现作者自身修身自好的志趣……其实，笔者就是想引领学生通过玩味"言"来透视"文"所蕴含的独特文化，这比之那架空的"人文"讨论不知要强多少。当然，"因言释文"并非唯"言"独尊，同时，还要以"言"之所蕴含的文化内涵（文）来反照"言"，最终融"文""言"为一体，最大极限地释放文言经典作品的价值。

综上所言，我们阅读文言经典，将文言文教学进行到底，将会为自己一生打下"精神的底子"，而在解读文言经典过程中，通过欣赏"言"之精确而智慧的组合，来领略汉文字的语言魅力；通过感悟"文"所赋予文化意蕴的深层内涵，来传承中华文化的精髓。这，也许就是当下文言文教学所应承担之重任。

(原载于人大书报复印资料中心《高中语文教与学》2011 年第 7 期，原标题为《将文言文教学进行到底——浅谈如何走出文言文教学困境》)

上编
问道语文

文言教学： 行于文言之中

一、在两个"两难"之中徘徊

长期以来，我们的文言文教学是徘徊于两个"两难"境地的：

一个"两难"在于"生之学"与"师之教"。众所周知，文言文远离现代生活，缺乏使用语境，学生戏称其为"第二外语"。既然文言文如此晦涩难懂，学生视之为陌路，自然是难学怕学厌学了。于是教师便"善心大发"，可谓是"字字落实，句句清楚"，唯恐学生遗漏一词半句；而学生整天听教师在打字词"持久战"，又觉得"很没意思！"如此恶性循环，"教"与"学"便陷入一个两难境地：教师若不"串讲直译"则怕学生"吃不透"文章；若"字字计较"则又会养就学生依赖感与惰性心理，文言文阅读能力自然难以提高了。

另一"两难"在于"言教"与"文教"。过去"工具论"一统天下，文言文教学便唯"言"独尊，着眼于应试的教师将文言文肢解成语言碎片（实虚词、特殊句等），就如同传统外语教学——"单词＋语法"，"除了背还是背"；而"文"则是轻描淡写，即便顾及也是蜻蜓点水。如今"人文性"大行其道，不少人又披着新课改的外衣，或扛着"人文大旗"，结果却矫枉过正，走进了另一个误区，如一教《愚公移山》就辩论"搬家"还是"移山"等。文言文课堂俨然成了培养学生传统美德的品德课。

长期以来，从根本上违背语言学习规律的文言文教学，就在这两端间行走，在"两难"中冲撞，却始终走不出低效之轮回，以致今日还在尴尬中寻找出路。

二、重新界定文言文教学的价值取向

其实，文言文教学之所以陷入尴尬境地，一个根本原因就在于长期以

来文言文教学价值取向模糊不清。何谓价值取向？即探讨"以谁为价值主体，并对价值主体的需要、目标和理想作何理解"的问题。文言文教学价值取向自然是以"文言文"为价值主体，探讨"文言文教学"的意义归向。"文言文价值"何在？这一回答见仁见智，如果我们将"文言"文与"现代"文相比较，就会发现"文言"文是重在"文言"（被"文字化"了的语言）而不是"文"（文字所承载的内容）。

既如此，那么中学阶段教学"文言文"是不是就为了"运用文言"或"研究文言"？窃以为都不是！关于"语文教学"是"学习语言"还是"研究语言"的问题，学术界至今尚有争议，但可以肯定的是当今社会背景下的"文言文教学"绝非是为了"运用文言"，这无须置疑。那是否为了"研究文言"呢？其实，传统文言文教学就是承担"研究文言"任务的高校"古汉语教学"在中学的翻版，这也是"工具论"下文言文教学走不出"两难"困境的根本原因。实际上，中学文言文教学既非"运用文言"，也非"研究文言"，而是"学习文言"，其核心概念包括："学习（文言）什么"和"怎么学习（文言）"。实际教学中，这两者又是一个相融相生的有机整体。纵观当下教学现状，无论是"言教"还是"文教"，所犯共同错误就是将"学什么"和"怎么学"割裂对立开来。即"言教"是从"怎么学"角度出发，偏向于"文言规律"（字词句法等）；而"文教"则是从"学什么"角度出发，偏向于"文言所负载的内容"。

新课标指出"学习中国古代优秀作品"目的，是为了"体会其中蕴含的中华民族精神，为形成一定的传统文化底蕴奠定基础"，从中"汲取民族的智慧"。这虽已指明文言文应该"学什么"，但遗憾的是并未言明或忽视了"怎么学"，从而也直接导致人们错误地认为，"怎么学"只是"形式"而已，"学什么"（内容）才是实质。其实，"形式"和"内容"仅是为了分析需要所采用的概念，实质上都是共同机构建于整体当中的，任何方式的割裂与对立，都只会将事物引入歧途。例如文言文的"言"（语言形式），其意义就并不仅仅在于是一种"形式"。海德格尔就说过，"语言是存在的寓所"。俄国乌申斯基更是一针见血指出："一个民族把自己全部精神生活的痕迹都珍藏在民族的语言里。"德国语言学家洪堡特也认为："民族的语言即民族的精神，民族的精神即是民族的语言，二者的同一度超过

上编 问道语文

了人们的任何想象"。的确如此，文言文以其不同于白话文的独特"语言形式"，千百年来承载着民族文化的密码，蕴含着民族丰厚的思想情感，其本身就是那个时代历史风貌、文化风情的绝好体现。

因此，当下中学文言文教学，就是要"还原"文言文原有风貌，破译"文言"所蕴含的民族心理密码，从中汲取文化精华，来观照当下个体生命走向。如果我们在教学中人为地拆散"言"与"文"，偏执于任何一端，那么，文言文本所赋予的文化内涵就会在架空的"人文讨论"或干枯的"知识训练"中消失殆尽。

三、文言文教学，行走于"文""言"之中

中学文言文教学要实现"传承民族文化，观照生命未来"的价值取向，就要在具体的教学中妥善处理好"文""言"关系。既非是过去将其割裂对立开来，也非现在简单机械的"文"＋"言"，而是要在"文""言"相生相融中实现当下中学文言文的教学价值。"文""言"相生相融具体可从两方面来阐释："因言释文"和"因文悟言"。所谓"因言释文"，即通过"言"之解读来阐释"言之所承载的内容"（"文"）；所谓"因文悟言"，即以"文言内容"所蕴含的文化内涵来反照领悟"言"。须注意的是，无论是"因言释文"还是"因文悟言"，都只是分析视角不同而已，两者在教学中实际上是"相生"而又"相融"的同一过程。

1. 解读文言文本：因"言"而释"文"

我们说"文言"这一独特的语体形式，其本身就是一种文化。古人以其准确而智慧的文字组合，为后人展示了汉文字的独特魅力。如果能通过"言"之解读来阐释其所承载的内容（"文"），或许就能捕捉到作品的象外之意，弦外之音、神外之韵。

譬如教学王羲之的《兰亭集序》时，其中描写兰亭周围环境有这么一句："此地有崇山峻岭，茂林修竹。"句中"修竹"一词就耐人寻味。为何？中国文化素来讲究"天人合一"。与"梅兰菊"并称"四君子"的"竹"，千百年来以其清雅淡泊的品质，被赋予了特定的审美情感。有"竹"为伴，不正是君子贤士聚会的好所在吗？这还不够，王羲之又以"修"饰"竹"，如果我们在文言文教学中简单地将其译为"长（高大）的翠竹"，则恐怕会有暴殄天物之遗憾。为什么？以"修"饰"竹"，其意不尽在"竹"，而是借竹之坚韧挺拔，刚劲气节来表现作者自身修身自好的志趣。同样，《邹忌讽齐王纳谏》中"邹忌修八尺有余"也用到了"修"，本是"身高（长）"之意，但这里为何不用"长（高）"呢？是否古人写人身高习惯用"修"呢？不尽然。《三国志·诸葛亮传》中就以"长"写孔明身高，如"亮少有群逸之才，身长八尺，容貌甚伟"。如此看来，"修"与"长"所蕴含的审美情感大不相同。如果我们结合《邹忌讽齐王纳谏》文语境就会发现，"修"则更能写出邹忌"伟岸""英俊"之容貌。其实，如此例子在文言教学中不胜枚举，教师若能引领学生如此玩味文之"言"，再通过"言"来透视"文"所蕴含的独特文化，我们说，这不亚于是抓住了文言文教学之柄，比之那架空的"人文"讨论不知要强上多少倍。

2. 阐释文言作品：因"文"而悟"言"

当然，"因言释文"，并非唯"言"而弃"文"于不顾。其实，以"言"之所蕴含的文化内涵（"文"）来反照"言"，融文言为一体，反倒能最大极限地释放文言作品的价值。心理学研究表明：当学习主体将注意力集中于语言本身时，焦虑程度就会偏高；而把注意力集中于语言所表达的内容时，焦虑程度则会降低，学起来也会轻松。鉴于此，教师若能以"文"为引，从中挖掘出新的内涵，或许就能以"文"带"言"，融"言"于"文"，最终引领学生领略到另一番风景。

譬如教学李密《陈情表》时，历来人们都是从"情（孝）"之角度解读，素有"读《陈情表》不下泪者，是谓不孝"之说，但人们却忽略了其作为"表"的魅力，即作者李密是如何洞察对方心理，巧言说辩，以达其目的的。史书曾载"密少事蜀，为郎。数使吴，有才辩，吴人称之"，由此可见，作为谈判高手的李密所书"陈情之表"必有其独到之处。清代学者余诚历就曾指出：《陈情表》"按层次说来，无一语不委婉动人，固是至性至情之文。而通体局势浑成，步骤安详，更极尽结构之妙。读者须细玩其词旨，及其转落承接，方不辜负作者苦心，而得此文之益。若徒随人道好，何以读为！"因此，教师如若能另辟蹊径，从"谈判心理学"角度来引领学生解读作品，学生定会兴趣盎然。笔者曾做此尝试，果然，学生对"谈判心理"很感兴趣，课堂上主动去品析那文中"外交辞令"（文言）的艺

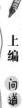

术。(可参见拙作《"情真"亦须"陈情术"——从心理学角度解读〈陈情表〉》)。

实践证明,当学生因"文"趣而观照文本时,就会主动去破解"言"之障碍,而解除"言"碍的过程,就是融"言"于"文","文""言"相生相融的过程,也是学生汲取作品文化内涵,内化为自己的积淀的过程。"教学的艺术不在于传授的本领,而在于激励、唤醒、鼓励。"德国教育家第斯多惠如是说。当我们激起学生文言文学习的兴趣,唤醒了他们也许正在沉睡的语文意识时候,必然鼓励着他们充满信心地去学习文言文。

(原载于全国中文核心期刊《语文建设》2008 年第 3 期,原标题为《文言文教学:行于"文""言"之中》)

本质：作文是什么

"作文"是什么？江西的马豫星老师在《返归"作文"的本真》（《中学语文教学》2006 年第 11 期）一文中做出界定，即在"学校教育的班级授课制下，以学生的角色学习'写'而展开的非独立活动及其结果"，且在此基础上指出"怎么写比写什么更重要"。窃以为，马老师的观点深刻独到，但对于"作文"之"本真"问题，笔者还想再说几句。

不可否认，当前的作文教学正行走于"两端"：由过去偏重"怎么写（表达）"到现在偏重于"想什么法子让你写"（激发写作情感），表现最为明显的就是"作文公开课"，教师一改传统作文在表达上的谆谆教导，而是运用各种手段（使用音、像、图、影等）煽情启发，以求打通学生文脉，使之落笔成文。据说某些专家认为这是作文教学的"一大进步"。想想也是，既然我们不能"教会学生怎么写"（不少教师本身就不会写文章），那么"激发学生自己去写"总该没问题吧！但是，如此"一大进步"却并没能根除写作的沉疴——"作文教学难提高！"那么，问题究竟出在哪呢？

笔者窃以为，问题就在于我们教师自己都没把作文的"本真"给弄明白。

"作文是什么"谁不明白？就是"运用语言文字进行表达和交流的方式"，但这对"作文教学"并无多大意义，因为这并没有透视"作文本质"。鉴于此，笔者倒更认同这样的诠释——作文就是"用笔说话，是和所写文章的读者的对话"。（《语文教学对话论》，王尚文主编）如果说我们认同"作文是一种说话"，那么用时髦的术语说，"作文"就是写者自身"言语表达"（外部言语形式）与"表达意向"（其终端即内部言语）之间相互作用的过程；如果说"作文是一种对话"，那么写作者就一定会考虑与自己对话对象（读者）的客观存在且想着如何与之对话。可以说，当"作文"

与"说话""对话"等联系起来时，我们才能从实践的层面来透视"作文的本质"，而"作文教学"才有可能走上理性教学的轨道。

以上姑且是对"作文本质"的透视，再来看看当下的作文现状。

据调查，当前作文教学的最大难题就是学生"无话可说"。尽管原因很多，但有一点是明确的，即我们教师素来都是从"怎么写"入手，而不会想着"怎样去唤醒学生写作冲动"，使之有如鲠在喉、不吐不快的作文欲望。刘勰在《文心雕龙·情采》中就曾说："夫缀文者情动而辞发。"既然学生言不由衷、无话可说，你还要强迫着写，写出的东西自然是真情缺失、没有灵性了！鉴于此，当下作文教学趋向就变成了教师想方设法营造一个兴致勃发、情感萌动的写作氛围，让学生把自己的思想情感畅快地表达出来。用叶老的话说，就是"为学生着想，钻进学生的心里去考虑，务必使他们有话可说"，或曰："鼓励学生将自己的心里话，用自己的语言一股脑地表达出来！"

好了，圈在学生心中的"思维情感枷锁"终于有望打破——"学生有话可说了！"但是，"有话可说"就一定能"说得出、说得好"？学生就真的能写出文章来？实践证明：不一定！尽管教育家赞可夫说"放手让学生去写，喜欢写什么就写什么，能写几句就写几句"的"自由创作"是何等的惬意。但是，语文教学中的"学生写作"绝不等于"文学创作"，它的指向不是培养"作家"，那种想当然地认为学生"有话想说"就"一定能写出来"的理想境界还没有到来。下面，笔者就结合教学实践做进一步阐述。

一、意不称物，辞不达意

有位学生在作文中写道："残疾人运动会，美丽的汗水从最可爱的人身上掉下来，这是缺憾美……"这是一个在表达上"心有余而力不足"的典型例句。其实这位学生想表达的内容是：残疾人在运动会的流下的汗水是美丽的，他们是最可爱的人，残疾人是有缺憾的人，但是他们创造了佳绩，创造了美。如果这位学生理清思路，他还可以更加连贯而有文采地表达：残疾人的人生是有缺憾的，但他们并没有怨天尤人，让遗憾伴随终身，他们用自己的汗水挥洒征途，在残疾人运动会上创出辉煌的成绩，这样的人不是很可爱吗？你不觉得在他们身上散发出一种异样的美吗？无庸置疑，学生想把自己内心"想法"明白晓畅地表述出来，但事与愿违，作者"内心意向"在转换为"外部言语"时出现了问题。

二、时尚前卫，泡沫横流

当前时尚（网络文化）已成潮流，这已不可避免地影响学生的作文语言。譬如有学生写道："霸王骑着乌骓化为鬼雄，虞姬将生命之花化作了矛尖的湛蓝，于是心被感动了。""没有刘邦，哪来的张骞扶着驼铃走向天山的雪莲？没有刘邦，哪来的卫青舞着旌旗奔向大漠的飞沙？""给所有的事物一个旁观的眼神，让历史的车轮碾过额头，留下赞许的痕迹……"文章乃表情达意之物，用如此语言这般叙事，看似文采飞扬且洋洋洒洒，但笔落千言却晦涩难懂，让读者有不知所云之感。难怪人们担忧，当前"泡沫语言"横流于中学生作文笔端，情况越发严重。

三、荒诞无据，价值缺失

江苏的金光老师曾在《对另类作文应另眼相看》中记录了这样的语言片段：

（1）"几百年过去了，人民不再怀疑亚里士多德，直到20世纪中叶，英国科学家伽利略做了个震惊世界的实验，他在几千米的英国斜塔上，把一团纸和一团泥从同一高度同一时间放下……"啼笑皆非的文字，我们不知道是作者的确不知原委，还是他故意写之以显"另类"。

（2）"当我被抱出产房门时，看到的是爸爸、妈妈的喜极而泣，妈妈的泪滴到我的小脸上是热热的……"写作过程中学生想象力被激发，神思飞动，纵横驰骋，无疑是好事！但"神思"不等于"胡思"，某些无视客观事理，人理常情的想象是令人不可思议的。

通过以上事例分析，我们不难发现，由于词汇贫乏、语用技巧缺失等原因，学生在"表达"过程中往往"心求通而未得""口欲言而未能"。陆机在《文赋》中就曾说过："恒患意不称物，文不逮意。盖非知之难，能之难也。"如此看来，激发学生写作欲望，使其有"喷薄欲发"的写作冲动很重要，但这仅是"作文活动实质展开的必要准备"（写什么）。同时，

作者还要考虑如何将内心的"欲望、意图"表述出来（怎么写），考虑读者能否看得懂，与你"对话"是否有意义等问题。如此看来，作文教学仅仅激发学生写作欲望是不够的，教师同时还须引导学生如何与"自己对话"（将"内部言语"转化为"外部言语"），如何在"对话"中实现用最理想的"语言"来完成最准确得体的表达。作家孙犁说："从事写作的人，应当像追求真理一样去追求语言，应当把语言大量贮积起来，应当经常把你的语言放在你的心里，用纸的砧，心的锤来锤炼它们。"其实，古人在这方面已留下太多佳话，譬如贾岛"推敲"之故事；王安石"春风又绿江南岸"，"凡如是十许字，始定为绿"等，不胜枚举。

综上简述，当下作文教学的确要注重学生写作思维、写作情感的培育（写什么），因为学生在作文中普遍存在的就是情感缺失、思路狭隘等问题。但是，作文教学又不单单是思维启发、情感培育，同时还要指导学生学习如何去表达（怎么写）。其实，作文教学中"思维情感"与"语言表达"之间关系就如同一块硬币的两面，存乎一体，不可分割，不存在孰重孰轻的衡量。争论这一问题就如同争论"两个文明孰重要"一样，到后来才明白"两手都要硬"。我们说，作文思维引导、情感激发本来就脱离不了语言表达，且只有寄托于这一"美丽载体"才能有血有肉有灵有性地进行；同理，语言是思维与情感的语言，学生作文的语言要符合学生思维情感的发展，绝不能脱离或超越思维情感而矫揉造作。唯如此，作文教学才算真正"返归作文的本真"状态了。

（原载于教育部主管《基础教育参考》2008年第3期，原标题为《作文的"本真"是什么?》）

教学： 寻找你的写作图式

"作文课到底教什么？"这一直是中学作文教学探讨的话题。按照所谓"缺什么便补什么"的逻辑来推理，学生作文"不会写"，教师自然是注重"怎么写"（方法技巧）的传输了，结果运用了各种"技巧"的学生作文不是"千篇一律"就是"言之无物"。于是，人们便又深挖细掘，发现原来"没东西写"才是造成作文教学困难的根本原因。于是，当下语文教师便又积极虚构"生活情景"为学生"制造写作内容"（写什么）。实践证明，这样做也并未能从根本上祛除写作教学的沉疴。那么，当前新课程背景下的作文教学到底路在何处？作文课堂到底要"教些什么"？写作教学到底能不能"教"呢？

一、"生活情景，不等于写作内容"

长期以来，人们是将学生作文"没东西写"归因于"缺乏生活经历"的，反向推理：如果学生"生活丰富"了，便也就"有东西可写"了。但残酷现实决定了学生不可能"生活丰富"，教师便在作文课上制造"生活情景"，为学生营造"写作氛围"。于是，当下"活动作文""情景作文"等作文课便热热闹闹地盛行开来了。

但是，学生有了"生活情景"，哪怕就算真的"经历坎坷"，是否就意味着有了"写作内容"了呢？不一定！事实上，太多有着丰富人生经历的人，却不能将其"经历"表达出来。譬如闻名当代文坛的一对"母女花"作家：茹志鹃和王安忆。母亲茹志鹃可谓历经沧桑，人生坎坷，但一生著述不丰，相对而言，女儿王安忆生活经历绝对比不上母亲，但她一年创作一部高质量的中、长篇却是家常便饭。像这般事例在文学史上并不少见，再如作家苏童写《妻妾成群》，记叙的是新中国建立前苏南地区的生活，但他本人却并未经历过那样的生活；而名垂千古的《岳阳楼记》，据说其作者

范仲淹根本就没有登过岳阳楼。其实不用力举这些典型事例，就以语文教师自身而言，其生活经历至少不比所教学生少，但是否就一定能写出比学生好的文章？（这里并无贬低语文教师之意）。当然，以上论述并非是说"写作与生活无关"。我们想说的是，生活是创作的源泉，但并不等于说有了生活经历就一定能创作。生活经历不等于写作内容。从"生活"到"创作"，将生活积累"转化"为写作内容，这中间还有一个非常复杂的心理转换过程。

其实，如果从心理学角度来透视上述"生活内容＝写作内容"观点，我们就会发现其观点源于"行为主义"心理学。行为主义学说认为"人的行为动机都来自外界刺激，外界有了刺激，心理就一定能有反应"，将这种逻辑推理搬用到作文教学上，就等于是说"有了生活积累就一定能有心理反应，就能写出东西来"，而当下，学生作文最困难的就是"没东西写"，于是，作文课上也就出现了这般景象：教师借用各种手段（音像图画、活动、文字材料等）在课堂上制造"生活情景"，让学生在有限时间内"体验生活"，从而获取"写作内容"。譬如有位教师上一堂《让悲悯之光照亮心底》的作文课。课堂之上教师"悲情四溢"，借助多媒体手段创设情景，想方设法调动学生的"悲悯情怀"，最后以材料《一只"西装鸡"的诞生》要求学生写出自己的"悲悯情怀"。说实话，"悲悯情怀"并非是谁能在短短数十分钟内就能激发起来的！果然，有些学生竟然是笑着读习作，这让人怀疑，教师课堂上的一切努力是否有意义？退一步而言，就算学生能如愿写出"悲悯"类文章来，可问题是下次如果再要求学生写"喜庆"类作文，是否又要在课堂上营造"喜庆"氛围呢？如此类推，我们这有限的"课堂教学"又怎能为学生提供无限的"生活情景"呢？

二、"写作内容，不等于写作教学"

我们在"写作就是生活的反映"的观点影响下，想当然地还会认为，在作文教学中只要"有东西可写"（内容），就一定能"写出东西来"（作文）。其实，写作哪有这般简单？同样是用现代心理学来透视写作过程，瑞士心理学家皮亚杰就认为，主体对于外界的刺激不一定有反应。如果有反应，那么这个刺激必须是与主体内心现成的"图式"相一致的。换句话说，如果外界刺激符合主体的心理"图式"，则主体就能感觉到，如果外界刺激游离在心理"图式"之外，则主体就不容易感觉到了。譬如美国人欣赏中国的京剧和越剧，他们会听不出两者区别，原因就在于他们没有这方面心理"图式"。

其是，写作亦如此。从某种意义上说，人能否"作文"，并不是起因于拥有了自我意识的主体（我），也不是起因于外在的客体（写作内容），而是起因于主体与客体之间能否相互作用，即主体心理"图式"能否对客体刺激进行同化或顺应作用，如果上述"作用"发生，写作的闸门才可能开启。譬如前些年满分作文《赤兔之死》的作者蒋昕捷之所以能就"诚信"话题写出佳作，借用皮亚杰"发生认识论"来分析就不足为怪。蒋昕捷酷爱古典名著《三国演义》，用他的话说"喜欢文中描写的那个猛将如云、谋事如雨的时代，读了至少三四十遍，很多章节都能熟读成诵"，可谓每处细节都了然于心，对关羽与赤兔马之间的情节自然也有着独特的体悟，所以，他在"诚信"这一话题的刺激下，存于心底的"赤兔情结"（心理图式）自然就迸发而出了。或者说，存在于作者内心的"心理图式"（"赤兔情结"）与客体刺激（"诚信"）发生了作用，从而使得这一特定情境下的写作活动得以顺利进行。试想，如果换成一个没有"赤兔情结"的人，哪怕他想破脑袋也不可能写出以"诚信"相关的《赤兔之死》文章来。而纵观当下一些"制造写作内容"的作文课，不论是"用活动教"还是"用情境造"，都还仅是停留在"外在刺激"状态（写作的内容），如果作者内心不存在能被教师唤醒、刺激的写作"图式"，哪怕课堂情景再"生动逼真"，也是教者一厢情愿，而写者则无动于衷，即便有"动"，也是言不由衷。

著名学者孙绍振先生说过，作者内心是有"情感图式"的，作者在观察客观事物时是用自己的"情感图式"去同化对象的，他不会去区分是主观还是客观的，而是直接把客观对象当成自我情感的载体，正如刘勰在《文心雕龙》中所言："登山则情满于山，观海则意满于海。"因此，个体写作创造能力的高低与其说与个体生活经历成正比，倒不如说是和个体的感情强度、丰富独特性成正比。鉴于此，对于我们中学作文教学而言，教师能够给予学生的不是"写作内容"，其实写作的内容也不是教师所能给予

的，而是如何想办法去唤醒或建构学生写作的"图式"。古人云："受人予鱼"不如"受人予渔"。的确如此，"鱼"再多再好毕竟有吃完用竭之时，而学生缺乏又最应该拥有的，不是那些静态的写作知识、写作内容，而是伴随其一生的"渔"术。因此，我们说将"写作内容"当成"写作教学"的写作课堂，还只是"登堂"尚未"入室"，真正的中学写作教学还尚待进一步开发。

三、写作教学：构建学生的"写作图式"

"写作教学"既不等于"写作"，也不等于"写作的内容"。那"写作教学"到底是什么呢？其实，"写作教学"这一概念是从教学层面上说的，其根本命题是"怎么教（写作）"和"教（写作）什么"。而传统作文教学则是直接指向学生"写什么"和"怎么写"的。其实，这是吃力不讨好的事情。因为不论是"写什么"还是"怎么写"，都是包括教师在内等外力所无法触及的复杂的个体心理过程。章熊先生曾指出写作的一般心理流程：产生写作动机——搜索、提取记忆库中的信息——激活、捕捉记忆库中储存的写作模式——语言表达——回顾与完善。这么复杂的一个流程，学生完成写作单靠教师作用于课堂是不可想象的，因而也难怪有人说"作文不是教出来的"。的确，外界力量谁也无法帮助个体完成像写作这样复杂的心理过程的，但这句话同时也忽视或掩盖了中学作文教学的价值取向，即我们教师是可以引导、帮助学生构建或唤醒自己内在的"写作图式"（结构）的。

"写作图式"这一概念乃笔者杜撰而成。借鉴皮亚杰的"图式"理论，窃认为"写作教学"只有想法设法地不断地让学生去构建、完善、储备自己的"写作图式"，学生才能顺利地完成个体具体的"写作"，或者说，写作教学就是教师如何刺激强化学生去构建、唤醒、挑选、调整、整合自己的"写作图式"，而不是教师就某次具体作文让学生去"写什么"或"怎么写"。换而言之，中学作文教学就是教师要如何教会学生"学会写什么"（而不是"写什么"）和"学会怎么写"（而不是"怎么写"）。而这里"学会写什么"和"学会怎么写"，对于学生而言就是在构建自己的"写作图式"；对于教师而言则是"写作策略性教学"。

譬如以"思考生活"为话题作文，学生喊着"没东西可写"（其实谁没有生活？学校生活就不是生活？），教师如何让学生"有东西可写"？课堂上你若大讲特讲"从生活中观察"之类的静态写作知识是没用的；而大肆制造、再现"生活"情景（包括各种材料）也只能缓一时之急，并不能从根本上解决学生"写（生活）什么"的问题。最后的结果是：原本能写的学生照旧能写，不能写的"死马当活马医"，最后还是写不出什么东西。为何？他们原本就缺乏"思考生活"此类的"写作图式"，又怎能短时间内帮助他完成那复杂的写作心理过程呢？鉴于此，教师应该思考的是如何帮助学生建构、储备此类的"写作图式"。再以"思考生活"写作为例，西方写作教材也有类似的，只不过别人是先从"写自己"开始的："个人感悟、感受——对社会的思考——历史文化的渗透。"从对"自己思考"发散开去，再构建起对"生活思考"，且又以此为基点进一步拓展延伸，不断完善、构建与之相关的"写作图式"。其实我们写作也应遵循这样的认识轨道："开始是自己和周边生活所带来的喜怒哀乐，渐渐地许多社会现实引发了思考，这类思考随着学生自己对历史文化的积淀和理解而不断深化。"教师的任务就是通过譬如"案例作文教学""建立写作序列"等手段，引导、扶持学生去构建、储备、完善自己的"写作图式"，从而沿着这一轨道不断向前运行。当然，在过程之中也会出现停滞不前的现象，但这也是符合认识规律的，因为写作教学本就是一个循环往复，逐步深入，呈螺旋式上升的过程。

　　所以我们说，当下关于中学生写作教学的最大问题还并非是"教会写什么"，而是在"教会怎么写"的策略性写作教学上。梁启超先生说过："现在教作文的最大毛病便是不言规矩而专言巧。……文章做的好不好，属于巧拙问题。巧拙关乎天才，不是可以教出来的。如何做成一篇文章，这是规矩范围内的事，规矩是可以教可以学的。合格的作文可教，一流的作文不可教。"的确如此，中学生写作教学还仅仅是学习"写作"的基础，至于如何提高写作的"丰富性""深刻性"，也不是作文教学所能完成的，甚至也不是语文学科的"独家任务"，它应该由各门学科共同来提高完成。

　　（原载于全国中文核心期刊《语文教学通讯·高中刊》2010年第11期，原标题为《写作教学：构建学生的"写作图式"》）

上编　问道语文

实践： 为你自己写一本书

"作文难教"是个不争的事实，"作文是教出来的"却是个值得争议的问题。从根本上讲，作文不是被"教"出来的！否则，"韩寒、郭敬明"之类的语文老师就有可能教出一个"加强连"的作家来，当然这并非就否认一些写作技术层面的东西可以教授，尽管这话有些偏激。

其实，就连著名学者刘锡庆也曾说，"作文的确很难教，可以教的是知识，是技巧，而这些虽然有益，但对作文来讲并不起关键作用，起作用的倒是诸般能力。而这能力只能由写作主体经过反复的刻苦历练才能获得，它是不能由老师直接传授的。再说，像才情、禀赋、灵气等，就更加没法教了！"正因如此，如今"新课改"虽轰轰烈烈铺开，但作文这一块却改之不大，"学生作文烦，教师批改难，提高效率慢"等老大难问题，依旧未能得到根本解决。鉴于此，笔者在实践中尝试通过激发学生"为自己写一本书"的作文训练，效果尚可。

一、"厚积薄发"：读透一本"书"

"巧妇难为无米之炊！"写作亦如此，"写什么"（内容）远比"怎么写"（技巧）重要。君不见学生最大的困惑就是无话可说、无东西可写！因此，如何引导学生在日常生活中博采人生精华，厚重文学积淀，拓展写作视野，就成了写作的首要任务。但如何实施这一写作积累呢？此前我们教师有把"万能钥匙"，即多读，多看，多观察，多思考……这本没错，可问题是，本已不堪重负的学生哪有那么多时间来大量阅读？又哪来那么丰厚的人生经历？再说，今天的年轻一代还真的很难静下心来读书。着眼于此，笔者根据诸多名家读书经验及自身读书体会，提出了"读透一本书"工程。

"读透一本书"工程，即教师在接手新班级时，学生务必选定一本自己喜欢读的书，要求在一学期（年）内精咀细嚼，随笔札记，评点摘要，将其读"透"来。"读透一本书"的想法源于自己喜欢读（听）不下10遍的长篇评书《隋唐演义》，自己平时之所以能写（说）出不少东西来，就得益于此书。其实，最能鼓舞学生的是高考满分作文《赤兔之死》、《真假美猴王》等，其作者就是《三国演义》、《西游记》的铁杆爱好者，但什么"书"能值得学生一学期（年）一读呢？

毋庸置疑，当属经典。经典是语言艺术的典范，是传承文明的精品。它能以独特的方式触及和思考人、社会等基本问题，能让学生在学业重、时间紧的情况下直面文化的最高成就，直登精神的制高点。但须注意的是，这里所谓的"经典"，不仅只限于传统"名著"，还应有更广泛的外延。因为"经典"不应该也不可能是个凝固不变的概念。不同时代、民族和阶层，经典的定义都是相对的。譬如当前学生酷爱的"青春文学"。不管你是如何嗤之以鼻，说其肤浅幼稚，又如何多次劝说学生去读"大家都说好然而谁也不去看"的"经典名著"，但《三重门》《梦里花落知多少》之类的畅销书，却以超百万册的发行量涌进了学生的抽屉，就连专业作家也难以匹敌。你能否认它是学生心目中的"经典"吗？其实，不管是世界的古典的"名著经典"，还是当代的通俗的"流行经典"，只有建立在读者愿意读的基础上"经典"才可能产生价值，即"经典阅读"是一种非强制性、愉悦性、以自身体验为底色的"悦读"。

"读透一本书"工程，只让学生选择一"本"而非一"篇"，选择自己喜欢的而非他人强荐的。不管是世界名著还是中国经典，不管是武侠演义还是青春文学，不管是长篇章回还是短篇文集……只要是世人认可读者接受的，只要是学生倾心喜欢主动阅读的，教师就可在此基础上指导学生从中"挑"出一本，就一本，让学生在一个学年（期）内精咀细嚼地将其读"透"来。可以说一学年（期）"读透一本书"，急学生之所急，减学生之负担，符合了青少年的阅读心理规律，让学生在快乐中把"书"读起来。实践也证明，学生在此种状态下"读书"，才能真正做到用心与作家作品交流、撞击；才会设身处地去感受、体验他们的境遇，用自己的想象去补充、发展作品提供的艺术空间，品味思考作品的意境和意义。即使学生在"读"的过程中不能（其实也不必要）明确诸如主旨结构、表达技巧等也没关系，

因为学生事实上已经进入了作品世界，诸如知识经验、思想情感、方法技巧等，在无形中就会得到扩充、升华和飞跃。可以说如此"读透一本书"，学生才有"逸于作文"的冲动，写作才会有一个丰厚的基础。

二、"琢石成玉"：仿练一本"书"

我们知道，学书法者，一般临帖入门，再求师其帖意，最后自成一家。其实写作亦如此。美学大师朱光潜先生就曾说过："我们不必唱高调轻视模仿，古今大艺术家，据我所知，没有一个不经过模仿阶段的。第一步模仿，可得规模法度，第二步才能集合诗家的长处，造成自家特有的风格。"此话不假，就拿李白诗作而言，可谓是光芒万丈，可是清代学者刘熙载却说："太白诗以《庄》《骚》为大原，而于嗣宗之渊放，景纯之隽上，明远之趋迈，玄晖之奇秀，亦各有所取，无遗美焉。"鲁迅先生也坦言，自己写小说"所仰仗的全在先前看过的百来篇外国作品"。这些名家大师创作事例无不说明，在写作中模仿借鉴与自成一家存有辩证关系。

其实，正如天才音乐家第一声啼哭不是音乐一样，即使是集钟灵毓秀于一身的"大师级"作家，也须是历经浪淘沙洗，砥砺锤炼而成，而其中砺炼的过程就包括模仿借鉴。可以说，模仿借鉴是创作的前一步。而作为普通意义上的学生作文，要想有所突破，第一步就应该积极尝试"模仿借鉴"他人之作，特别是对自己钟爱读"透"的"一本经典"，进行斟酌损益，选择吸收，从仿其"形"到索其"神"，由形入神，直到突破创新，走一条由量变到质变的创作之路。

笔者班上有位特别爱读古龙小说的女生，古龙小说系列，她几乎都读过，特别是《小李飞刀》一书，其中不少文段倒背如流。她曾告诉笔者，古龙笔下冷酷的人物、冷酷的文字、冷酷的风格让她陶醉，就连其作文也流露出古龙的"文味"来。笔者并未以"沉迷武侠有害"之类的话打击她的积极性，（其实我自己是个"金庸迷"），而是在鼓励之余指导她对于古龙先生的作品，应站在一个更高的层次来审读，看能否从中得出规律性的东西化为己用。结果，这位学生不仅未"沉迷"其中不可自拔，反而将不同作品中的人物情节、价值情感等进行比较，在自己"博客"中写起了"古龙"版的小说连载。而班上其他诸如喜欢"啃"读杂文的，喜欢诵读泰戈尔诗歌的，也都在自己随笔中，甚至是考试作文中，渗透出模仿借鉴而来的"风格"。

但这里须注意的是，模仿借鉴不是为了求同复制，而是为了求异转变。因为"仿写"并非是自由写作的终极追求，而仅是通往这一目标的过程、手段。接受美学大拿姚斯曾说："熟知的先在审美经验与新作品接受所需要的视野的变化之间的距离，决定着文学作品的艺术性。"这句话延用到写作上，其实也可以理解为，先有的借鉴能力越高，就越能加大与创作期待之间的审美距离，也就越能激发创作新作品的原动力，从而为自己创新出一本"书"而奠定基础。

三、"我立六经"：创新一本"书"

西方人曾戏说，中国留学生做学问的过程是"我诵六经"——"我注六经"——"我立六经"的过程。笔者以为这一过程与"为自己写一本书"作文教学过程极为相似，有所不同的是，写作永远是个性的创造，而所谓的"我立六经"用在此处即可称之为写作的自由回归，即作者在厚实积累的基础上，通过仿写而"联想"，最后不由自主地独辟蹊径，不落窠臼地进行创作。可以说，"我立六经"的写作是作者找到了作文的自由回归之路，是作者内心情感寻求张扬的表现。在具体实践过程中，我们是这样进行试验的。

内容："创新一本书"，重在"内容新"，主要体现在两个方面：一"新瓶装新酒"，即吸收原著"精神""思想"，观照当前生活，思考现实问题；二是"旧瓶装新酒"，即借用原作品的框架形式，重新注入新的血液。或则就在原作基础上进行"挖掘改造"，譬如将"未出场"的人、事、物、景以及有着内在联系的生活现象进行艺术的概括；将未展开的略点、隐点、情节跳动的触发点进行开发；或抓住当下冲突与未来冲突，转换思维角度和改变表达方式等进行再创作。君不见《水煮三国》《戏说水浒》《大话西游》等，在某种角度上，都可算是成功的"创新"之作。文学史上著名的《金瓶梅》不就是从《水浒》中"武松杀嫂"的故事演化而来的？

形式：首先取消传统的机械的"周记、作文"，要求学生准备一个精美的易于保存的笔记本，仿照"书"的样式进行个性化设计，包括书名、目

上编 问道语文

录、序言、页码等，将其设计成自己的"书"，或者叫"某某文集"。其次，学生所写文体不做具体要求，形式自由多样，可以是小说、诗歌、书信、散文、寓言等各种文体。总之，尽可能不让"形式"成为"内容"的羁绊。

过程：教师将写作评价的自主权还给学生。班上建立"班级文学博克论坛"，让学生将认为得意之作发于网上，"学生—教师—学生"互相跟贴点评，一个月在班上开一次汇总的"写作笔会"，如此构成多方互动式的交流反馈网，从中筛选优秀之作推荐到校报、省市级学生刊物上发表。可以说，"创新一本书"过程营造了浓郁的写作氛围、激发了学生的写作欲望，就连笔者也从师生的互动写作中体验到了乐趣，与学生一道"下水作文"，有多篇散文随笔发表在省市报刊上。

实践表明，"为自己写一本书"的作文教改实验，没有在写作技巧上给学生什么特殊的"高招"，也没有某些具体的写作思维指导，它是将"作文"放到了它原有的位置，去除了"作文"总是在模式、技巧、思维的"小"处打转的沉疴，让学生充分认识到"作文"有路可寻，感觉到作文是为自己而写，是缘情言志的自然流露。

(原载于教育部主管《中国教师》2006年第10期，原标题为《为自己写一本"书"》)

尝试： 构建立体式教学模型

作文教学乃语文中的重头戏。如何进行高中作文教学，许多同仁已从不同角度进行了不同方式的探索和思考。但"学生作文烦，教师批改难，反馈周期长，提高效率慢"等老大难问题，依旧未能得到根本解决。鉴于此，笔者在教学实践中，尝试"立体式"作文教学，以求学生能有所受益。

一、构建"立体式"作文训练体系

迄今为止，中学尚无一套独立完整的作文教材。现行作文教材也仅是作为课本的写作部分，分散在各册之中。而许多教师在平时作文教学中亦随心所欲，根本没有明确的目的性和重难点。有的甚至高一就练习话题作文，如此纯粹应试性的训练只能扼杀学生原有的写作天分。再则，统一编写的写作教材，虽说是遵循了学生写作心理规律，但如此完整系统的写作体系，往往会因各地区教育教学差异及学生变动，而出现参差不齐的"写作断层"。如有的学生甚至连起码的描写都不会，而到了高中又依旧按现行的写作体系训练，其结果是这部分学生谈"文"色变，更不要说激发他们写作兴趣了。

1. 重建训练序列，厚实写作基础。

教师应具体研究学生写作基础，新的教学起点应定位于班级中等写作群体现有的写作水平上，然后将作文教学重新编排调整为"1—3—2"体系，并以此为基础，科学系统地进行序列性训练，从而递进性地提升学生写作能力。即第一学期作为初高中的过渡期，主要就学生在初中阶段的基本写作素养进行厚实强化，同时建立学生写作"两极"档案（总结每个学生原有的写作基础与存在不足，将其分类为"上—中—下"三等，其中"中"等水平者为本班主体写作群体）；第二至第四学期这三个学期教师就本班主体写作群体存在的问题，有目的有重点地进行针对性专项训练，当

上编 问道语文

然，训练形式可多元化（如写自传、新闻、广告词、导游词、解说词、小小说、填歌词、读书札记、产品说明书、科技小论文、改编课本剧、记叙性散文、议论性散文等）；最后两个学期主要针对高考作文而进行强化提高的专题训练（包括创新性的谋篇布局，个性化的语言运用，个性化的拟题等）。

2. "随笔—活动"方式，拓展作文空间。

作文的外延就是生活的外延，作文的话题就是生活的话题。激发学生的写作兴趣和创作情感，永远是写作的原动力。《新课标》亦指出："要多角度的观察生活，发现生活的丰富多彩，力求有创意的表达。"这也要求我们在写作训练的实践中，积极拓展学生作文的空间。因此，笔者在常规写作教学之余，经常组织学生在节假日，接触社会，亲近自然，练情景作文，做社会调查；要求学生至少两人订阅一份报刊，每周写读书笔记，定期举行文学笔会，并择优编成校园文学期刊；特别是写作基础较好的同学，积极鼓励他们投稿，如参加"语文报杯""新世纪杯"等全国中学生作文大赛等。如此，通过"随笔性、活动式"作文教学，积极为学生创造能够展示个性、推销自我的途径与平台，让他们在现实生活中汲取创作的养分，让他们在收获成功中体验作文的喜悦。

二、构建"立体式"作文课堂教学体系

在传统作文教学中，很多教师重行文、轻过程，每次作文只是"知识—命题—行文"的简单循环，既没有行文前对学生写作情感的激发，又割断了学生反复修改习作的再创造机会，如此作文课堂教学，只能使学生成为完成作文任务的机器，哪能谈得上写作能力的提高？鉴于此，笔者在实践中摸索出"五位一体"式的作文课堂教学模式：

1. "听——听学生解说文题"（5分钟）当锁定一个作文专项训练，教师都要求学生提前一周完成诸如观察、阅读、积累等系列准备活动，课堂上组织学生畅谈自己的写作构想。五分钟虽微不足道，但积沙成塔、集腋成裘，所见所闻、所思所感，间接地扩大了其他学生的生活领域。

2. "说——说教师指导意见"（5分钟）在进行作文课堂教学之前，教师也将搜集相关资料，最好是自己写"下水作文"，在整合学生及自己的写作构想之后，阐述教师的指导意见。应该说，对学生进行有效的指导是非常必要的。但这种指导不是"禁锢"而是"火把"且方式灵活，如结合课文教学的指导，针对个性问题的个别指导，面对共性问题的共同指导等，形式多样，穿插使用，真正做到有的放矢。

3. "写——写自己初稿设想"（20分钟）"作文开头难。"其实难就难在写作主题的定位及思路的理顺上，当完成了行文前的写作准备之后，即刻要求学生取舍整合，快速作文。既可以是整体内容的概览，也可以是写作提纲的综述。

4. "评——评他人习作灵感"（15分钟）在完成初稿构想之后，要求学生交流讨论，推荐有创新意识的习作并当堂朗读，如若其未写完，也可以将自己接下来的写作思路说之。师生之间相互评议比较，取长补短，激发灵感。同时也训练了学生组织语言的能力，取一举两得之功效。

5. "练——练趁热打铁之作"（一节课时间）这是最后环节，学生在完成上述准备后，应该说既激发了创作欲望，又拓展了思维空间，更主要的是作者有了自己的写作心理构想与草稿习作，剩下的就是在现有的基础上进行整合生成，加工完善。

可以说"听——说——写——评——练""五位一体"的作文课堂教学模式从学生知、情、意、行等方面入手，全方位多角度地刺激学生感官，消除了他们畏惧作文的心理，促进了创新思维的发展，因而符合写作心理规律，在实践过程中也收到了较好的效果。

三、构建"立体式"作文评改反馈体系

"作文难改"是所有语文教师的心声。目前，大多数教师仍采用传统的"全批全改"方式，但这种方式因批改负担过重从而导致反馈周期长。而且是教师"以一对百"，批语多用套话，易使教师审美疲劳，不能多角度地指出作文中的优缺点，也不可能发挥学生主体作用。长此以往，作文将成为师生之"鸡肋"，食之无味，弃之不可！因此，我们在教学实践中探索了能师生互动、以生为主的"立体式"作文评改反馈体系：

第一环节：小组交互评。

学生根据自身实际情况自行组成文学小组。每次作文完成之后，改变

上编 问道语文

以往"教师第一读者"的习惯，而是先同组交互评阅，小组内可以自由交换意见，也可以集体讨论或个别交流，但都要求写下评语，且由组长汇总。古人云：当局者迷，旁观者清。只有换位思考，才能发现得失，弥补不足。同时，写作者因为知道习作要与同伴看，就会激发自己写作的自尊心；评阅者因为看的是同伴文章，就会进行比较，在比较中感受，在感受中启发。

第二环节：教师指导评。

小组交互评议后还须交与教师点评把关，否则难以落实。但此时上交的作文已不是传统意义上的作文了，应该说它是由原文本及"点评"再创造生成的"反馈文"。通过此"文"，教师既可以就学生原作及"点评"进行评判指导，又可总结本次作文共同优点，分析共性的不足。另外，教师应按 A—B—C 等级，有针对性地对学生作文进行客观分类评价，这样既可呵护学生的个性表达，又使学生明确了自身不足，从而追求规范与创新的统一。

第三环节：自我反思评。

作文批阅发下后，还务必要求学生重读点评过的习作，写自我反思后记。这是非常重要的环节。因为作文评改反馈最终还要回归落实到作者本身。此时作者再次阅读修改自己的文章，就等于重新进行一次再创造。因为有针对性评价的对照，学生每次可纠正自己一点错误，每次都可在反馈中前进一步。如此作文反馈，也就自然而然地激发了学生的写作兴趣，并且找到了自己的写作新起点。

其实，"立体式"作文教学并非是对传统作文教学的否定而标新立异，也不等同于当前流行的所谓开放式作文。它是反思传统作文教学基础上的扬长避短，其整合的是一个动态系统，强调的是一个有机体系。它只有在实践应用中才能得到更好的完善。

（原载于全国中文核心期刊《语文教学与研究》2005 年第 10 期，原标题为《构建高中"立体式"作文教学尝试》）

考前： 高考复习进行时

　　新课程改革当下正轰轰烈烈地展开，但直面高考的"高三语文"似乎是一个被新课改遗忘的角落。"春风不度玉门关"，基础教育课程改革似乎向来就与考试绝缘。事实果真如此？其实，从某种角度而言，考试本身也是一种素质的表现，只是我们以往的教育片面追求"应试能力的培养"以致走向一个极端罢了。至少就当下而言，缺少考试的教育并非是完整意义上的教育。下面笔者就结合自身教学实践和体会，对高三语文教学中存在的一些问题略抒己见。

　　一、"高考就是天，课本也靠边。"——其实，教材有待进一步开发

　　高考这根"指挥棒"在很大程度上是制约着高三语文日常教学的。高三语文教师基本上都认可"高三教学的目标就是让学生在高考当中取得好成绩"。因此，在高三的日常教学中就会出现高考"考什么就教什么"，"怎么考就怎么教"的普遍现象。若是高考不考的，或是被考到的可能性不大的内容，即便是高中教材的必修课文，教师也会将其删除，以免影响高考复习时间。如高中语文第五册第四单元（西方现代文学），很多教师就是一步跨过，或者让学生"看一遍"，以几个"文学常识题"轻轻带过罢了。而到了高三后期复习，有的教师干脆就甩开课本（如有些地方第六册课本基本不上）进行以高考复习资料为主载体的教学，让学生刚进入高三就陷入高考复习氛围之中。

　　当然，也有不少教师是按照教纲要求进行必修课文教学的，但是，由于高三教师长期以来潜在的讲析权欲，已经习惯与应试为指归的功利目标相结合，在教学过程中自然而然地就将那些血肉丰满，连接着作者生命的文章，变成一堆堆语言材料，一个个考试命题资源库。诸如一些经典的文

学作品，不少教师在教学时就绷紧了"高考"这根弦，讲习完毕之后决不会忘记叮咛一句，"注意，这里经常考！"于是，高三的一篇新课文就被演变成了一份试卷，教学就成了变相的"考试演习，学习就成了对答案的猜想和记忆。原本高一、二语文教学还蒙着的一层"语文教育"的温情面纱，在高三教学过程中就被毫不留情地揭去底里，只剩下赤裸裸的"应试"本质。

笔者以为，教材实质上是复习之本，是命题之源；而高三教材是高中教材体系中不可或缺的组成部分，如果教师能够科学理性地处理教材与高考的关系，深入挖掘教材的内在价值，就能收到事半功倍之效。譬如高考语音题，考试大纲明确规定仅是识记正确读音。教材不仅在第二、四册书后增设统读字字音表及易读错字附录表，而且每篇课文下的重点词语都注音加释，这本是考试命题的主要范围。但很多学生舍本逐末，弃源追流，宁可以题海战术来套题，也不愿对教材进行梳理，从而导致在复习中当时会做，过后就忘；会的依旧会，错的照旧错。

再如高三第五、六册课本中有不少人文性较强的佳作，如果教师能够高屋建瓴地引导学生与写作运用联系起来，不仅在艺术欣赏上，而且在人生思考上都会给学生一种全新的感受。譬如《中国艺术表现里的虚和实》等系列文章，学生不仅能够开阔视野，而且还能将其中理论"迁移"到艺术鉴赏之中；而《人生的境界》等哲学随笔对学生则起到思想启迪和文化熏陶作用。如2006年浙江省高考作文题"生有所息/生无所息"就是取自第五册第一单元赵鑫珊的《人是什么》一文，而此之前有教师就曾引导学生将文本与"人生、生命"等话题相结合，让学生写读后感，结果在高考中抢占了先机。其实，开发教材也是另一种形式的"高考复习"，高三语文教师如果能够进一步利用教材建立知识体系，对渗透在教材中的知识、能力进行有效的梳理和归纳，运用得法，也许高考复习就会收到更好的效果。

二、"资料满天飞，缺乏选整编。"——汇编一本属于自己的"复习资料"

毋庸讳言，高三语文教学为了提高学生高考应试能力，是不可能舍弃高考复习资料的，但这里"复习资料的选用"却成了问题。现实当中我们不少高三教师为了追求省力，特别是有的教师钟情于一些答案解说详细的试题，哪怕是一些陈题、套题。教师既没有根据学生实际水平去调控试题的难易度，也没有对选用的资料进行深入的研究和有效的整合，而是将历届的高考试题、地方编写的模拟试卷或综合试题印发给学生，从而使得被选用的复习资料缺乏针对性和时效性。如此一来，高考复习"年年岁岁题相似"，"岁岁年年人不同"而已，哪里谈得上教师立足学生实际，深入研究考试大纲，解读高考知识能力点？

另外，还有不少教师对所选用的复习资料，自己并没有做一遍，而是带着答案去看题讲题。我们知道，教师如果没有亲身体会解题的思维过程，就很难了解学生的解题思路和过程，试题评讲也就变成了验证答案的正确与否。而长此以往则会直接导致一些偏题、怪题甚至错题的出现，使得学生觉得如此"语文能力训练"就如同隔靴搔痒，失去了高三复习应有的效度。于是我们就会看到这样的怪圈：高三开始进行某项专题复习，经过一段时间的反复训练，再让学生做原先这套试题，结果有时候反而不如先前。原因何在？或许就是我们的语文教师自己先成了试卷的奴隶，而课堂又缺少灵性的发挥和教学的创造，使得学生感觉语文复习没有理科见效快，少练多练几题无所谓，于是语文复习训练就被放在了一个可有可无的尴尬地位。

的确，高三阶段离不开大量复习资料训练，但对于具体师生而言优质复习资料只有"唯一"一本，即真正属于高三师生自己的"复习教科书"。尽管当前各种"精编""宝典"充斥市面，但要找到一本真正意义上的完全切合学生实际学情的复习资料谈何容易。姑且不说复习资料本身质量的参差不齐，就是每年考纲的要求也时有调整，更何况还要针对所教学生的具体学情去确定各个阶段复习的重难度，于是"一本资料包打天下"的想法基本是不可行的。着眼于此，笔者以为高三语文教师应该根据学生实际情况和每年高考形势的变化，对已有的资料进行改造和整合，精心打造一本属于师生自己的"复习教科书"。譬如笔者就曾和学生商量着"编著"一本《高三专题习题集》。在具体操作过程中，笔者指导学生把握基础知识与能力运用之间的循序渐进，尽可能让学生自行梳理与强化当下的基础知识；同时师生一道从众多复习材料中筛选一些具有代表性、针对性的常规题型，然后共同"研究"，让学生也参与"命题"，甚至创造一些看似"前

上编 问道语文

97

瞻性"的新题型。整个"编著"过程极大地调动了学生复习的积极性，最大限度地发挥了每一道"复习题"的功效，避免了学生从书店里搬来一堆参考书，在低效劳动之中浪费时间。

三、"兴趣不重要，教师少关照。"——关注"动力"仍是学习第一位

我们知道，应试教育对素质的衡量偏重于智力，对于情意和个性的张显不够。尤其是到了高三阶段，复习时间短，学习任务重，教师强调的是解题答题技巧的指导，是如何帮助学生去猎取高分的捷径，至于学习兴趣，"那是高一、高二的事"。其实，从长远来看，一个人如果没有良好的情意状态和个性特征，也不可能成为社会所需要的高素质人才。而语文教学如果少了主体学习兴趣和意志的激发，其后果可想而知。于漪老师就曾说过："语文课就是语文课，须把握它的本质属性，在语文知识教学、语文能力训练中贯彻人文精神教育，收潜移默化，春风化雨之功。"

高三语文教学也不例外，作为整个高中阶段语文教学的有机组成部分，自然也应遵循语文教学规律。如果一味地关注考试本身，一味地训练应试技能，其结果必然适得其反。其实，紧张而繁重的高三阶段，更需要教师能为学生的禀赋和潜能的充分开发创造一种宽松的学习氛围。特别是语文学科，"当解剖代替了审美，当写作成为机械化的流水线上的操作，当我们的教学使得学生的想象力、创造力渐趋枯竭，语文也就背离了语文。"因此，高三阶段的教师根据新课标的要求，坚决抛弃"一言堂"和"大放羊"的极端做法，在具体教学实践中，教师按照新课标的三维目标体系实施教学，采取灵活多变的方式，渗透情感教育，激发学生主动学习的内驱力，积极探索新课程下高三语文课堂教学的新模式。

笔者就曾在高三作文教学中做过以下探索。众所周知，立足于丰富想象和对生活感悟的作文，其素材是来源于生活体验或阅读积累的。可是高三复习教学使得学生生活变得简单机械，根本没有时间与精力去进行有益的课外阅读。于是我们便看到越来越多的程式化套路化的八股式作文。其实，这便是写作源泉断流的必然结果。怎么办？笔者便采取"化整为零"、"分期积累"的方式，要求每位学生每月交叉阅读一份报刊杂志，诸如《青年文摘》《美文》《南方周末》等，从中选择一些思想性、文化性、艺术性较强的散文随笔，要求学生写百字左右的评论；或选择有代表性的剪报印发，"奇文共欣赏"。这些精品文章，或语言隽永，或见解深刻，或情感丰沛，或结构精巧。学生耳濡目染，文章的感人之处、巧妙之点就会在脑子里烙下深刻印象，写作时自然就会用上了。而学生每天拿出一刻钟时间，把读书看报当成了"休闲消遣"，既放松了紧张神经，开阔了眼界，还能升华精神，客观上也提高了阅读品位和能力，可谓是一箭双雕。

综上所述，高三语文教学作为基础教育课程改革的一部分，尽管当前依然面临着来自传统教育观念的挑战和"应试教育"的巨大压力。但是，我们坚信新课程改革并不讳言考试教育。而目前我们高三语文教师最应做的，就是从语文科本身的特点出发，扎实有效地提升学生的语文素养，让新课程的全面实施带动高三语文教学的彻底革命，最终使学生在语文高考中受益。

(原载于教育部主管《基础教育课程》2007 年第 4 期，原标题为《用新理念带动高三语文复习》)

上编

问道语文

99

考中： 换位思考来答题

所谓"网上阅卷"准确地说就是"计算机网上辅助评卷"，它是以计算机网络技术和扫描技术为依托，来控制主观题阅卷误差，实现阅卷公正性的一种阅卷方式。当下，大多数省份高考都实行了"网上阅卷"，但是，这种全新的阅卷方式对于那些平时不具备这种硬件条件训练的学校（特别是中西部地区）的考生而言则是一个挑战，高考事关重大，岂容半点差错？

一、答题：务必规范

这里所说的"答题规范"，首先是指高考实行网上阅卷所带来的"新注意事项"。网上阅卷的过程是：先将考生"答题纸"通过专用高速扫描系统扫描成电子图像，即考生手写的"答卷纸"到了评卷者手中只剩下了"电子图像"，而这些电子图像则根据网上阅卷的要求，按题号由计算机规定程序逐题进行自动切割，并随机分发到相应的评卷教师终端。这里就会出现一个误区。如果考生答题部分超出答题区域或不按题序答题，那么评卷教师看到的答卷图像就会不完整或根本就不是本题的答卷图像，譬如阅卷老师评阅的是第 20 题，电脑屏幕上显示的就只有第 20 题的答卷图像，而其他不属于你评阅的题目则不会出现在你的电脑屏幕上的。例如，有考生把第 20 题的答案写在了第 21 题的答题区域内，其处理方法是用传统的箭头标示或擅自把两题题号互改一下。这种"错位答题"的做法其实是掩耳盗铃，因为你的箭头无论标到哪里，评卷老师是看不到的，虽然电脑评卷系统有一个"问题卷"的操作程序，而出现这种情况，就要看评卷教师细心与否了。

其次，答题时书写务求规范。这里书写规范倒不是要求你的字写得如何"美"，而是说写得不丑就行了，因为网上阅卷，学生书写的答案是经过了放大处理的，学生答卷书写清楚与否，会影响到主观题的评阅。譬如作文题，答题卡上是有清晰的方格的，但扫描成电子图像后，那些方格在评卷终端的屏幕上就不存在了，评卷者看到的作文就如同是在没有行格的白纸上书写一样。所以，考生不仅要求字迹端正，行路清楚，标点符号和字距一定要一丝不苟，否则，行路不清，字上下歪斜，是会影响评卷者的心情的。

二、答案：力求"标准"

高考试卷的设置，语文主观题不断增多将是一个方向，而这与高考阅卷对速度的要求其实是矛盾的。大凡阅卷者都会有这样的体会：语文阅读题阅到最后就是"落实"参考答案中的"关键词"了！高考网上阅卷亦如此。一般阅卷程序都是第一步阅卷者先熟习（标准）参考答案，然后确定"采分点"（给分项）和注意事项。阅卷者刚开始还能比照所谓的标准答案给分，但越往后评，就渐渐地把"采分点"（给分项）转换成了一些"关键词"，依照这些"关键词"量分了。从某种意义上讲，主观题按"关键词"评阅给分，这样做虽然会有一些失误，但评阅结果基本上是八九不离十，而且还保证了阅卷的速度。鉴于此，考生对于论述题的答案，并非是写得越多越好，而要简明扼要，把该写的写了，而这该写的就是"关键词"，关键词是答案的核心。

譬如 2008 年浙江考卷第 21 题的题目：鲁迅《祝福》中"我"既是不可或缺的人物形象，又是主人公祥林嫂命运的见证，其重要性与本篇中的"我"相似。请赏析《乌米》中"我"的形象与作用。（6 分）

标准答案：

形象：①对不幸者富有同情心；②对人性之美满怀敬意；③对现实有清醒的认识。作用：①使文中的人和事更具真实感；②"我"是贯串全文的线索；③借"我"的感触揭示全文主旨；④通过"我"对乌米的情感态度，突出乌米的形象。

其中关于"'我'的形象"的评卷"关键词"是：①同情；②敬意；③认识。当然，"关键词"的引用并不意味着考生就可以"简单"答题，特别是一些考查文学作品类的鉴赏分析题，考生一定要按照此类题型的"常规答题格式"（观点 + 引用 + 分析）答题。譬如去年全国 1 卷诗歌鉴赏

上编 问道语文

题《江间作四首（其三）》的第 2 题：从全诗看，作者向往一种什么样的生活？请简要分析。标准答案：作者向往一种隐逸的生活。（总观点）诗的前两联，作者从眼前之景，转入怀古，遥想当年赤壁之战时的人事，从而发出了"波流万世功"的感叹。诗的后两联，作者赞叹宿鹭、飞鸿的闲适，接着又仿佛看到了渔翁的扁舟。联系到"波流万世功"的感叹，于是提出"最羡渔竿客"，想驾一叶小舟在烟雨朦胧中归去（引用＋分析）。有些考生的答案则简单地答成"作者向往隐逸（隐居）生活"，虽然答到了"关键词""隐逸（隐居）"，但缺乏必要的分析，这样的答案很可惜，只能给1－2分。

三、做题：找些技巧

第一，美化卷面，不留死角。这里所谓的"美化卷面"主要是指尽最大可能不让卷面出现涂改。一般来说，高考评卷对阅卷者的考核很大成分是看评卷速度的，在一定程度上，阅卷者越是认真评改，加扣分距离系统自动显示的平均分就越远，被自动退回的试卷量就越多，所以，整洁的卷面，清晰的书写在这种境况下就愈发显得重要。譬如主观表述题，考生如需要对答案进行修改，其实给人感觉最好的改法便是用简单的"＝"（双横杠）将要修改的答案划去，新答案写在划去答案的上方或下方，只要不超出该题的答题区域即可。又如删改错别字，如果这个错别字的左右空格出现的是横笔划的字，那么则用"＝"（双横杠）将其划去，如果是竖笔划的字则用竖杠划去。这种错别字删改方式尽最大可能保持卷面的美观整洁，也能看出考生良好的处事风貌。

再讲一讲写作。高考作文的批改也是很快的。一快自然就有些马虎，这是毫无疑问的。一篇作文，传统的说法是只要开头和结尾写得好一些，中间大篇的内容一般，也能给出个 45、46 分。笔者不主张学生这样做，但却可以从这里发现高考写作是有技巧的。这样三方面的东西的确不可小视，那就是题目、开头和结尾，因为它们实际上就是作文判分的关键因素，正像已经有人总结，考试作文应该是凤头、猪肚、豹尾，以突出头尾的重要，这个总结很经典。关于作文的另一个问题结构的问题。作文结构完整很重要，一篇作文，只要有一个中心，结构是完整的，即使中心与话题无关，也要给 20 ~ 30 分。如果文章是切题的，且结构完整，但字数不够，600 字左右，扣分在 4 分以内，但如果结构不完整，字数也在 600 字左右，那扣分就要重很多了，因此，如果时间来不及，作文也应抢个结尾，使作文结构完整。

另外，上面讲过的主观论述题答题同样有技巧。譬如考生可根据题目的字数要求，分值分配来确定答案的"采分点"；组织表述答案一般是由文本中的重点词句整合而成；如果需要分点分条陈述的答案，就一定要分点分条陈述，并标好分点分条序号，或用"首先、其次"等标志性词语分隔，尽量避免笼而统之的"一篇论"，这样阅卷者就可以按机械化、标准化的操作来"采点给分"了。譬如 2008 年浙江卷第 19 题（现代文阅读），题目：指出第 5 自然段中景物描写所采用的手法，并简析该段景物描写的作用。分析题目，要回答的是两点，即"采用的手法"和"描写的作用"，那么，答案的组织也就是两点了，贴标签式的回答是：采用的手法有什么等；描写的作用是什么等。其中"采用的手法"和"描写的作用"就起到了给答案贴标签的作用。

（原载于《中国教育报》2009 年 6 月 3 日第 12 版"高考必读"栏目，原标题为《高考答题：从阅卷者角度来审视》）

上
编

问
道
语
文

考后： 试卷讲评有效率

长期以来，语文试卷讲评课是不归类于"正常"语文课的。最好的说明就是每当想去听某人课时，人家说"这节课我讲评试卷，没啥好听的"，于是我们便被善意地回绝。试卷讲评课"不好听"似乎成了一个公开借口，明眼人都知道，这里面并非真的"不好听"，"不想让你听"倒是真的。因为此类课很难体现"新课程理念"，教师怕"讲不好，砸牌子"。其实，当下大多数试卷讲评课的弊端并非在于什么"理念"问题，而是其始终就没有走出过"低效耗时"之境地。那么如何在新课改背景下重新审视语文试卷讲评课，使之走出低谷，的确值得我们认真研究、反复思考。

下面，笔者就结合教学实践，粗浅地谈谈自己一些看法，以就正于方家。

低效原因之一："认识偏颇，价值错位"
——"试卷讲评"是一重要课程资源

在当前的教育考试制度下，不管你是否承认，我们的老师学生是重"结果"而轻"过程"的。现实中一张试卷的"价值"最后往往凝结成"数字"，然后教师们便将其制成各种各样的数据图表加以分析，且美其名曰"教学评价"。至于这张承载"过程"的试卷纯属手段，自然也就没有多少价值和意义，剩下的便是将其按部就班地处理为"练习题"。于是，我们便会发现当下的试卷讲评课如同"答案联播"，好端端的就演变成了"答案发布会"了。

其实，考试的价值和意义让一个枯燥的"数字"来承载，其本身就是对教学评价的错误理解。根据系统论和信息论的观点，教学应该是一个完整有机的信息系统。考试自然也是其中不可或缺的组成部分，而且师生正是通过"考试"这一环节来"验收"整个教与学的过程的——如何"验收"？仅在量化分数上进行形而上的分析？我们说，这是一个长久积习的误区，因为真正承载"验收"平台的不是分数，而恰恰是凝聚着师生共同"劳动"过的试卷，是对试卷本身进行理性评析的过程。然而由于功利因素影响，现实中人们往往舍本逐末，忽视试卷评析的过程，或者说忘记了试卷讲评也是一项重要的课程资源，从而让量化的分数成了教学的终极追求。

因此，我们当下应该做的就是要转变对"试卷讲评课"的认识——站在课程论的高度来重新审视"试卷讲评"的价值，在教学过程中积极开发利用好这一特殊的课程资源。鉴于此，教师们在试卷讲评过程中就不仅要"授人以鱼"（校正答案），更重要的是"授人以渔"（从具体试题中归纳总结，生成新的课程资源）。教育家第斯多惠就曾说过"一个坏的老师奉送真理，一个好的老师教人发现真理"。所以，教师在试卷讲评过程中就不能仅局限于一题一项的答案校正，而应有从微观到宏观的视角和综合思维的意识，引导学生将同类题型进行集中比较分析，从具体试题上升到方法点拨、原则解说、步骤总结等理性层面，从而将其转化为一种新的课程资源。譬如对于语文考试中学生得分率较低的"诗词鉴赏题"，如果教师每次都是就题讲题，势必就会陷入"题海"而不可自拔。笔者通过研究发现，诗词鉴赏题考查命题的角度主要集中于"鉴赏诗歌的形象、语言、表达技巧，评价诗歌的思想内容及作者的观点态度"等五个方面。所以笔者每次讲评此类题目，都会引导学生就此次考查点进行归纳总结，得出此类题型的答题技巧和规范要领等，然后再从题库中选取同类题进行拓展训练。这样一来，一个具体诗歌鉴赏题就生成了一项新的课程资源，经过数次循环训练，学生解题能力也就在"归纳—演绎"中逐步提高了。

此外，教师除了要有对具体题型进行课程资源开发的意识，还要对整个班级学生答题的薄弱环节进行分析（如制成"试卷分析图表"），找出师生教与学中存在的问题。不仅要及时对出现问题的原因、解决办法、注意事项及试题考查能力的层次等进行系统理性的总结评价，还要对下一阶段的教学进行分析，使师生都能明确自己今后努力的方向。可以说，以上这些"分析、评价、指导"就是源于试卷又超越试卷的课程资源，其价值远远大于对试题的校正，其本质就是师生对"试卷"的再度"课程开发"。

上编

问道语文

低效原因之二："讲评失调，方向迷失"
——讲评结合，立足于评，重在实效

"试卷讲评"，顾名思义即对试卷既要有"讲"也要"评"，但如何认识且处理好这两者的关系，却是一个尚未解决的问题。其实，现实中我们更多是偏重于"讲试题"，很少去"评试卷"，即便有之也是蜻蜓点水，不痛不痒。说白了，当下的试卷讲评课就是"重讲轻评"或"有讲无评"的一类课，而这种习惯性的教学操作直接导致了"试卷讲评课"的价值缺失。毋庸置疑，试卷讲评课是需要"讲"的，在师生互动中完成对试题所承载的知识掌握与能力运用，但这绝非其终极目标，因为承载考试评价意义的"试卷"显然不仅仅是"练习题汇总"，它理应有其更为独特的价值，发挥其应有的功用。如果我们将"试卷讲评"演变成单纯的"讲"（试题）而丢弃了"评"（试卷），则将与平日的"练习（训练）课"混为一谈了。

笔者以为，真正意义上的"试卷讲评课"应该是师生在对试卷认真分析的基础上，通过对试题的"讲"来评判教学过去（查缺补漏），指引教学将来的课。简单地说就是师生立足于"评"，"讲""评"协调，重在实效的教学分析课。须注意的是：这里的"讲"应是"评"之基础，而"评"才是"讲"之目的。这是由"试卷讲评课"本身性质所决定的。明确了这一点，我们教师在试卷讲评中才会有的放矢，对症下药，才能"好钢用在刀刃上"。

以笔者"讲评试卷"一贯做法为例：在讲评之前先对试卷进行量化统计，按照每道题的难度系数将其制成表格。如此一来，既可以做到心中有数，也为接下来学生进行自我分析提供了比照依据。在讲评之前笔者提前一天将试卷发给学生，要求学生也以表格形式完成对试卷分析，再汇总交上来，然后再根据师生两类分析表格最终确立本张试卷讲评的重难点。譬如"字音""字形""名句默写"等基础性题目，笔者让他们以小组合作形式自行校正解决，绝不越俎代庖地给出"答案"。这样做一开始学生也许不适应，但习惯以后则既可以培养学生"跳一跳摘桃子"的能力，又能准确摸清楚学生普遍存在的疑难点，从而使教师的讲评切中中肯、省时高效。而当下试卷讲评课"普遍做法"是教师按顺序从第一题到最后作文题逐题

讲解，可谓是"滴水不漏"，"眉毛胡子一把抓"。其实，一个班级的学生答题错误各异且试卷也有梯度和区分度，更何况一个人的注意力不可能始终高度集中。如果教师按部就班，依次讲解，就题论题的话，就会出现学生最期待的题目还没来得及听就已经疲惫不堪的状况。

鉴于此，我们只有改变传统讲评方式，将自己从"讲题"泥淖中拔出来，才会有意识有精力去寻找试卷存在的问题及原因，才能有针对性地高屋建瓴地对试卷进行宏观或具体的理性分析（评）。换而言之，教师也只有立足于"评"，将"评"落到实处，才能针对同一份试卷在不同班级出现的情况，做到有的放矢，具体问题具体分析。这种立足班级实情的"个性化"试卷评析，学生才会由衷地感到"老师是在说咱老百姓自己的事"。从实践效果来看，他们由衷地感受到考试的价值所在，所受启发也远远超越了"讲题"本身。

低效原因之三：形式机械，性灵湮没
——形式多样，凸显灵性，贵在得法

长期以来，大多数试卷讲评课总是在"教师讲、学生听"的模式上徘徊，忽视了学生主体地位，自然谈不上什么激发学习积极性了。究其原因就在于试卷讲评课堂形式机械，方法呆板。其实，形式和内容是对立统一的，在某种程度上恰当的形式会有效地促成内容。因此，当下试卷讲评课堂应改变传统教师原来"目中无人，包办一切"的模式，而应以"教师为主导，学生为主体"的启发式为原则，利用主导地位的影响（这里，教师的"评"决定了其主导地位），积极调动学生自主学习的积极性，引导学生参与问题的发现，错因的分析，进而增强学生的亲身体验和感受，促进学生自我评价和独立矫正能力的提高。鉴于此，笔者认为教师在试卷讲评过程中应"相信学生"，大胆安排一定的活动板块和时间，放手让学生自己去归纳得失，使其明确学习中的重难点。可以说，这样做的效果远胜于教师单纯的"灌输"。

譬如笔者在讲评试卷Ⅰ中的基础题时，一般都形成了"惯例"——学生"登台献艺"。学生为了能讲透讲好，就不得不请教师长，主动查找资料，进行归纳整理，然后才敢登台讲析。教师这种放手课堂的做法一改学

生原来"要我学"为现在"我要学",课堂气氛一扫沉闷而变得灵动活跃。当然,教师最后还要给予恰当精要的总结和点评,绝非放而不收。再如讲评"现代文"和"文言文"阅读题,笔者让学生像平时课堂那样"读"起来,结合试题说说自己对文章的见解感受,即便是教师"讲"也是将"讲"建立在学生强烈的求知欲望上,建立在学生思维遇到阻碍的基础上,从而集中学生易错处,切中肯綮地进行评析。这样,学生的思维得以激发,课堂也就转化成了师生互动的高效课堂。另外,教师针对学生普遍易错的题目进行归类,然后组织学生进行答题心得交流,包括组织同一层次和不同层次学生,使之于课堂之上敞开心扉,相互描述做题时的感悟、理解、判断的心理感受以及对试题的看法和评价。譬如讲评作文题,如果此次作文最大问题是在审题上出现偏差,那笔者在"佳作"示范时,一定会先请作者谈谈他(她)写作时的心理感受,然后再让"偏题"的同学说说自己当时审题的心理过程。实践证明,这种同龄人之间的相互碰撞影响较之于老师的被动灌输效果要好得多。

当然,试卷讲评方法和形式不拘一格,但贵在得法,只要是适合的就是最好的。但须注意的是,教师还要善于寻找学生答卷中的闪光点,及时肯定表扬那些解题思路清晰和有创新意识的学生,同时帮助学生分析失误的具体原因,切不可因答卷中的失误而指责、讽刺、挖苦或嘲笑学生,从而挫伤学生的积极性和自尊心。这样的人文情怀对于营造良好的讲评氛围是非常重要的。

综上可知,试卷讲评课是教学系统中一个重要的环节。在当前新课程改革实施的大好形势下,教师应该从试卷讲评课型的特点出发,以提升学生学习素养为终极追求。唯有如此,语文试卷讲评课才有可能走出耗时低效之困境。

(原载于全国中文核心期刊《语文教学通讯·高中刊》2009 年第 4 期,原标题为《试卷讲评课低效原因探微》)

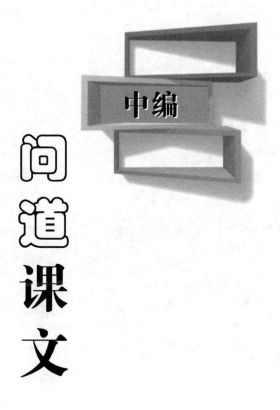

中编

问道课文

"节选课文"：从《社戏》（节选）教学说起

一、从一则教学案例说起

2011 年第 10 期《中学语文教学》刊发了彭晓、胡根林两位老师的文章《节选课文教学内容的选择》（以下简称《择文》），文章以彭晓老师《社戏》教学实录为研究对象，胡、彭两位老师集中探讨了"节选课文教学内容"的问题。笔者阅后深受启发，但关乎"节选课文教学"的根本问题，笔者窃以为尚需进一步探讨。

1. 彭晓老师《社戏》（节选）教学简述：彭老师先将《社戏》原文前十段关于看京戏的节略材料补发给学生，再将其与课文中看社戏内容进行对比，从而探讨出作者是为了表达对童年美好生活的无限依恋，反衬出现实生活中的孤独和焦虑。按胡根林老师后文点评："原来教学的重心在小说语言品读和人物分析上，这次的重心在对比手法的运用，以及这种对比手法背后所寄托的作者的人生理想。"

2. 当下关于《社戏》（节选）通行的教学简述：笔者从网上搜集二十多个关于《社戏》的教学案例，发现大多数教师将其教学内容定位为了解小说情节结构、景物描写，体会作者对淳朴健康生活的向往。另外，人教版教科书关于该课的"课前导语"是"读这篇文章，你是否感受到其中表现出的盎然情趣？是否回想起你童年生活的某些片段？"而课文后面则有诸如"你对课文结尾应该怎样理解？你在生活中有这样的体会吗？"之类的"研讨题"。很明显，编者的意图正如《教师教学用书》中"教学建议"所言："这篇文章主要是回忆美好的童年往事，教学时要以此为重点"，"可以学习本文为契机，适当引导学生关注自己家乡的文化习俗，开展语文活动"。

中编 问道课文

111

通过上述两种不同教学内容的比较，我们不难发现如下问题：

彭老师的教学是"教原著的教材"。用胡根林老师的话说，教的是"鲁迅的《社戏》"而不是教材的《社戏》，通过前十段补充的原文材料与节选课文的对比，试图让学生体会这篇小说"流露出一种遗憾之情，遗憾中国乡村里的田园牧歌式的生活、浓厚的纯真的人情味道只能存在于飘渺的回忆和梦想之中"。据彭老师教学实录来看，教师对文本的解读是深刻的，体会的情感也是深沉的，甚至深沉中还有一丝无奈伤感。但有人不禁要问：这种"就原著教教材"的教法有必要吗？需要如此深的体验吗？对课文的过度诠释会不会让七年级学生对这篇课文产生迷茫？

当下通行的《社戏》（节选）教学是"教编者的教材"。就笔者所看到的大多数案例及教参用书来看，基本上都是通过对"月夜行船、船头看戏、月下归航"等事件描述，让学生感受孩子们的天真烂漫和平桥村人的亲切淳朴。因此，课堂给人的感觉是积极向上、充满了欢愉和向往。但是，就这种"就教材教教材"教法，也有人质疑：完全抛却原著，还是作家的作品吗？学生对原著"窥一斑而不知全豹"，会不会不利于文化的传承，形成语文学习的短视？

如此看来，不同的教材观，会导致不同的目标定位；不同的内容选择，会产生不同的教学效果。就这篇《社戏》（节选）课文而言，到底该选择怎样的教学内容？是"就原著教教材"还是"就教材教教材"？还是两者兼而有之？或是干脆教师对课文文本再行开发？换而言之，"名著节选或原著改编"类的课文到底该怎么教，则成了一个令人不得不面对的问题。

二、明确"节选文"的"课文功能"

我们知道，当下"文选式"教材中的选文，事先也并非为语文教学量身定做的，在它进入教材之前，是传达一种事实、一种思想情感的信息文本。教材编者根据课程需要和教学可能对这些文本进行编辑处理，使之成为师生教与学的凭借，一般情况下人们将其俗称为"课文"。

其实，就"节选课文"而言，无论是"名著节选""原著改编"还是"名作本身"，当它入选成为教材的有机构成部分，其性质功能就已发生变化，此时的"节选文"已不再是原（著）作的一部分，而是融

"作者倾向、编者意图和课标体现"为一体的独立的教学文本。这些教学文本的前身或许都以其原有文本价值而存在，但其进入教材后，凸显更多的是其教学功能，或曰"课文功能"。因而，从某种角度言之，所有的选文都是一种节选，节选的是其"课文功能"（教学功能），虽然它与其原有文本价值有着不可割裂的关系。而作为名著名篇的一部分（甚至原著本身），不管是以什么样的形式入选课文，也不管编定的课文如何多样化，关键还是看语文教师能否正确、充分地发挥其"课文"的教学功能。

然后，当下常见的情形是，不少教师对教材中"名著（篇）节选（改编）课文"不甚满意，或认为教材编写者对"节选课文"处理不到位，或现有资料解读无甚新意，于是深挖细掘变换角度想方设法弄出点新意来，尤其表现在一些公开课、竞赛课上。于是，教师"解读选文"很大程度上变成了重新编排研制课文，如上文彭老师补发删节的《社戏》原文前十段，这样，教师备课原本应将重心放在"备学生"（学情）上，现在变成了"备选文"（编课文）。一句话，本来作为教学专家的语文教师，现在被要求同时还要充任语文课程专家和语文教材专家，另起炉灶，重新开张。

其实，这点也正如《择文》中胡根林老师所言："教师阅读过程不能等同于学生的阅读过程，阅读的过程也不能等同于阅读教学的过程，阅读教学要从学生遇到的阅读问题着手。"本来，语文教师是服务于具体情境中的学生，所关注的应该是学生在场的学情，并能提供切实的帮助。但现实却本末倒置，教师先从文本入手，再来引君入瓮。如此一来，既给语文教师自身带来莫大负担，也造成了语文教学内容的复杂不确定性。

我们想说的是，理想情况下的阅读教学，应该是教师根据学生具体情况，将课程专家提供的"一般应该教什么"转化为"实际上需要教什么"，将教材专家建议的"通常可以用什么去教"转化为"实际上最好用什么去教"。（王荣生、李海林编《语文课程与教学理论新探》）我们当然不是在否认语文教师参与课程，必要时甚至可对课程内容有所创生，但这些参与创生应是基于学情的，即在"备学生"的基础上去完成"备选文"。

再以人教版《社戏》（节选）教学为例，选文是放在七年级下册语文课本中，学习对象是七年级（13—14岁）孩子，教材编者的意图是想让学生通过"美好童年回忆"的材料的学习，提升语文素养。从七年级孩子的心理特点和生活实际来看，学生与"迅哥儿"的童年贴近，应该是可共鸣的。但如果立足于鲁迅先生原文来教学，无论是学生心理特点、认知水平还是其学识积累，都是难以完成这篇5500字《社戏》的原文阅读的。其实，原文删去的前十段描写了两次看京戏的情景。剧场里喧闹嘈杂，拥挤不堪；名角摆架子，久盼不出，令人失望；尤其是写一个胖绅士，目中无人，俗不可耐，对文章中的"我"显出鄙夷不屑的神色。因此，在第一部分最后，作者用了这样一段话来结束叙写：我向来没有这样忍耐的等候过什么事物。而况这身边的胖绅士的呼呼的喘气，这台上冬冬喤喤的敲打，红红绿绿的晃荡，加之以十二点，忽而使我醒悟到在这里不适于生存了。于是作者接下来才转到回忆童年时看到的社戏，也就是当下《社戏》（节选）课文的开头。另外，彭晓老师《社戏》（节选）教学中还提到从叙述学角度来研读文本。其实，就文体而言，节选课文《社戏》虽说是从鲁迅小说《社戏》中节取而出，也可贴上"小说"的标签（"人物"、"情节"和"环境"之类），但其更像写人记事的散文，即便归为"小说"，充其量也只能算"非典型性小说"，更谈不上《择文》所谓的从"叙述视角转换"的高度来解读课文。

综上所述，针对《社戏》（节选）的教学，无论是基于学情还是考虑到文体知识，教师都不可越俎代庖，过度解释。否则，任何一篇名著（篇）"节选课文"都要还原名著本身，那教材编写也就失去了意义，语文阅读教学也就有可能进入一种虚无境地。

三、把握"节选课文"的教学特性

基于对"节选文"的"课文功能"的共识，我们才能进一步探讨"节选课文"的教学特性。当然，作为一种语文教材，"节选课文"与其他课文之间的共性是主要的、基本的，教学中不需要也不可能另立门户。但"节选课文"毕竟是节选而来，这类课文势必与原作有着一定内在联系，构成了有别于其他课文的特殊性。因而，教师在阅读教学中要正视这种特性，具体问题具体分析。关于这一点，《择文》中胡、彭两位老师略有论述，此处不赘述。笔者只想换一视角，就如何使用"节略内容"来谈"节选课文"的教学特性，下面就结合具体教学实例加以阐释。

1. "节略内容"呈现要看需要

"节选课文"首先是一种教学文本。有人以原著整体性为由将"节选课文"称之为"断章"。其实对于一套系统的语文教材而言，此处所谓"断章"，已是系统教材的一个有机构件，是一个完整的存在。对于采用这套教材的教学者而言，首先应该考虑的则是"断章取义"，让学生把节选的内容当作独立的文本来读。读出"教材"之意。窃以为，这才是教学的底线。

再以人教版初中语文七年级下册的《社戏》（节选）为例。常态下普通教师备教，其主要精力应该花在：按教参所提供的参考建议解读课文；根据课文助读系统和作业系统"揣摩"教材编者的"意图"；最后依据文体特征，针对具体情境中的这一班学生的实际学情，来选择合宜的教学内容。

而《择文》中胡根林老师认为上述这些做法是"脱离节略文字，孤立地教学节选课文，教的要么是教材编者的文章，要么是教师自己理解的文章，教的肯定不是作者的文章"。其实此言差矣，无论是从人教版教材编者有意将《社戏》原文节略了前十段，还是节选课文前的导读系统、课后的作业系统，无不显示此处的《社戏》（节选）已成为七年级语文的一种教学文本，已不再是鲁迅先生原文《社戏》。至于执教者是否一定要补足略去文字，立足原文来教学《社戏》，那也应根据教学需要，视情况而定，而不能为了标新立异而补足。总而言之，"节略内容"在节选课文教学中是否需要呈现，关键不在于能否教出"作者的文章"（事实上补足呈现了也不一定就能教出"作者的文章"），而应综合考虑教学目标，教学对象、文本特点，甚至执教者素质等实际因素。若按《择文》说法，非得补足前十段才能教出"作者的"《社戏》，那教材不如干脆选用鲁迅小说完整版《社戏》，岂不省事！

2. "节略内容"呈现要选好点

如果节选课文内容（譬如人物形象）基本符合原著所要表达的"特

点"，教师可在恰当时机，适宜补充原著中相关内容，以此来深化学生的阅读理解。我们以人教版高中语文《装在套子里的人》为例，这是一篇没有注明"节选"的节选课文。

人教版高中语文新课程实验教材必修 5 中的《装在套子里的人》其实是"节选"改编自俄罗斯作家契诃夫短篇小说《套中人》（节选时编者改换了标题）。这篇小说的中译本全文有一万多字，但教材编者将其"节选"改编为四千多字的课文。课文中别里科夫死后，人们为他举行了一个简单的安葬仪式，面对原著十分精彩的描写，"节选课文"只保留了"我们都去送葬"一句话，随后一个破折号和另外的一些描述却被"节略"：

　　——那就是说，两个中学校和神学校的人，都去了。这时候，他躺在棺材里，神情温和、愉快，甚至高兴，仿佛暗自庆幸终于装在一个"套子"里，从此再也不必出来了的似的。是啊，他的理想实现了！老天爷也仿佛在对他表示敬意似的，他下葬的那天天色阴沉，下着雨；我们大家都穿了雨鞋，打了雨伞。……

我们知道这篇"节选"课文针对古怪、孤僻的别里科夫，设计了一系列形形色色的生活"套子"。教学最后，在总结别里科夫"套子人生"时，教师择机将此段节略文字补上，学生豁然开朗：从原著节略部分中找回的那口"棺材"，不正是作者为别里科夫准备的最后一个"套子"？如此用来证明其落后守旧直至死心塌地，其讽刺深刻，显而易见；而当时"阴沉的天色"，又是一个最大的"套子"，它足以把故事里的"我们"完全笼罩其中，谁都无法逃避。教学及作品的最后都在暗示：一具"棺材"，宣告了专制制度卫道士的别里科夫的灭亡；而"天色阴沉"，正是 19 世纪沙皇统治下的俄国社会环境的艺术写照。我们说，教师如此选准时机节点，在最后总结全文时将小说结尾的这段节略文字补上，升华了教学，不禁让人拍案叫绝，真乃点睛之笔！

3. "节略内容"呈现要站对位

"站对位"的意思是：节略内容呈现目标要准确，目的要明确。如果节选课文内容仅是原著内容的一个侧面，或其所要表现主题与原著主题相距甚远，则务必要求教师有目的地补足相关节略部分，引导学生体会节选部分在原著中的位置与作用，从而反过来更好更深地理解"节选"课文内容。

当然，如上文所言，在具体呈现"节略内容"时，教师务必遵循择机对点原则，不可一开始就对课文主题进行主观的明确的定位。如上文彭晓老师执教《社戏》（节选），教学之始就补足节略的前十段，并将其作为一重要教学环节，就连胡根林老师在后文中也点评道："我以为有教学过度之嫌。因为这样做，容易造成学生先入为主，而对节略内容的细致分析，容易模糊教学重点。"

其实在"节选"课文教学中，如彭老师这种做法不乏其例。譬如有教师在教读选文《林教头风雪山神庙》（节选）（人教版高中语文新课程实验教材必修五）时，明确让学生围绕林冲"忍"的性格（《水浒》中林冲性格经典解读）进行"按图索骥"式解读，于是，课堂上就有了这样的印证：林冲不将高太尉称为"泼贼"是"忍"，面对四面漏风的草料厅想"待雪晴了再唤个泥水匠来修理"是"忍"，出门打酒"拿了钥匙"把门"拽"上还是"忍"。教师这种先入为主的做法，使得学生的解读变成了"索引式"、"论证式"解读，学生眼里的人物性格都在已有的经典解读映射下，变成"万物皆备于我焉"的束缚。其实，林冲从一名声势显赫的禁军教头沦为流放囚徒，从对统治集团抱有幻想到幻想破灭，从一味忍让到奋起杀敌，其心路历程艰难曲折。在官逼民反、乱自上作的大背景下，林冲最鲜明的性格当属逆来顺受，但林冲性格又是多重的，仅就节选部分而言，就有仁慈、刚烈、谨慎小心、幼稚天真、忍让懦弱。这些复杂的性格都统一到了这个经典人物的身上。

鉴于此，教师可先从节选课文入手，引导学生依据节选文本自由探究出林冲"仁慈、刚烈、谨慎小心"等复杂性格，让学生把读书思考的触角延伸到课文的方方面面，从而完成对节选课文全方位的解读。在学生交流读书成果时，教师再补足原著相关内容，抛出《水浒》中林冲"忍"之经典性格解读，让学生的个性解读与之碰撞，从而激起学生阅读原著的强烈愿望，把语文教学引向更为广阔的空间。

综上所述，无论是对节选还是根据原著改编的课文，我们在教学中都应依据教学目标、具体学情及文本特征，恰当地引导学生与原著进行比较，让学生从另一方面、另一角度来认识审视原著；也可相机补充删改的内容，

升华教学情境。当然，"节略内容"的呈现要有自己的边界，聚焦文本，潜心会文才是语文阅读教学根本。

（原载于全国中文核心期刊《中学语文教学》2012年第10期，原标题为《关于"节选课文"教学的再思考》）

"一篇课文"：基于语文性的《鸿门宴》阅读

一、从五种版本教材选编的《鸿门宴》课后练习说起

新课改以来，全国通行的五种版本高中语文实验教材都不约而同选编了《史记》中最为精彩的篇章之一《鸿门宴》，而更令人称奇的是，课后思考题却惊人神似。下面对各版本《鸿门宴》课后思考题略加选录：

①人教版必修二《鸿门宴》课后"研讨与练习"：许多读者认为项羽是因为在鸿门宴上不杀刘邦而失去天下的，你同意这个看法吗？写一篇读后感，谈谈你的观点。

②苏教版必修三《鸿门宴》课后"文本研习"：试根据《鸿门宴》的内容简要分析刘邦转弱为强、最终胜利，项羽由强而衰、最终失败的原因。

③语文版必修二《鸿门宴》课后"理解与鉴赏"：从鸿门宴这一事件中，可以看出刘邦和项羽的为人有怎样的不同？后世不少人对项羽的最终失败表示同情，你对此有何看法？

④粤教版必修五《鸿门宴》课后思考题：许多读者认为项羽错在鸿门宴上没有杀掉刘邦，你觉得责任全在他吗？

⑤鲁教版必修二《鸿门宴》课后设置"座谈"形式：刘邦和项羽谁是英雄？请把自己的理由说给全班同学听。

总结：五种不同版本高中语文教材《鸿门宴》课后思考题都有一共同之处："鸿门宴"上项羽因自身性格未能杀掉刘邦，从而导致最终的失败。而由此衍生出的一系列问题倒成了当下中学语文《鸿门宴》课堂教学的"必答题"："鸿门宴"上项羽是否真的要杀刘邦，项羽是否因个人性格问题而未能杀掉刘邦，未能杀掉刘邦的"鸿门宴"是否决定了楚汉相争的历史，等等，然而，很少有人反思：这些问题的探讨，能否建立在节选自《史记·项羽本纪》的《鸿门宴》"课文"文本基础之上？

二、"鸿门宴上杀刘邦"是不是"语文问题"?

下面,我们先依据《鸿门宴》课文文本,尝试回答上述教材提出的"课后思考题"。

(一)"鸿门宴"上项羽是否要杀刘邦?

课文《鸿门宴》中项羽要"杀"刘邦,其根据于选文的开头:刘邦的左司马曹无伤向项羽密报"沛公欲王关中,使子婴为相,珍宝尽有之"。于是项羽"大怒","旦日飨士卒,为击破沛公军"。若据此而言,项羽生性倒有几分暴躁,看来刘邦危险。

其实,王立群教授讲《史记》时提到"鸿门宴"节选一文之前尚有42字:"行略定秦地。函谷关有兵守关,不得入;又闻沛公已破咸阳,项羽大怒,使当阳君等击关,项羽遂入,至于戏西。"巨鹿之战项羽击败秦军主力,并以诸侯联军的总指挥身份,统军西进,但遭刘邦军队武力拒关。此时项羽才知刘邦早于两月前攻破函谷关。"又闻沛公已破咸阳,项羽大怒,击关遂入"。注意,如果项羽此时已决定把刘邦作为对手,则应该继续进军,直逼刘邦。然后项羽却驻兵"戏西",并未进军,直到刘邦手下的左司马曹无伤密报,证实了刘邦"欲王关中",项羽才又一次"大怒","旦日飨士卒,为击破沛公军"。

王教授认为这42个字利于解剖项羽性格,绝不可漏选。窃以为这42字则恰好证明,项羽并非简单易暴性格之人,至少也能说明当时项羽并未将刘邦作为政治对手,击杀对象。

遗憾的是,这段漏选文字,学生无法从教材《鸿门宴》课文中获悉。

即便从已选的文本推敲,也没用信息显示"鸿门宴"上项羽欲杀刘邦。首先,"鸿门宴"不是项羽邀请刘邦,而是刘邦主动前往。由于项伯从中周旋,"项王许诺"项伯"善遇"沛公。待到刘邦旦日登门谢罪,项羽未曾责难刘邦半言,反而向刘邦解释,"此沛公左司马曹无伤言之;不然,籍何以至此?"至于留宴鸿门,项羽对"数目项王"的范增"默然不应",对"以身翼蔽沛公"的项伯听之任之,对"拥盾入军门"打破尴尬局面的樊哙赞赏有加,对不辞而别的沛公也不予追究,对张良留谢"受璧,置之坐上",未有丝毫愤怒颜色。就种种言行而观之,就《鸿门宴》选文而言,项羽杀刘邦一说，不知从何而起。如果真要杀之，倒真的令人费解。

（二）项羽是否因个人性格而未能杀掉刘邦

当下言项羽因性格而未能在"鸿门宴"上痛下决心，斩杀刘邦者，无外乎说项羽性格"简单暴躁、寡谋轻信、目光短浅、妇人之仁"之类。这些评价正确与否暂且不论。其实，就"性格论"而言，每个人都有性格弱点，项羽亦不例外。但"鸿门宴"上项羽是否是因为这些"性格缺陷"而错失杀掉刘邦机会的呢？我们可以先看看同时代的人对项羽的评价。

　　韩信说："项王见人恭敬慈爱，言语呕呕，人有疾病，涕泣分食饮。至使人有功当封爵者，印刓敝，忍不能予，此所谓妇人之仁也。"（《史记·淮阴侯列传》）

　　陈平说："项王为人，恭敬爱人，士之廉节好礼者多归之。至于行功爵邑，重之，士亦以此不附。"（《史记·陈丞相世家》）

　　刘邦说："项羽有一范增而不能用，此其所以为我擒也。"（《史记·高祖本纪》）

分析韩陈刘三人评说，我们不难发现项羽性格中有一点是对手们公认的，即项羽不善笼络人心，尤其不像刘邦那般会得（士）人才的心。但这在《鸿门宴》课文文本中并未体现出来，有人却因此附会说项羽没有听取范增意见，不善用谋才，甚至连叔伯都背叛他，可见其人缘，其实，这些言论都是断章取义，没有通览《史记》的无稽之谈。

还有人言项羽"寡谋轻信"，接受了项伯"人有大功而击之不义也"的道理，相信了沛公的"臣之不敢倍德也"的许诺，在"鸿门宴"上"目光短浅、妇人之仁"而错失良机。

其实，这些所谓"性格缺陷"，大多为后人无根据的臆断。"鸿门宴"除了在"项羽本纪"中有详细记载外，在其他"本纪""列传"中也有记载。我们知道，司马迁写人物传记，常常"全局在握，省于此，留详于彼"，正如苏询指出那样，"本传晦之，他传发之"。鉴于此，用"互见法"研读"鸿门宴"，我们不难发现司马迁在《史记·樊郦滕灌列传》中就一语道破天机："项羽亦因遂已，无诛沛公之心矣。"如此看来，项羽要的不是沛公的命，而是沛公"吾入关，秋毫不敢有所近，籍吏民，封府库，而

中编 问道课文

待将军"的主动放弃王关中的权利。这，才是项羽真正想要的。兵不血刃就能如愿以偿，既降服刘邦，又维护了自己反秦盟主的地位，还有什么必要"击破沛公军"呢？由此可见，项羽审时度势，深谋远虑，怎是一个妇人之仁？三国时期刘邵在《鉴人智源》中就曾说："英可以为相，雄可以为将。若一人之身兼有英雄，则能长世，高祖、项羽是也。"项羽这种可为将相者，哪里会是目光短浅之徒？

遗憾的是，这些材料藏于《史记》，却不见于课文《鸿门宴》的助读系统，即便是一些不读《史记》的教师也难以明白，学生又怎能知晓其中奥妙？

（三）未能杀掉刘邦的"鸿门宴"是否决定了项羽失败命运

持此观点者，最具代表性的当属苏轼，苏轼作《留侯论》中言："增劝羽杀沛公，羽不听，终以此失天下。"苏轼之论，乍看有理，细想却有"事后诸葛亮"之嫌。

首先，"鸿门宴"上到底谁是赢家？或者说"鸿门宴"的结局是什么？按照现行观点，一般都会认为是刘邦胜利逃亡，项羽错失良机。其实，如果我们根据以上推论确定"鸿门宴"上项羽不愿不必杀刘邦，那"鸿门宴"的结局就不是上述所言，而是以项羽完全接纳了刘邦拱手让出的利益，最大限度实现自身利益而告终。按这一趋势，刘邦的优质资产剥离得差不多，非垮不可，又怎能说"鸿门宴"上项羽是个失败者呢？

我们看看"鸿门宴"之后刘项之间形势发展：据《汉书》卷三十一载，项羽分封诸侯，令人称奇的是竟以"巴蜀亦关中地""立沛公为汉王"，既虚遵了当年"先入关王之"盟约，又将刘邦遣至地瘠民顽之地。另外，项羽"三分关中，王秦降将以距塞汉道"将刘邦封国周边地区分封给三个秦朝降将，既显示自己无染指关中之心，又封锁住了刘邦东归通道。还有，项羽以"巴蜀道险，秦之迁民皆居之"为由，将刘邦与秦之"迁民"置于一地，让其内斗，以防范刘邦势力膨胀。最后，项羽还专为刘邦量身定制了一个裁军计划，据《汉书》卷三十一载，"夏四月，诸侯罢戏下，各就国。羽使卒三万人从汉王"。从项羽这一系列举措来看，其心思之周密，手段之毒辣，当与刘邦伯仲间。哪里是世人心目中那个有勇无谋，简单粗暴的莽汉！这也从另一角度印证了"鸿门宴"上项羽为何不杀刘邦。

其实，换一角度来看，"鸿门宴"上没有失败，都是赢家：刘项化干戈为玉帛的，起义军内部没有火拼，关中没有燃起战火，项羽顺利地分封诸侯，号令天下，登上西楚霸王（天子）的宝座。而刘邦在宴上为了保存自己，委曲求全，为其日后再起留下青山。至于后来形势发展，项羽兵败，原因种种，至少与当年的"鸿门宴"无关，更不能因为后来项羽失败，"事后诸葛亮"，归罪于当年"鸿门宴"上不杀刘邦。相反，在"鸿门宴"上项羽所作所为，无可厚非。遗憾的是，这些材料藏于《史记》，课文《鸿门宴》及其辅助阅读系统并未呈现相关资料，学生怎能知晓？

（四）"鸿门宴上杀刘邦"问题探讨能否建立在"课文"《鸿门宴》基础上

其实，《史记》中记载的"鸿门宴"本身并非是一个令人误解的历史事件，通览《史记》中楚汉相争的史实，我们发现"鸿门宴"实际上只是项羽为前来谢罪的刘邦而设置的一场化干戈为玉帛的宴会，是一个当时处于弱势的刘邦向强大的项羽无条件出让既得利益的"签约现场"。但令人费解的是，后世人们却热切盼望其能成为一个杀人现场，直至今天仍将"鸿门宴"一词喻作暗藏杀机或不怀好意。或许这只是因为后世人们夹杂了崇项贬刘、同情弱势的个人情绪，才把这一切弄得复杂化。

当然，从史学层面解读"鸿门宴"这一历史事件，探讨"项羽杀刘邦"的问题也无可厚非，因为"鸿门宴"毕竟是楚汉相争的一个重要转折点，在司马迁《史记》当中对于这一事件就有 4 处不同详略的记载。因《史记·项羽本纪》中的"鸿门宴"始于曹无伤告密，终于曹无伤被杀，是一个相对完整的故事，因而入选作了课文；也正因其入选作了课文，于是成了一个孤立的事件，自然会引发争议。为什么争议？一个是语文学科教材的构成，一个是历史事件。或者说入选课文的《鸿门宴》已然不是《史记》中的"鸿门宴"，作为教材的《鸿门宴》已被赋予语文教育的功能，它已从《史记·项羽本纪》中剥离出来，被语文教材编者依据一定的教学目的和教学规律加工成了"课文"。

我们知道，文选型教材的缺陷是明显的，且不论语文知识的讲授和能力训练的序列不易梳理，就是要教学的内容也隐于课文而难以确定。上述 5 个不同版本中的《鸿门宴》课后作业就已证明，关于"鸿门宴上项羽杀刘

邦"等问题探讨，貌似"发挥学生主体地位，培养学生创造性思维能力"，实则脱离课文文本而流于空谈，因为根据节选的"鸿门宴"课文以及现有的辅助阅读材料，学生是难以回答"项羽为何不（能）杀刘邦"问题的。这一问题已涉及诸多文本以外的因素或者说是整个《史记》关乎楚汉相争的史实，譬如秦末农民起义的形势，"鸿门宴"前刘项形势关系，"鸿门宴"后局势变化发展等，学生在相关知识缺乏的情况下解答此类问题，必然导致"想当然"的不良习惯。

这也从一个侧面启示我们的教材编者，对于像《鸿门宴》这样经的典或称之为"定篇"（王荣生）的课文，是否要进一步完善"课文"的文本阅读系统、课前指导系统以及课后作业系统。因为这一切都关乎教材编者针对"这一篇课文"编设的知识要点、能力训练点和教学重难点的科学指向，是编者编排教材意图的显性体现。

当然，对于教学实践者而言，在研读教材文本时，首先要有自己独立的有创见的解读，然后参考当前学术界的共识，根据编者的意图，遵循"课文"文本思路教学课文，如此，语文课堂才会有序有效，逐步沿着自身的学科特性科学地发展。

三、基于语文学科性的《鸿门宴》教学

（一）基于"课文"《鸿门宴》的文本解读

《史记》关于"鸿门宴"这一历史事件，《项羽本纪》《高祖本纪》《留侯世家》《樊郦滕灌列传》中均有不同程度的记载。其中《高祖本纪》的"鸿门宴"写了268字，《留俊世家》中"鸿门宴"写了169字，《樊郦滕灌列传》中"鸿门宴"写了273字，而《项羽本纪》中"鸿门宴"却写得最为详尽，长达1605字。司马迁为何这般处理？

我们知道文章详略疏密的安排，取决于主旨的需要。从史学角度而言，"鸿门宴"这一历史事件揭开了楚汉之争的序幕，在历史上地位重要；而《项羽本纪》中的"鸿门宴"又是项羽一生发展的转折点，因而，详写密写这个"鸿门宴"，既是历史本身的需要，也是表现人物的需要。因而一直以来，中学语文教材都将《鸿门宴》收录为课文，即便是新课改后的5种版本实验教材都保留了这一经典篇目，而且都是节选于《项羽本纪》中的

"鸿门宴"。历史和实践证明，《项羽本纪》中的"鸿门宴"是"史家之绝唱，无韵之离骚"最好的诠释，也是《史记》中最富有史学意义和文学色彩的华美篇章。

鉴于此，我们当如何阅读作为课文文本的《鸿门宴》？窃以为做到以下三点：

（1）沟通内外：课文只是一个小"点"，课堂也只是一处"方塘"。理想的阅读教学应该由课内辐射到课外，将课外容纳到课内，让"天光云影"在"半亩方塘"里"共徘徊"。就课文《鸿门宴》而言，因其是节选，要读懂它就得认真阅读《项羽本纪》《高祖本纪》《留侯世家》和《樊哙列传》及有关人物传记。虽然当前大多数教材没有提供相关的辅助阅读材料，教师可以课前组织学生围绕"项羽"这一人物，做一专题材料搜集，然后进行筛选、分析。这种阅读活动，有利于开发语文教学资源，沟通课内外联系，使《鸿门宴》教学成为一种深层次的、弥散型的研究性学习。

（2）发挥想象：《史记》背后有文章。阅读课文《鸿门宴》文本，要认真揣摩文字后面的"潜台词"，如"张良出要项伯"，张良怎样"要"项伯，项伯为什么愿意去见沛公。司马迁没有写，也不必写，这就得靠我们的想象和推理了。又如"项伯复夜去"，项伯夜去之后，刘邦、张良是怎样研究对策的，事关刘邦的生命和十万军队的安全，时间只剩下几个小时，能不认真研究对策？张良敢保刘邦去鸿门宴谢罪，是有所恃的，如果白白送死，刘邦张良怎会去？再如"项伯复夜去，至军中，具以沛公报项王"，项伯究竟说了些什么等。另外，《鸿门宴》一文只有记事和人物对话，却没写人物心理，若能按照人物身份地位素养及所处环境，想象出他们在活动中的心理，那么你就读懂《鸿门宴》了。

（3）仔细推理：课文《鸿门宴》中有些人有些事是需要分析推理才能得出合理解释的。譬如"项伯夜探张良"是徇私通敌，还是明智决策？他真的能舍高官厚禄，弃叔侄亲情，为新交刘邦服务吗？又如项羽在刘邦谢罪时迫不及待地说出，"此沛公左司马曹无伤言之，不然籍何以至此？"项羽是无意中说出还是故意而为？能够九战破秦军的项羽会这么蠢么？再如樊哙闯帐，要知道他面对的是力能拔山的西楚霸王项羽，如此硬闯有济于事吗？张良为什么要招他进去？……这些人和事，都可以去分析去推理，

都应该去想象去推敲，如此你才能读出《鸿门宴》的故事，也才能读出司马迁《史记》的味道。

（二）基于"语文性"的《鸿门宴》的教学内容选择

教学应讲究艺术性，但体现语文学科特性的教学更应讲究学术性。

司马迁凭着自己卓越的才华和能力，在写史原则和史书体例允许的范围内运用文学手法，创造性地把历史特征和文学特征第一次完美地结合起来，开辟了史传文学的新天地。因而，要教出《鸿门宴》这一课的学术性（或语文特性），则首先应将其定位为"史传文学"。

其实，司马迁的"史传文学"对中国古代小说创作的影响十分明显，诸种人物言行描写的手法成为小说创作的传统笔法；以人物传记为中心来反映历史内容，也是司马迁的首创。

窃以为确定《鸿门宴》教学内容上不可或缺的是"人物"和"情节"。

（1）人物：从语言到形象。

司马迁为人物作传，不只是记叙人物的一般事迹，而是努力塑造一个活生生的人物形象。为此，他总是在充分把握史料的基础上，抓住所写人物思想性格的主要方面，再根据人物性格发展的需要，剪裁史料，穿插事件，结构文章，塑造个性鲜明的人物典型。

以项羽为例。苏轼说项羽在鸿门宴上表现出"君人之度"，《辉煌古中华》一书就曾指出："鸿门宴以传神之笔触，写出了项羽磊落的气概。"其实，整个《项羽本纪》就是抓住项羽"力拔山兮气盖世"的霸王气质，着重表现其勇锐骠悍、所向无敌的英雄气概，率直重义的真性情以及力屈天下的霸主性格。这种性格特征除了在"巨鹿之战"中给予充分展现外，选文"鸿门宴"中也照样折射。如当项羽获曹无伤密告后，大怒下令："旦日飨士卒，为击破沛公军。"就突出了他"拔山盖世"的雄气和能征善战的特质。当刘邦设计使项伯与他会晤后，项羽又坦诚相见："此沛公左司马曹无伤言之，不然，籍何以至此！"鸿门宴上谋臣范增数次向他使眼色，他竟"默然不应"，泰然处之，可以说，课文文本从接受项伯意见，不应范增暗示、不制止项伯舞剑，不责备樊哙闯帐，不追究刘邦逃席，无不淋漓尽致地表现项羽的"磊落气概"和"君子之度"。

由此观之，《史记》写人，并非一般概括叙述，而是通过人物的言行，通过人物活动场面的具体描写，再现出历史人物的生动面貌。这种对历史人物具体、形象地描写，显然使之增强了文学特征。在《鸿门宴》课文中，作者对事件过程，具体场景，众多人物之间错综复杂的关系，每个人物的语言、行动和性情神态，都展开了具体的描绘。项羽的勇猛粗率，刘邦的精细多疑，项伯的厚道善良，范增、张良的远见卓识，樊哙的豪迈犷悍无不跃然纸上，使人如耳闻目睹一般。难怪乎后世认为，司马迁这种以人为对象的纪传体的创立，更接近了作为"人学"的文学。

（2）叙事：从整体到局部。

司马迁具有驾驭纷繁史料的能力，就《项羽本纪》而言，楚汉相争时期同时交织着诸侯时而背楚向汉，时而弃汉转楚的复杂矛盾。作者以项羽的活动为主线，将历史材料安排得井井有条，通过顺叙、插叙、追叙、多线索交叉叙述等表现手法，将杂乱无章的客观史实组织得如同文学作品一样有声有色，扣人心弦。

就《鸿门宴》而言，虽是节选，但它始于曹无伤告密、终于曹无伤被杀，是相对独立和完整的故事。在疏通语言的基础上，教师可引导学生把握矛盾线索，理清宴前、宴中、宴后的情节结构，从大处着眼，整体把握，然后再从事件最关键处（宴中）展开。本来"鸿门宴"是平静的，由于范增的干扰而掀起波澜，但范增的干扰客观上起到警告刘邦的作用。从曹无伤告密开始，以曹无伤被诛杀终；从化干戈（"旦日飨士卒，为击破沛公军"）为玉帛（设宴款待前来谢罪的刘邦）开始，又以化干戈（范增要杀刘邦，关中将在燃起战火）为玉帛（刘邦谢罪而去，关中战火不再燃起）结束。整个宴会，不断形成悬念，不断构建戏剧性场面，一波三折，叙事引人入胜，使读者爱不释手。

【参考文献】

①司马迁. 史记［M］. 北京：中华书局，2011.

②周振甫著. 文心雕龙选译·书记篇［M］. 北京：中华书局，1986.

③苏洵. 嘉祐集笺注［M］. 金成礼笺注. 上海：上海古籍出版社，1993.

④刘劭. 鉴人智源［M］. 李贺译注. 北京：企业管理出版社，2006.

中编

问道课文

⑤吴楚材. 古文观止 [M]. 北京：中华书局，2008.

⑥班固. 汉书 [M]. 北京：中华书局，2008 年.

⑦史卫民编. 辉煌古中华 [M]. 北京：解放军出版社，1995 年.

（原载于全国中文核心期刊《中学语文教学》2013 年第 3 期，原标题
为《基于语文学科性的〈鸿门宴〉教学》）

"一本课文"：可以这样教《〈论语〉选读》

　　我们知道，《论语》是一部由孔子弟子及其再传弟子编纂而成的语录体儒家经典。其通行本《论语》共20篇，但其编辑体例却相当杂乱。除少数篇章有相对集中的主题外，多数篇章均无主题。它既不按内容类别编排，也不以"语录"的时间先后辑录。即便是篇章标题也都是取该篇首句的两字或一词为标题，如《学而》《子罕》《阳货》等，这些篇题本身并没有什么意义，也不能表示各篇之间的联系；即使是每篇各章之间的内容也没有联系。

　　但语文出版社教材研究中心编的《〈论语〉选读》却不一样。作为一本中学语文教材，《〈论语〉选读》从课程与教学论角度出发，按照主题编排，即每一章的语段是根据主题选自于《论语》。这就意味着教师应采用"主题型教学法"。而所谓"主题型教法"，就是要求教师在教学过程中能提炼出每一章的主题，力求把本章每一段根据主题串起来，使之前后相连贯，尽量避免逐条讲述，使学生对主题的内涵形成比较完整的认识。当然，必要时教师也可根据主题有所拓展，补充与之相关内容。下面，我们就以该教材第14课《中庸之道》的教学案例试论之。

【教学目标】

1. 掌握"鲜、与、狷、和、同、贼"在文中的含义；
   积累理解"过犹不及、和而不同，义之与比"等词语；
2. 理解"中庸之道"、"和而不同"思想的深刻内涵和精神实质；
3. 探讨"中庸之道"、"和而不同"对现代社会的积极意义。

【教学过程】

一、导入新课，引出问题

　　孔子曾为后人描述了这样一种人生轨迹："吾十五而志于学，

三十而立，四十而不惑，五十而知天命，六十而耳顺，七十而从心所欲，不逾矩"。(《论语·为政》) 那么什么叫做"不惑"？于丹教授曾解释说，就是"人能够自觉按照中庸的理念去思考、行事"。那什么又叫做"中庸"呢？是不是人活到四十就会变得圆滑、平庸、和稀泥，就是中庸呢？同学们，你们怎么看呢？

投影：第1章：中庸之为德也，其至矣乎！民鲜久矣。(6.29) 师生研读本章，掌握"鲜"等重点词语，然后提出问题：

何谓"中庸"？结合你现有的人生经验谈谈你的理解。

明确：教师补充宋代程颢程颐的观点，"不偏之谓中；不易之谓庸。中者，天下之正道。庸者，天下之定理。"但并不具体阐释。

(说明：这一问题的提出，旨在引出学生对"中庸"的粗浅理解，譬如"骑墙之道"、"掺和之道"等，应该说绝大部分学生不可能三言两语就能阐释"中庸"的内涵。)

二、整体感知，研读文本

(一) 何谓"中庸"？(中庸的释义)

投影：第2章

子贡问："师与商也孰贤？"子曰："师也过，商也不及。"曰："然则师愈与？"子曰："过犹不及。"(11·16)

师生研读本章，掌握"愈"等重点词语，然后提出问题：

"过犹不及" ＝ "折中之道"吗？

(说明：让学生解释何谓"过犹不及"？何谓"折中之道"？然后引导学生从文中寻找相关章节回答这一问题，部分学生能明确地从文中找到第7章和第8章。)

投影：第7章

子贡问曰："乡人皆好之，何如？"子曰："未可也。""乡人皆恶之，何如？"子曰："未可也。不如乡人之善者好之，其不善者恶之。"(13·24)

投影：第8章

子曰："乡原，德之贼也。"（17·13）

师生明确：中庸并非是什么不讲是非的好好先生（乡原），也不可无原则随意性地称赞与憎恶，其实，这也和下文"和而不同"的内涵相吻合。

（说明：教师补充之前学过的章节，譬如或曰："以德报怨，何如？"子曰："何以报德？以直报怨，以德报德。"（14·34）"子曰：'唯仁者能好人，能恶人'"（4·3）等，意在说明：中庸非中折，中庸有原则。）

（二）"中庸"如何？（中庸的原则）

既然如此，那么中庸的原则是什么呢？只有让学生明白了什么是中庸的原则，才能深刻地体会中庸之道的深刻内涵。鉴于此，教师引导学生研读剩下的章节，找一找哪几章体现了中庸的原则。（或者说中庸有何作用？）

师生合作明确：第3章和第5章。投影：

第3章：

子曰："君子之于天下也，无适也，无莫也，义之与比。"（4·10）

第5章：

有子曰："礼之用，和为贵。先王之道，斯为美，小大由之。有所不行：知和而和，不以礼节之，亦不可行也。"（1·12）

明确：中庸原则在于两字，即"义"和"礼"。"义"和"礼"是把握"中庸"的标尺。

（说明：由于该教材前面已经探讨过"义"和"礼"的内涵，此处温故即可。教师顺势指出，在日常生活中达到"中庸"的境界很难。）

教师以第9章为例，子贡曰："君子亦有恶乎？"子曰："有恶。恶称人之恶者，恶居下流而讪上者，恶勇而无礼者，恶果敢而窒者。"曰："赐也亦有恶乎？""恶徼以为知者，恶不孙以为勇者，恶讦以为直者。"（17·24）

师生研读，明确：即便是"君子"也有"恶"，也并非易于达到"中

庸"境界的，所以"子曰：天下国家可均也，爵禄可辞也，白刃可蹈也，中庸不可能也"。(《中庸》)(孔子说："天下国家是可以治理公正的，官爵俸禄是可以推辞不受的，雪白的锋刃也是可以踩踏闯过的，但中庸之道是很难做到的。") 现实常是："知者过之，愚者不及也；贤者过之，不肖者不及也。"(聪明人容易过头，愚蠢者往往不足；好人容易过头，不肖者容易不足。)

(说明：研读到此处，学生已基本明晓"中庸"的原则，但教师如何引导学生借助生活中的体验，来理解"到达中庸"的境界呢？这是接下来要解决的问题。)

(三) 如何"中庸"？(联之以实，分析"如何做到中庸")

教师投影：中国人的学习有两种方式，一种是我注《六经》，另外一种是《六经》注我。"我注六经"的方式读得很苦，需要皓首而穷经呢，把头发都读白了，把所有的书读完了，可以去批注。但是更高的一种境界叫做《六经》注我，就是真正好的学习是融会了所有的典籍以后，用它来诠释自己的生命。——于丹《论语心得》

(说明：引用于丹的话，旨在引导学生用自己的人生体验来体味"如何做到中庸"，其实这也是对中庸内涵的深入领会。当然，这种"体味"应该建立在文本研读的基础上。)

结合文本第 4、6 章，教师引导学生联系实际研讨如何做到中庸。投影：

第 4 章：

子曰："不得中行而与之，必也狂狷乎！狂者进取，狷者有所不为也。"(13·21)

第 6 章：

子曰："君子和而不同，小人同而不和。"(13·23)

明确：师生研读这两节，重点理解"狷、和、同"等词语含义，重点引导学生研究探讨"和而不同"思想的深刻内涵和精神实质，以及对现代社会的积极意义。

（说明：鉴于前文对"中庸"的释义，学生对第4、6章"中行"、"和"等概念，基本上都能联系自己日常生活，有事可例，有话可说。教师也可备份具体事例进行阐释，譬如："和"与"同"是有区别的。事物通过变革达到实质上的统一或调谐状态，叫做"和"；掩盖或否定事物的矛盾，只求表面上的整齐一致，谓之"同"。而中庸之道是求"和"之道，以"不同"为求"和"的前提和必然。"和而不同"的阐释是对本课主题"中庸之道"的深入理解。）

教师可以补充举例：

1. 晏婴曾举"烧汤"为例，他说所谓"和"就像厨师拿水、火、醯（相当于醋）、醢（鱼肉等制成的酱）、盐、梅等不同甚至对立性质的物质操作调和，烹饪鱼肉，"济其不及以泄其过"，使其品味恰到好处，成为享用满意的佳羹。单纯的"同"就如以水调剂水，不用火、醯、醢、盐、梅等配合，必然乏味到无人问津。

2. 2003年12月10日，中国总理温家宝在美国哈佛大学商学院的题为《把目光投向中国》的演讲中，在介绍中华民族的文化底蕴时说："和而不同"是其中一个伟大思想。<u>和谐而又不千篇一律</u>，<u>不同而又不彼此冲突</u>；<u>和谐以共生共长</u>，<u>不同以相辅相成</u>。

……

综上所述，"和而不同"就是承认不同，尊重不同，在不同的基础上求中致和，体现了经由多种因素特别是对立因素的斗争或变革（首重良性竞争）且寻求统一或调谐的精神。其实，"和而不同"在人生修为上还要求常怀兼容精神，像拉丁文"宽容"一词"Tolerare"原义那样：容许别人有行动和判断的自由，对不同于自己或传统观点的见解的耐心、公正的容忍；或是现代民主社会人们常说的一句口头禅："我不赞成你的话，但是我要誓死捍卫你说话的权力。"

三、结语及反思

其实，关于"中庸"、"和而不同"的思想，是散见于《论语》各章论

述当中的，即便是后来者子思作的《中庸》，也并没有完全阐释透中庸的内涵。而对于如何在中学阶段教学国学经典，如何阐释其中深邃的哲理内涵，历来是仁智互见，莫衷一是的。

但作为一篇中学语文教材，《中庸之道》（《〈论语〉选读》）是从原著《论语》中选取 9 个章节编排在一起的。鉴于此，我们在备课时就不能不思考，该教材为何是选取 9 章？这 9 章之间有什么内在联系？所选材料是如何呈现"中庸"主题的……教师该做的不是被动机械地接受，而应是重新整合教材，构建合适的教学内容（课程内容和教材内容已确定），使学生利用整合后的教学内容对该主题内涵有一个比较完整的认识领会。

当然，整合教材内容并不等于就构建成了教学内容，这还要求教师根据主题的需要适当地补充相关内容。譬如本课在理解"和而不同"涵义时，教师在教学中以与孔子同时代的晏婴的例子为证，以温家宝同志的话为例。教师的这些补充链接，对教材本身的阐释是有帮助的。

（原载于全国中文核心期刊《语文建设》2009 年第 1 期，原标题为《〈论语〉选读也可如此教——以〈中庸之道〉教学为例》）

《赤壁赋》与《始得西山宴游记》：
贬谪人生风景异

　　凑巧的很，苏轼的《前赤壁赋》与柳宗元的《始得西山宴游记》同被编入苏教版高中语文必修一"像山那样思考"专题之"感悟自然"板块，两文相联，教学过后，不由发出"何其相似乃尔"之叹！这是为何？学生说：

　　前者"乐水"：苏轼泛舟于赤壁之下，"纵一苇之所知，凌万顷之茫然。浩浩乎如冯虚御风，而不知其所止；飘飘乎如遗世独立，羽化而登仙"，继而主客问答，寓理于山水，直至"洗盏更酌"，"相与枕藉乎舟中，不知东方之既白"。后者"乐山"：柳宗元先是"施施而行，漫漫而游"，而后"到则披草而坐，倾壶而醉；醉则更相枕以卧"，待其游西山，"悠悠乎与颢气俱，而莫得其涯；洋洋乎与造物者游，而不知其所穷"，最后"引觞满酌，颓然就醉，不知日之入"。

　　好一个"智者乐水，仁者乐山"。两文乍看，都是游记，甚至某些语句如出一辙，似有异曲同工之妙。若仔细比较，二者虽都属被贬后寄情山水之作，但各自所呈现的风景特点、寄情方式以及人生参悟，皆有所异。

一、山水文章风景异

　　从游记乃登山临水而发观感角度而言，苏轼的《前赤壁赋》与柳宗元的《始得西山宴游记》（以下称"苏柳二文"）都属山水游记。山水游记的叙写主体一般应是山川风景，但恰在这一点上，苏柳二文却显差异。

　　我们先看苏轼《前赤壁赋》中风景。通篇观之，读者貌似会觉得自己处于一种月光水色的笼罩之中，聆听的是一位哲人向你阐述人生道理。文

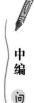

中
编

问
道
课
文

中人（苏子与客），文中物（舟、酒、箫），文中景（浩渺长江、皎洁明月），中国古代文人能够抒怀吟诵的一切道具（风景）都呈现了出来，为的是让后世读者在观赏风景时能感受到作者的那份旷达与超然。但是，我们若将文中风景剥离出来，不禁发现整篇文赋写景处，仅集中于文章开头："清风徐来，水波不兴"，"少焉，月出于东山之上，徘徊于斗牛之间"，"白露横江，水光接天，纵一苇之所如，凌万顷之茫然"。除此之外，几乎都是作者在明理抒怀，因而，我们能感觉到苏轼赋中写景，并不是为了展示赤壁自然山水，或者说并非是为了写景而写景，而是将山川风景作为触发情志的媒介，或议论说理的工具。譬如明月大江，不过是"吹箫客"与苏子触发悲喜之情的工具；文章巧妙借助于江水的奔流无尽、明月的周期盈虚，也是来阐释天地变亦不变的道理。

再看柳宗元的《始得西山宴游记》。游记开篇写自己贬居永州后漫游山水时，发现并宴游西山。在写西山风景时，柳宗元以敏锐观察力，驱遣生花妙笔，连用形容和譬喻，从不同角度描绘眼中的西山风景。先写西山纵势："岈然"写山谷的空阔，"洼然"写溪谷的低下；"若垤，若穴"写其状如蚁穴，形似窟窿。再写横势："尺寸千里"侧写山脉连绵横亘，"攒蹙累积"直言高山峦聚密集，"莫得遁隐"说其精微幽深。而后回首骋目，只见山巅上"萦青缭白，外接天际"，进一步写高峻。最后以"四望如一"收结有力。

品读这篇游记，窃以为柳宗元对西山风景的描写，可称得上是"形容尽致"，在他的笔下，西山的高峻形胜，可视可触，用他自己的话来说，叫做"漱涤万物，牢笼百态"。清人刘熙载在《艺概·文概》中就曾说："柳柳州记山水，状人物、论文章，无不形容尽致，其自命为'牢笼百态'，固宜。"此论甚确。当然，作者也有自我感受的抒发，但就整篇游记而言并不占主要地位，文章只是在描写完西山风景之后，才道出"然后知西山之特立，不与培塿为类"的感叹。

苏柳二文，两相比较，如果说柳宗元要使他的"西山宴游记"成为西山风景的镜子，那苏轼则是使他的"赤壁赋"成为他自己的镜子。苏轼《前赤壁赋》将景物视为一种抒怀媒介或工具，文中对风景的描写几乎淡化，而与之相反作者却大大强化自我感受的抒发，给读者的感觉是，整篇文赋呈现出略景存情，甚或舍景存情的特点。柳宗元《始得西山宴游记》却恰恰相反。在其笔下，西山既有正面落墨，也有侧面烘托；既有仰观远景，也有俯察近物；既有全景鸟瞰，也有特写镜头。这种通过洞察刻画而出的西山，已然不是一种冷漠的存在，而是柳宗元心中的风景。

二、比赋抒怀方式异

从景物描写的特色而言，柳苏二人都注重景物描写的客观真实性，但二者不同的是，柳宗元的"西山"用比兴的方法去呈现，苏轼的"赤壁"则用赋的手法去表现。

在西山宴游前，柳宗元先是自述"居是州，恒惴栗。"为何惴栗？而此间所谓游山玩水："入深林，穷回溪，幽泉怪石，无远不到。"字里行间无不流露出以僇人身份谪居永州之境况，同时也能看出作者力求以游览和醉梦来解脱苦闷之心情。然而当其写到登西山，"过湘江，缘染溪，斫榛莽，焚茅茷，穷山之高而止"，则表现出作者一种披荆斩棘，与命运抗争的生命律动。上得西山，顿然感觉"则凡数州之土壤，皆在衽席之下"，"然后知是山之特立，不与培塿为类"，由此显示自己不与奸佞小人为伍，超然物外的心态，同时也是对自己特立独行人格的欣慰，最后作者"心凝形释，与万化冥合"，从苦闷中有所解脱。

我们说，柳宗元游的是西山，悟出的是自己。在他的笔下，西山俨然成了"僇人"的象征物，西山的特点就是人的特点，山被遗忘即人被遗忘，山与人成为一种对应的互赏共感的同类。我们能感觉到，柳宗元探访西山之旅正是其精神痛苦解脱之旅，品味山之被忽视也就是在咀嚼自己被贬谪；或者说，西山宴游之过程即柳宗元游心之过程，也是其精神超脱之过程。

苏轼的抒怀方式与柳氏的比兴手法不同。也许是"乌台诗案"的后怕所及，《前赤壁赋》通篇不着时政一字，但抒情达意却尽得风流。文章开始苏轼以闲淡之笔状写闲雅之情，借自然之"江水、明月、清风"等风景，继承并发展了"主客对话，抑客伸主"的赋的传统手法。"客"托古说今，睹物思人；"主"借江月说理，而主客对话则代表了作者思想中两个不同侧面的矛盾斗争；把政治失意的苦闷通过"客"来反映，把乐观旷达的情怀通过"主"来表现，最终"客"被"主"说服，认识归为统一，体现了苏

轼精神由苦闷到解脱的过程。

在《前赤壁赋》中，"江水、明月、清风"等风景并不是精细刻画的对象，而是苏轼用来表现主体意识、自我感受的载体，对于苏轼来说，看风景的过程既是审美的过程、超脱的过程，更是生活的过程。他是在常态的日常生活中品味着山水风景之美。在苏轼笔下，赤壁风景是平淡无奇的，清风明月，何处没有？作者的兴趣似乎并不在于山水之奇之幽之丽，不在于对江风明月本身的精雕细琢，也不在于江水明月与人的同生共感，而在于江水明月的直接触发性，它能触动作者寻求解脱痛苦的心情，成为渴望平和闲适境界的一种媒介，在苏轼的眼中，江水明月与人的心境是互适相协的。

三、苏柳人生参悟异

就上文所述，人们不禁要问，苏轼、柳宗元同为写山水胜景的大家，从其人生经历来看，二人同为贬谪逐臣，而这两篇游记又都是其贬谪时所作，却为何呈现出不同特色？我们说，或许贬谪环境会改变人的心理，但其不同的人生态度，不同的思维方式以及不同的情感体验，使得作家对眼前风景的参悟有所不同。

就柳宗元而言，谪居永州后的他不断在寻求排解苦难，遗憾的是他并不能融于山水，而是将眼前环境视为陷阱，在游西山之前，他游遍永州山水，但却是"披草而坐，倾壶而醉，醉则更相枕以卧，卧而梦。意有所极，梦亦同趣。觉而起，起而归"。这短促紧凑的语句，反映了他谪居乏味的生活以及苦闷忧惧的内心。在此之前，柳宗元参加了王叔文的政治集团，因革新失败贬谪永州，不久王叔文等人被杀，柳宗元内心更加忧惧不安，为了排忧遣愁，于是"施施而行，漫漫而游"，但这种漫无目的、不知所往的游玩，却并不能排解其内心的苦闷，心灵的孤寂，直至其偶遇西山，恍然如寻觅到他乡故知，于是便有了"宴游西山"之旅，便有了"合凝形释，与万化冥合"之感。那是否能因此断言，柳宗元已悟得西山而释然？乍读其文，似乎有心旷神怡，轻松偷悦之感，但仔细品来，尤其是将篇首叙写联系起来，不难发现所谓"宴游"的背后，仍是一片忧愤情怀；所谓"与万化冥合"的深处，依旧难以释怀。因为，只有在现实中屡遭挫折，情无

138

可诉，志无可表，才无可用，甚至命无可保，才会被迫寄情山水，求个暂时的忘却，其实为一种自嘲加自慰，无奈且忧愤。

而几百年后的苏轼对待贬谪的态度则不一样。虽然苏轼在一些诗文中也有言及黄州贬地"僻陋多雨""穷陋"等，但远不及其对黄州山水的欣赏。苏轼在《与言上人》书中说："此间但有荒山大江，修竹古木，每饮村酒，醉后曳杖放脚，不知远近，亦旷然天真，与武林旧游，未易议优劣也。"此语虽包含几分无奈，但绝对发于内心，我们在其《前赤壁赋》中，就能真切感受到苏轼与赤壁风景的互适相协。赤壁无奇观异景，但无限风光尽在心中，身旁的江水、耳畔的清风、眼中的明月，"耳得之而为声，目遇之而成色，取之无禁，用之不竭，是造物者之无尽藏也"。当然，苏轼取之所当取，舍之所当舍，在取舍之间，他"游"于其中，"乐"于其中，且能"悟"在其中，达到一种物我合一的精神境界。这是一种基于对世事人生深刻体认后的一种感悟，更是一种超然物外的精神境界。苏轼正是用性格中的调和与旷达造就了超然物外的永恒不尽的精神，在屡屡贬谪之后，依然如常，因而在他的这篇赤壁游记中，我们才能体会到他那种旷然天真的心境。无疑，这般心境，这样的参悟，要比柳宗元西山"宴游"要深刻得多。

【参考文献】

①周振甫译注．诗品译注·诗品序［M］．北京：中华书局，1998.

②王立群．再现、表现、文化认同：唐宋山水游记的三种模式［J］．天中学刊，1995.

③尚永亮．寓意山水的个体忧怨和美学追求——论柳宗元游记诗文的直接象征性和间接表现性［J］．文学遗产，2003.

（原载于全国中文核心期刊《语文建设》2014年第11期，原标题为《贬谪人生风景异——苏轼的"赤壁"和柳宗元的"西山"之比较》）

中编

问道课文

《最后的常春藤叶》：情感逻辑背离情节发展

美国作家欧·亨利以短篇小说闻名于世，其作品在文学界备受赞誉。但是，直至如今，中学语文教学对其作品的赏析，在形式上依旧囿于欧氏结尾技巧的束缚；在内容上，则对其作品社会意义的深层发掘大加赞赏。譬如入选教材的《最后的常春藤叶》（又译《最后一片叶子》），读者往往只专注于作家通过其欧·亨利式的结尾表现出来的崇高主题，却很少从情节发展、情感逻辑与作品主题间的关系整体加以探讨。下面，笔者将结合教学实践，就此对小说文本（苏教版高中语文必修二教材版本，王永年译）进行解读，以就教于方家。

一、问题在教学中提出

《最后的常春藤叶》被当下人教版、苏教版和鲁教版三个版本的高中语文必修教材选为课文，这篇小说原发表于 1905 年 10 月 15 日的纽约《世界报》星期日版，故事情节并不复杂：三个并不成功的画家苏艾、琼珊和贝尔曼在同一幢公寓里过着贫穷惨淡的生活。娇弱的琼珊不幸染上了致命的肺炎，但她却把生命系于窗外的最后一片落下的常春藤叶。老画家贝尔曼虽然在艺术上并无成就，但心地善良，当得知琼珊想法后，就在那个凄风苦雨的寒夜里，在墙上画下了他惊天动地的杰作——那片永远留在墙上而使琼珊的生命得以挽救的常春藤叶。

欧·亨利这篇小说与其大多数短篇小说一样，以"贝尔曼之死"这一令人意外却又震撼的"欧亨利氏"结尾，既使故事开始所述贝尔曼"要画一幅杰作"的伏笔得以圆满照应，又使小说主题性质发生突变：将原本只是对一般同情心的描写，提升到远比一般同情心更高层次的高尚人性的赞颂。

教学中，很多学生震撼于小说这一"欧·亨利氏"结尾，感慨于故事结局使人们看到了人性的光明和崇高。但也有不少学生质疑：一位年轻女画家将自己命运寄托于一片落叶太让人不可思议了；老画家贝尔曼对两位年轻女画家的那种无基础的一厢情愿，似乎也难符常理；而他竟能在一个雨夜及时地将一片藤叶画于高墙之上，这也太偶然了！……笔者将学生的这些疑惑大致筛选归类，选取代表性的罗列如下：

①一位年轻女画家琼珊为什么会将生死系于一叶？

②琼珊从悲观绝望到信心倍增全系于一叶是否突兀？

③老贝尔曼为什么愿意冒着生命危险去创作这幅画？

④这幅画是否一定要贝尔曼来完成？苏艾有没有完成这幅画的可能？

⑤老贝尔曼对琼珊的关爱到以死相许、奉献生命的程度，依据何在？

诚然，文本解读要忠于文本，但文本解读中产生的问题都应得以合理解释，或者说，学生质疑的背后是对这篇小说情节逻辑的"真"产生了怀疑。俄国文艺批评家杜勃罗留波夫曾说过："承认文学主要意义是解释生活现象之后，我们还要求文学具有一个因素，缺了这种因素，文学就没有什么价值，这就是真实。"的确，文学的存在意义不在于其为现实生活的反映，却必须符合生活的逻辑；其人物和情节不一定是现实中已发生的，却应该是可以在现实中发生的。当代作家王安忆在《故事和讲故事》中说："现代小说非常具有操作性，是一个科学性过程，它把现实整理、归纳、抽象出来，然后找到最具有表现力的情节再组织一个世界，这种最具表现力的情节是为'逻辑性情节'。"遗憾的是，《最后的常春藤叶》似乎缺少某种"最具表现力"的情节或细节，至少小说中人物性格及相互间关系是经不起逻辑性推断的，而基于这种不合逻辑的情节，即便通过精巧结尾而使主题升华也是没有说服力的。

二、情感逻辑与情节发展的背离

1. 费解的情感逻辑

文学作品中"人"的塑造往往是小说家呕心沥血、百费心思的对象，

而作为小说中的"人"都是抽象与具体、共相与殊相的矛盾统一体。小说家正是通过对个体具体的、殊相的细节来塑造人物性格，不断构建人物在情感事理方面的逻辑走向，从而形成一个可以理解可以存在的世界。《最后的常春藤叶》亦如此，文中虽然对三个人物提供的言行不多，似乎也并无深入的性格刻画，但我们依旧可通过其简略的人物描写和叙述，从中剖析小说人物性格与情节间的逻辑性偏离。

文中关于琼珊和苏艾两位女主角，小说开头就有交代"她们是在八马路上一家名叫德尔蒙尼戈的饭馆里吃饭时碰到的，彼此一谈，发现她们对于艺术、饮食、衣着的口味十分相投，结果便联合租下了那个画室"。尽管小说没有过多描述，但从两位年轻女画家对"艺术、饮食、衣着的口味十分相投"的细节，可见其生活中应该是非常讲究情调的女孩，而从下文苏艾提到琼珊"她希望有一天能去画那不勒斯海湾"的心愿也能看出其不俗的艺术追求。一般而言，这样的年轻女孩往往追求浪漫，热情奔放，有着开朗乐观、积极向上的性格。

接下来琼珊不幸染上致命肺炎，情绪极其低落，但医生问苏艾"有没有值得想两次的事情——比如说，男人"（即有什么能唤起其人生渴望的事情）时，苏艾回答："男人？"苏像吹小口琴似的哼了一声说，"男人难道值得……"细品苏艾的表情及话说半句的回答，我们不难读出她（她们）对男性的不屑与鄙弃。耐人寻味的是，作家欧·亨利为何让这两位如此讲究情调、追求时尚的年轻女画家反感男性？这既有悖于情理，又与前文对其性格描述不协调。遗憾的是，小说中并未做出解释，反倒戏剧性地出现了一位男主人公——老画家贝尔曼。

小说对老画家贝尔曼有相对详尽的叙述："年纪六十开外，有一把像是米开朗琪罗的摩西雕像的胡子"，平日"喝杜松子酒总是过量"，这是一位年过六旬，艺术上没有成就的老艺人。出于情节需要，作家将贝尔曼与两位年轻女孩出于相同境遇的缘由而同租住在"她们这座楼房底层"，这种巧合可视为符合情理，但作家在叙述完贝尔曼的情况后却写下这么一句："此外，他是个暴躁的小老头儿，极端瞧不起别人的温情，却认为自己是保护楼上两个青年艺术家的看家恶狗。"

问题出现了！就人物性格而言，姑且不论上述两位讲究情调、追求浪漫的年轻女孩与其自身排斥男人的另面性格不合常理，单就楼下的老贝尔曼无由头地声称"自己是保护楼上两个青年艺术家的看家恶狗"而言，就让读者有些疑惑：老贝尔曼是一个脾气暴躁的人（从他的言行可以看出），性格暴躁与浪漫情调是两种相向的性格，平日若能和谐相处就算不错了，又怎能走得很近，关系这般好？

事实上，在小说中我们多少能体察两位年轻女画家和老贝尔曼的关系。

回溯小说苏艾脱口而出的"男人难道值得……"所表现出的对男性的轻蔑与不信任，我们似乎有理由相信，这正基于她们对老贝尔曼的认识。就小说呈现的背景，两位年轻女画家平日接触最多的男性就是住在楼下的老贝尔曼。一方是讲究生活情调、追求艺术有追求品位的年轻女性；另一方则是平日"极端瞧不起别人的温情"，且总是酗酒的"暴躁的小老头儿"。这正如老贝尔曼第一次出现在苏艾的话语中那样，"你争取睡一会儿，我要去叫贝尔曼上来，替我做那个隐居的老矿工的模特儿"：平时两位年轻女画家已习惯于对贝尔曼表现出轻蔑鄙弃态度！然而，欧·亨利在小说中并未对他们之间关系作深入铺垫，却让老贝尔曼视自己为两位年轻女孩的"看家狗"，这种没有任何相互感情基础的单方倾情相待，其中情感逻辑令人匪夷所思。

2. 难懂的情节发展

小说的本质是虚构。小说在虚构中能给予人"真实"就在于展露人物的命运、故事的一种可能性、趋向性，即能够揭示某种生活现象在情感、事理等方面的逻辑走向，即使是在虚构的世界里。唯如此，小说才能在这种艺术的真实中给读者以审美和启发。就《最后的常春藤叶》这篇小说情节而言，前文提到学生的质疑可归结为两点：

问题一：年轻女画家将生死系于窗外一叶是否合理？

有人认为欧·亨利高明就高明在将当事人琼珊设计为一个"女艺术家"。女性的细腻脆弱和艺术家的敏感使她很容易在情感上，同冬季里常春藤上的最后一片叶子产生一种惺惺相惜感。这样，当她对好友苏艾说"它今天会脱落的，同时我也要死了"时，读者就不会感觉有做作成分在里面了。

我们有理由相信这种情节的"艺术真实"，但情节发展是有赖于背后推

动者即情节中人物的性格的。琼珊此时的这种"细腻脆弱""敏感"真的是因为作为一个女性艺术家在极端环境下所呈现的心理病态？还是因为她在生活中受到过什么伤害，才使得她对生命如此消极？从小说中我们无法得知，但至少有一点是确定的，即与前文所剖析的"追求浪漫，开朗乐观"的性格相矛盾的。我们承认人性的复杂性，但在一篇短篇小说当中，读者很难接受主人公人格分裂的妄猜。

特别是第二天当琼珊看到"那片常春藤藤叶仍在墙上"，情绪陡然好转，医生对苏艾说："她现在脱离危险了。你赢了。现在只要营养和调理就行啦。"生命如此脆弱，病情却如此戏剧性。因为情绪低落，药物的疗效便会锐减，患者奄奄一息；而一旦消除了心理障碍，药效就一下子从十分之一提高到二分之一。我们相信小说情节的艺术，却很难理解一个年轻画家（文化者）的精神状态会如此无理智地因一片叶子发生如此神奇的作用。

问题二：贝尔曼和苏艾谁最应该画成这一叶？

本来，按照小说情节的呈现，读者有理由相信是苏艾去完成这一叶的。作家是极力想在好友苏艾身上表现人类的崇高友谊：她借绘画用画板挡住窗口，以免琼珊看到窗外的景象而丧失生活的信心："五片什么，亲爱的？告诉你的苏艾。"她力劝琼珊："现在喝一点汤吧。让苏艾继续画画，好卖给编辑先生，换了钱给她的病孩子买点红葡萄酒，也买些猪排填填她自己的馋嘴。"从苏艾的话语中，读者隐约感觉到她对好友的情感超过了友谊，因为在西方文化中，"亲爱的（dear）"之类的词语不乏用于亲密人间，但用自己昵称自称，把琼珊称为"她的病孩子"等。这种在语言上泛滥的柔情，让读者多少感到有些酸腐矫情，但我们姑且将其理解为"崇高的友情"。

正如人们所想，欧·亨利另一个高明之处在于让楼下的贝尔曼而不是好友苏艾去画成最后一片叶子。如果让苏艾画，小说的动人程度就会减轻，因为两个人的心理距离拉得还不够大。而欧·亨利却选择一个与琼珊关系不太密切但认为"自己是保护楼上两个青年艺术家的看家恶狗"的贝尔曼去画，而且还让他在完成人生中唯一杰作后撒手人寰。这样，人的心理距离便拉大了，小说的主题也升华了。

但问题也随之而来，贝尔曼具备去画的性格铺垫吗？正如前文所述，作家在对他们关系未作深入交往的铺垫，却让老贝尔曼在一个凄风苦雨的寒夜，在高墙之上画下他那惊天杰作。这种没有任何相互感情基础的单方倾情相待，其中情感逻辑令人匪夷所思。

　　3. 纠结的人性主题

　　一般而言，经典小说的主题往往是通过对材料的客观描绘、隐喻、象征暗示出来的。小说家将作品的理蕴含在事实之中，不特意彰显，形成一种欲说还休的"朦胧"，赋予作品"说不尽"的主题，从而增加小说的艺术魅力。

　　欧·亨利的《最后的常春藤叶》小说主题在当下学界的解读阐释亦如此。

　　譬如苏教版高中语文教材编者将《最后的常春藤叶》置于"珍爱生命"专题中的"精神支柱"板块。显然，教材编者是想彰显小说人生观和生命价值观的主题：渴求生存，热爱生活，珍爱自己的生命，乃至珍爱一切生灵的追求；"精神支柱"则是追寻一种人活下去的精神支撑，或是意志，或是希望，或是精神，或是信念。

　　著名学者孙绍振在其《名作细读》中从语义角度解读的主题是："精神超越死亡""信念决定生命""歌颂为了他人的生命作出最大的自我牺牲的一种精神。"而有一线语文教师则对其再行探究，具有代表性的认为小说揭示的是"艺术"的三重主题："对于将艺术边缘化的病态社会的含泪批判、老艺术家对于艺术生命的誓死捍卫和艺术可以使人获得真正意义上的救赎。"

　　其实，任何文本解读都只是"这一篇"的具体阐释，作为一个现实主义作家，欧·亨利无疑是通过"人物塑造＋结尾突转"来达到小说主题的升华的。作家通过人物在特定情境中的变化，来表现其对社会的观察和价值取向的思考。在《最后的常春藤叶》中，贝尔曼死去的结局将小说的主题升华到表现人性无私奉献的崇高境界（或者誓死诠释艺术的救赎意义）。然而，通过上文对小说人物性格逻辑趋向的分析，这两种相向性格的人物是难以进入小说"欧·亨利氏结局"的情节设计的，尽管作家让主人公贝尔曼自言"自己是保护楼上两个青年艺术家的看家恶狗"来证明结局的合理性，但读者完全有理由认为这仅是作家主观意向的表白，因为这一说法

相对于具有这样特定性格的人物关系并没有充分的理由。我们说，性格差异决定了二者间不可能产生这样违背情理逻辑的行为。

也许，作家欧·亨利也只是通过贝尔曼这一人物形象的塑造来成就他心目中崇高的人性品格，而并没有考虑到人物性格与主题表达的一致。因此，无论这篇小说的情节构思如何精巧，主题思想如何深刻，但由于情感逻辑与情节发展偏离，即便是想表现出"人性高尚"或"艺术救赎"，也是水中月、镜中花。

【参考文献】

①王永年译．欧·亨利短篇小说选［M］．北京：人民文学出版社，2003.

②陶德臻，马家骏．世界文学名著选读［M］．北京：高等教育出版社，2009.

③钱谷融．论"文学是人学"［M］．北京：人民文学出版社，2011.

④孙绍振．文学创作论［M］．福州：海峡文艺出版社，2010.

（原载于全国中文核心期刊《语文教学通讯·高中刊》2015 年第 4 期，原标题为《情感逻辑与情节发展的背离——〈最后的常春藤叶〉文本解读》）

《在马克思墓前的讲话》：内容辨析

《在马克思墓前的讲话》（苏教版高中语文实验教科书必修四第二专题，人教版高中课程标准实验教科书语文必修二第四单元）从 20 世纪 60 年代开始，就一直是高中语文课本的经典篇章。半个世纪过去，当查阅各种版本的语文教科书、教参以及相关解读文章时，我们发现对课文的理解依然歧见迭出。下面，笔者就其主要几个问题，略抒己见。

一、文体：议论文——悼词

现行人教版新课标高中语文必修二第四单元由《在马克思墓前的讲话》《就任北京大学校长之演说》和《我有一个梦想》三篇文章组合而成，苏教版高中语文必修四第二专题也是将《在马克思墓前的讲话》与《我有一个梦想》并列，由此可见，无论是人教版还是苏教版，从文体角度而言，教材编写者都是有意将其当作"演讲词"处理的。

的确，从文体性质而言，《在马克思墓前的讲话》是一篇演讲词，但它首先是一篇"悼词"，何为悼词？一般理解就是指向死者表示哀悼、缅怀与敬意的悼念性的话或文章，狭义理解即专指在追悼会上对死者表示敬意与哀思的宣读式的专用哀悼的文体。这种文体一般集叙事、议论、抒情多种表达方式，便于宣读。可以说，与一般演讲词相比，悼词无论是在文本格式上还是言语表达上都有着一些特殊要求的。

遗憾的是，现实教学中人们不将《在马克思墓前的讲话》当成悼词倒也罢了，却莫名其妙地将其当作议论（论说）文来解读。严格来说，议论文不是一种文体，议论只是一种表达方式，即便能与悼词相提并论，文体的差异，必定会造成学生对文本的误读。原因在于：

1. 悼词重情，论说文重理

悼词是对敬仰之人逝世的追思、悼念和缅怀，而使其精神"复活"。可

中编 问道课文

以说，情感是悼词必备之物，有的悼词甚至就是为了寄托和表达对死者深切悼念之情而作。而论说文则不同，其服务对象是论点，其表达方式是议论，即用概念、判断、推理来阐明作者观点。因此，是否具有说理性是论说文主要特性，而其感情因素可强可弱，甚至可有可无。

2. 悼词重叙说事，论说文以事为例

论说文并不排斥叙述或叙事性成分，但论说文中的叙事成分不具有独立性，它仅仅是作为例子依附并服务于对论点的论证，通常而言，即便有叙事也不可铺陈太多，点到为止。而悼词主要是评说逝者一生经历、个性特点和主要成就，并阐述其历史地位和价值，用逝者的事迹与精神激励后人，可以说，悼词是对死者一生的评论及其成就的缅怀，必然有一定量的且有相对独立事迹的叙述内容。

综上所述，人们对《在马克思墓前的讲话》文体性质认识的失误，将在实际教学中直接影响学生对课文基本思路的正确理解。

二、主体：两个"对于"，三个层次

现行不少教学参考用书把课文第二段第一句话（"这个人的逝世，对于欧美战斗着的无产阶级，对于历史科学，都是不可估量的损失"）视为全文的主旨句，显然，这是按议论文的解读思路来处理课文的，如此推理则第二段提出文章中心论点，接下来第三、四段（两个"发现"）属于"历史科学"，第七段则对应"革命实践"，而其余语段，可有可无，好端端的一篇精彩讲演稿，则异化成了一篇蹩脚的议论文。

笔者认为，课文真正核心语句应该是文章开篇第一句：三月十四日下午两点三刻，当代最伟大的思想家停止思想了。此句表现力极强，就如同新闻导语，将最重要的事实用最直接的方式告诉读者，且含意丰富：既有感情隐含的表达，也有客观事实叙述，还有盖棺论定的评价。具体而言如下：

文章第一、二段围绕着这一中心句内涵的不同侧面展开。表面上看，句句说的是马克思，却一次未提到马克思这个名字，恩格斯这种浑然自觉的表达方式，使得对马克思崇高而准确的评价得到了高度强调，而且感情隐而不发，显示了作者含蓄、隽永的语言风格。

接下来文章第三段至第七段为文章主体部分。这部分作者引用大量的客观事实，评述了马克思一生的卓越贡献，充分展现了他的精神境界和人格魅力。此部分应该划分为三个层次：即马克思的科学发现（第三、四段）、马克思的人格境界（第五、六段）和马克思的革命实践（第七段）。为何分为三个层次？笔者以为，作为"科学发现"的马克思和作为"革命实践"的马克思是不可分割，融为一体的，唯如此才能彰显出马克思完整的人格境界，而文章第五、六段关于马克思"人格境界"的叙述，独立分层，就成了连接"科学发现"和"革命实践"两个层次的中枢。因为就马克思而言，当他作为"科学家"达到至高境界时，必定同时又是一个"革命家"，马克思主义代表着科学的革命；反之，当他作为"革命家"达到至高境界时，也必定同时又是一个"科学家"，马克思主义又称作革命的科学。也正因为这三方面融为一体，他才被恩格斯称为"当代最伟大的思想家"。

必须指出，是否承认第五、六段的"人格境界"与"科学发现"和"革命实践"相提并论，实际上涉及对文章内涵的不同理解。如果认定文章只是从"科学发现"和"革命实践"两方面来"总结马克思一生的伟大贡献"，就不会承认第五、六段的"人格境界"的独立地位；如果认定全文对马克思伟大贡献的论述是服务于揭示其"人格境界"，那就必定会承认这一揭示马克思"人格境界"层次的独立地位。

三、思想家＝革命家＋科学家？

这篇悼词入选教材数十年，已然经典。马克思究竟是革命家还是科学家？马克思一生最重要的贡献是什么？课文说得明明白白，但原本十分清晰的逻辑关系，一经有关教材或文章的错误解读，就不知所云了。

譬如 2000 年人教版的教学用书已认定恩格斯称马克思为"当代最伟大的思想家"是"以准确而崇高的评价"，但在列举恩格斯这一评价依据时，却仅仅提到"……他发现了人类历史的发展规律和剩余价值"，即作为"科学家"一面的马克思，而对作为"革命家"另一面的马克思却只字未提。

现行的人教版新课标《教师教学用书》（2007 年）则毫无根据地断言

"在恩格斯看来,马克思首先是一个思想家,……其次,马克思还是一个革命家",这明显是把"思想家"与"革命家"相提并论。窃以为,这并没有真正弄懂作者的行文逻辑。

根据恩格斯讲话文本以及上文所述,悼词第一句话中"当代最伟大的思想家",是对马克思一生总体性的高度概括与评价。笔者以为,文中"思想家"一词,实乃涵盖马克思一生业绩、贡献及人格魅力的属概念。恩格斯只是为了突出马克思与人们通常所说的思想家的区别并张显其人格境界,才特意加上"当代最伟大的"这一修饰语的。

在恩格斯看来,之所以说马克思是"当代最伟大的思想家",就在于他不仅是一位伟大的"科学家",更是一位伟大的"革命家",是理论研究(历史科学)和革命实践的双重巨人。进一步而论,马克思之所以一人而具备"科学家"与"革命家"的双重品质,且这两方面密不可分,紧密相联,就在于马克思有着远远超越于一般科学家或一般革命家之上的崇高精神境界(第五、六段。上文已有论述)。由此可见,悼词就是用马克思既是伟大的"科学家"又是伟大的"革命家"的基本事实,来说明马克思是当之无愧的当代最伟大的"思想家"的。这样一来,几个概念间的逻辑关系就十分清楚了:"思想家"是属概念,"科学家"和"革命家"是"思想家"这一属概念下并存的种概念。

(原载于全国中文核心期刊《中学语文教学参考》2012 年第 6 期,原标题为《〈在马克思墓前的讲话〉辨析》)

《陈情表》：情真亦须"陈情术"

《陈情表》乃至性至情之文，历代文人读之均认同。如有人认为其"纯是一片至性语，不事雕饰，惟见天真烂漫"，更有"读《陈情表》不下泪者，是谓不孝"之说，所以不少教师及教参资料都是从"情（孝）"之角度对其进行品读。其实，我们在关注"情"的同时，却忽略了其作为"表"之功效，即作者李密是如何洞察对方心理，巧言说辩，以达其目的。史书曾载"密少事蜀，为郎。数使吴，有才辩，吴人称之"，由此可见，作为谈判高手的李密有着杰出的外交才能，而所书"陈情之表"必有其独到之处。清代学者余诚历就曾指出：《陈情表》"按层次说来，无一语不委婉动人，固是至性至情之文。而通体局势浑成，步骤安详，更极尽结构之妙。读者须细玩其词旨，及其转落承接，方不辜负作者苦心，而得此文之益。若徒随人道好，何以读为！"因此，下面我们就尝试从"说辨心理"的角度来解读之。

一、示人以弱，化解"逼"势

古人云："伴君如伴虎。"与君王相交，事关性命，不可不慎！孔明《出师表》，乃以"相父"身份，言辞恳切，发自肺腑，后主自然可以接受。而《陈情表》则不然，李密乃"亡国贱俘"，手无寸功，且朝中又无人替之进言，作为前蜀旧臣的他还要在道德与现实的夹缝中谋求立世。而此时晋朝，"诏书切峻，急于星火"。内外交困的李密该如何化解这种"逼"势？古人云："感人心者，莫先于情。"动人以情，示人以弱，是弱势者摆脱困境的有效手段。而更为高明的是，此情乃"孝"情，是"治国之本"。因此，开篇之言，李密即避开正面回答出仕之问，而是泣诉自己幼失父母，孤弱多病，家不盛，族不旺，"茕茕孑立，形影相吊"的惨状。而"夙遭闵凶"的他就是因为有祖母的悉心照顾，才得以有今日。"乌鸟私

情"，不能不报，况且祖母现已积劳成疾，卧床不起，祖孙相依，自己岂能有片刻远离。此情此景，可谓"万世撼人心"，因此，武帝也不由得为之动容而稍解怒火。

二、置己两难，将"球"踢回

李密料定如此陈言，晋武帝虽稍解盛怒，但心中也必生不快——晋朝待你不薄，况"国""家"并论，孰轻孰重，难道你李密没有掂量？（或许你在找借口）因此，洞察晋武帝心理的李密当即诚惶诚恐，卑微谦恭，以"宠臣"感恩之心，以臣仆颂君之词，极尽表达自己对"朝廷"厚爱的感激涕零之情。特别是"非臣殒首所能上报"一言，委婉诚恳，主动说出了晋武帝心中想说之言，同时又以"欲奉诏奔驰"之语来表达自己急切希望赴京效命的焦急心情。当然他也料定晋武帝会责问，"既知如此，又为何辞不赴命呢？"于是，高明的李密在此巧设了一两难推理，即"欲奉诏奔驰，则刘病日笃；欲苟徇私情，则告诉不许"。两难推理的假设前提有两个，其结论是或此或彼。因此说矛盾的推论使得"臣之进退，实为狼狈"。而此结论既合乎情理又蕴含精警。这也正是作者与事为文的高超所在，有意无意中将这一"球"踢给了晋武帝。

三、以子之矛，攻子之盾

该引导晋武帝往何处思考呢？李密想到了一个"孝"字。于是紧接着"伏惟圣朝以孝治天下"一句，李密热切称颂了朝庭褒扬孝行的政策。众所周知，晋灭蜀汉之后，司马氏集团为了收笼民心，承继了汉"以孝治国"的策略。而李密也恰恰是在此背景下，借助对武帝推行孝道的赞扬，来委婉地指出自己的行为正是对这一政策的最好拥护。抓住"孝"字做文章，把自己的行为纳入晋武帝的价值观念中去，我们不能不说，这是李密的又一高明之处。但这也是危险的"擦边球"——"尔既须孝养祖母，又为何出仕伪朝？"古人云："忠臣不事二君"。如果不出来做官，你李密就有"不事二君"之嫌，就意味着对新朝不满。但这样的话是不能让晋武帝言之的，所以李密自己主动说出"少仕为朝""本图宦达，不矜名节"之语，表明自己并无心为旧朝守节，更不敢"有所希冀"，而是否出仕完全是出于能够"供养祖母"。接下来李密又勾勒了一幅祖母病笃的惨苦画面："日薄西山，气息奄奄，人命危浅，朝不虑夕。"隐约地告诉武帝，自己只是在完足尽孝祖母最后那一刹那的义务。可以说，读到此处，武帝已基本消除了对李密的疑虑，但问题是，你李密还是回避了问题的解决，难道朝廷就此罢休？

四、寻替方案，以安圣心

其实，李密也清醒地认识到，尽管自己陈"情"恳切，但在"私情"与"国恩"的比量下，武帝还是会耿耿于怀的。即使避过一时，也难免一世。于是，李密主动提出了解决这个矛盾的方案：即先尽孝后尽忠。为此，他给武帝算了一笔账："臣密今年四十有四，祖母今年九十有六，是臣尽节于陛下之日长，报养刘之日短也。"人生七十古来稀，年近百岁而卧床不起的祖母可谓时日不多也，但我李密正当壮年，为国出力的时间还长呢！如此一来，晋武帝也就能接受了，一者数番征召已表现出自己的求贤若渴，二者可以树立李密这一典范，用以表明自己以孝治国的恩德，三者准许李密的请求也显示自己的体察民情，宽容大度。更何况李密已经作出了"生当陨首，死当结草"的保证，何不顺水推舟送个人情呢？

应当说李密的"说辩心理"的运用是有效的。果然，晋武帝在阅后说："士之有名，不虚然哉！"不仅未追究其辞不赴诏的责任，而且还答应他请求，赏赐奴婢两个，最终达到了双方都满意的结果。

（原载于全国中文核心期刊《语文教学通讯·高中刊》2007 年第 1 期，原标题为《"情真"亦须"陈情术"——从心理学角度解读〈陈情表〉》）

中编

问道课文

《廉颇蔺相如列传》："渑池会"的背后

不少教师在教学《廉颇蔺相如列传》（节选）一文时，多乐道于"完璧归赵"和"负荆请罪"，对"渑池会"则因其简约（叙写仅401字）而略过。笔者以为，司马迁对"渑池会"的叙写，其实是精心处理、匠心独运。如果以全景视角而观之，也许我们能见微知著，从中体味到"史记笔法"的精妙所在。下面，我们就走进文本品味之。

（一）

"渑池会"发生在公元前279年。这次会盟是在怎样背景下进行的？

《史记》曰："明年，复攻赵，杀二万人。"在此，司马迁似乎想告诉世人，这次会盟是赵国战败而由秦国提出的"城下之盟"。这里太史公精心构建了一个赵君臣相谋的场景：赵王去还是不去？去，秦国一向以诈与力而制诸侯，且前车之鉴多起。公元前340年商鞅伐魏，以"为好会"为名骗取魏主将来会而扣留，结果魏失主将大败。公元前313年，张仪以献地六百里诱使楚怀王与齐断交，齐楚断交后，张仪改为献地六里。公元前298年，秦国约楚怀王在武关会盟，楚王赴约，结果被秦国以重兵扣压，最后囚死于秦。……如此看来，赵王赴会必将是凶多吉少。不去，则正中秦国下怀，"示赵弱且怯也"，在道义上首先理亏于秦。在这两难抉择中，赵国最终还是选择了去。"王行，三十日不还，则请立太子为王，以绝秦望"；赵国大将廉颇"盛设兵以待秦"。置死地而后生，选择的背后是赵国做好了充分的政治、军事准备。

然而，事实果真如此简单吗？让我们再次仔细审视那段历史。

渑池会盟的前几年（即公元前279年之前），可谓是战国史上风云变幻之期：公元前284年，秦国主谋合纵伐齐，齐国破败，标志着齐秦抗衡时代的结束。秦国失去对手之后，位居七雄之首；而北方赵国，经过"赵武

灵王推行胡服骑射"，此时已成为"与齐、秦并列的强国之一"。（杨宽《战国策》）

据《史记·秦本纪》载，公元前283年，"秦取魏安城，至大梁，燕、赵救之，秦军去。"，秦怕东方各国合纵攻秦于是退兵。其后，秦国展开外交攻势，先与楚相约和好，接着又拉拢韩魏连横，孤立赵国。赵外交斗争失利后，对附秦的魏国大张挞伐，而秦国则趁机派大将白起三次攻入赵国西境，攻拔蔺、祈和光狼等城。在接下来的四年对抗中，秦国占上风，但赵之国力尚属完好，要想决出胜负，就必须诉诸于主力决战。而就在此时，形势又有了重大变化。

首先是赵国后院起火（燕赵本为盟友）：齐人经过五年苦战，奇迹般地转变了战局。齐将田单于公元前279年（与"渑池会"同年）以火牛阵打垮了燕军主力，一直把燕军驱回黄河以北，"齐人追亡逐北，所过城邑皆畔燕而归田单，……而齐七十余城皆复为齐"。面对齐军的席卷之势，燕人几失招架之功，赵国也惊恐万分，急欲与秦妥协，回身对付复兴的齐国。而秦国此时情况亦不妙。饱受秦军重压三十多年的南方大国楚国，乘秦赵胶着之际，在公元前279年派大将庄蹻率军向秦反攻，很快夺回黔中郡，并乘胜追入秦属巴郡，后转兵南下，企图从南翼包抄秦军。在后院起火的形势下，秦也无心再与赵国相争，共同的需要使秦赵两国坐到了一起。

据上所述，"渑池会盟"并非是我们过去简单理解的"城下之盟"。然而，司马迁却并未于文中详加交待，却以"明年，复攻赵，杀二万人"一笔带过，这是无心之过？还是有意为之？仔细读来，耐人寻味。

（二）

公元前279年，秦昭王与赵惠文王终于会于渑池。

《史记·赵世家》载："二十年，王与秦昭王遇西河外。"据《年表·赵表》：惠文王二十年，"与秦会黾池，蔺相如从"。《集解》徐广引《表》作"渑池"。渑池（今河南渑池县），本是韩邑，后被秦国所得，当时算是秦赵缓冲交界之地，而今则成了太史公笔下一个没有硝烟的战场。我们说，渑池会上虽无刀光剑，但处处暗藏杀机，司马迁以其生花之妙笔，艺术地再现了那场惊心动魄的外交"史实"。

开始，秦王要求赵王为其"鼓瑟"。按理说，这虽算不上是强人所难，但赵王慑于秦王的淫威，不敢不从，然而，秦御史前书曰："某年月日，秦王与赵王会饮，令赵王鼓瑟。"注意，司马迁在此设置了一个微妙的细节：秦御史（战国时专管图籍、记载国家大事的史官）不待召唤而"前书"（走上前写道），这说明秦国蓄谋在先，有备而来；而更让人难以接受的是"令"赵王鼓瑟，一"令"字，写出了秦对赵王人格的侮辱，对赵国尊严的蔑视。

赵王不吭声，其实此为蔺相如出场之抑笔。果然，大勇无畏的蔺相如"前曰：赵王窃闻秦王善为秦声，请奏盆缻秦王，以相娱乐。"没想到蔺相如竟让秦王为赵王"击缶"（赵王鼓的"瑟"好歹也是二十五弦与琴相似的一种乐器）。据《史记集解》引《风俗通义》载："缶者，瓦器，所以盛酒浆，秦人鼓之以节歌也。"李斯《谏逐客书》中曾云："夫击瓮叩缶，弹筝搏髀而歌呼呜呜快耳目者，真秦之声也。"秦声即秦国的乡土乐曲。表面上看，让秦王演奏一曲秦地乡音也不为过，但让一国之君"击缶"则是对秦之无礼在先的有力反击，而且这种反击有礼有节，让你无话可说。秦王自然想不到一个臣子竟会如此胆大妄为，大怒，不允。"于是相如前进瓦，因跪请秦王。秦王不肯击缶。相如曰：'五步之内，相如请得以颈血溅大王矣！'"寥寥数言，却显精妙。姑且不论蔺相如"跪请"之机敏，"五步之内，相如请得以颈血溅大王矣"的言语之绵里藏针，仅是相如"顾召"（回头招呼）这一细微动作，就将秦国阴谋揭穿。而且，你"令"赵王"鼓瑟"是强迫命令（不得已而为之），而我则是请秦王"为"赵王"击缶"，一个"为"字将秦王心甘情愿，自愿为之的"恭谦"态度"载入史册"。

"鼓乐"，秦国没有占到丝毫便宜，反而"偷鸡不成蚀一把米"。于是，秦国君臣迫不及待地露出了真面目："请以赵十五城为秦王寿"。秦赵交兵正是为了土地人口。不难想象，秦国提出如此要求明显带有胁迫之意，因为"渑池"毕竟属于秦国势力范围，赵国不占地利之宜。面对秦国的傲慢霸道，蔺相如则针锋相对："请以秦之咸阳为赵王寿"。孟子曰："天时不如地利，地利不如人和。"秦国占尽天时地利之势，但赵国君臣却能上下齐心取"人和"之宜，最终，秦国君臣悻悻而归。

纵观太史公妙笔之下的"渑池会",我们如同穿越时空,仿佛亲眼目睹了那一"真实"的场面,特别是大智大勇的蔺相如,已然"活"在后人心中,正如明代凌稚隆所言:"相如渑池之会,如请秦王击瓦,如召赵御史记,如请咸阳为寿,一一与之相匹,无纤毫挫于秦,一时勇敢之气,真足以虎秦人之魄者。"(《教师教学用书,高中语文第六册》)

(三)

太史公笔下的"渑池会"的确惊心动魄。过去笔者教学此处,总是心存疑惑:"渑池会"双方折冲樽俎,冲突一触即发,最后竟能如此"顺利"和解,难道当时秦国仅是惧怕一个蔺相如,或迫于廉颇边境"盛兵以待"?

现在查阅《史记》及相关资料,才发现"渑池会"是秦赵两大强国在特定背景下的一次"战略妥协",换而言之,是秦赵两国相近的实力决定了双方会盟的"和解"。秦赵长期僵持,互相消耗,必然会导致自己相邻的对手——齐楚这两个昔日强国的复兴,这正是秦赵两国都不愿意看到的。秦赵两国都有达成默契的愿望,即暂时建立彼此相对稳定的关系,以全力粉碎齐楚的复兴企图。因此,形势决定了"渑池会"必须化干戈为玉帛,而这些,并非是某个外交奇才或边境"盛兵以待"所能决定的。

果然,渑池会盟后,赵国立即东进击齐,齐国败退,赵不但巩固了对河间的占领,还跨过黄河夺取了齐国本土的高唐等地。据《史记·秦本纪》载,秦国,"二十九年,大良造白起攻楚,取郢为南郡,楚王走"。我们说,楚齐的威胁促成了秦赵的和好,而在威胁解除后,秦赵的友好也就走到了尽头。据《史记·赵世家》载,公元前276年,秦军东进攻魏,重新经略中原;公元前273年,赵国"与魏共击秦",与秦国战于华阳,勉强维持了六年的休战即告结束,两强争霸重又开始。

现在回过头来看《廉颇蔺相如列传》对"渑池会"的叙写,我们才明白太史公的匠心所在。众所周知,《史记》首创以"纪传"为主的史学体裁,第一次以人为本位来记载历史,表现出对人在历史中的地位与作用的高度重视。在"渑池会"这一历史事件的叙写中,司马迁就着浓墨于蔺相如,不仅让后人感受到了历史人物的真实,更是将那种义不受辱的人格自尊,那种大勇无畏的"人之精神"大力弘扬;而对与之次要但又必要的陈

中编 问道课文

述，如"渑池会"历史背景的交代，或一笔带过，或见于他处。如此述史，主次有分，详略得当，窃以为，这正是"史记笔法"的精妙所在，用李长之先生的话说，"司马迁在一个历史家之外，兼是一个艺术家，他晓得每一篇传记一定有一个中心，为求艺术上的完整，便把次要的论点放在别处了。这是前人所发现的'互见法'。我们可以这样说，就他单篇文章看，他所尽的乃是一个艺术家的责任，只有就他整部的《史记》说，他才是尽的历史家的责任"。(李长之《司马迁之人格与风格》)

(原载于全国中文核心期刊《中学语文教学》2008 年第 4 期，原标题为《"渑池会"的背后》)

《鸿门宴》：第三只眼看刘邦

不少评析刘邦的文章，都不约而同给其贴上一枚标签："流氓、小人。"笔者认为，这种评判是有失公正的。英国历史学家约瑟·汤恩比就曾指出，人类史上对后世影响最大的有两位帝王："一位是开创罗马帝国的恺撒大帝，另一位便是创建大汉文明的汉高祖刘邦。"刘邦到底是一个怎样的人？下面，笔者就结合《鸿门宴》文本的教学，换一只眼来品读刘邦。

一、克己忍辱，志在天下

刘邦入关后，从张良谏，封秦重财物于府库，不取分文，并当众宣布"父老苦秦苛法久矣……凡吾所以来，为父老除害，非有所侵暴，无恐"，秦人献上牛羊酒食，唯恐沛公不为王。其实，范增看得十分清楚："沛公居山东时，贪于财货，好美姬，今入关，财物无所取，妇女无所幸，此其志不在小。"当年秦始皇游会稽，刘邦说了一句"嗟乎，大丈夫当如此也"。真是一语道破天机：刘邦看重的是结果（如此），而不是过程（取代），这与项羽不一样，项羽是"彼可取而代也"，其看重的是英雄行为（过程），而不是结果。两相比较，我们发现刘邦更是一位实用主义者，因而鸿门宴上项羽特意让刘邦北向而坐，刘邦明知是有意贬低自己，但为了宏图大业，克己忍辱，隐忍不发，故毛泽东在读《史记·高祖本纪第八》时批道："项王非政治家，汉王则为一位高明的政治家。"

二、选贤任能，知人善用

鸿门宴前刘邦能虚心听取张良意见，拉拢项伯，恭敬地"以兄事之"，并"奉卮酒为寿"，与之约为婚姻，也正因此，当项庄舞剑之时，项伯挺身而出……刘邦就是这样，一旦发现有才之士，如萧何、张良、樊哙、周勃、灌婴、曹参等，无不采取策略招纳笼络。他不仅懂得人才之重要，更明白如何留住人才。他给彭越以正统地位，从而笼络住了彭越；给黥布一栋豪

宅，从而使黥布铁了心与项羽对着干；给韩信以军机自主权，从而使韩信深感知遇之恩而为其奋战；给陈平黄金四万两，任他随便花，自己毫不过问。从表面看，刘邦似乎无甚才能，但结果却是其麾下谋臣将士皆能效命忠诚，就连自视甚高的张良也无不敬佩地说："沛公殆天授也。"这无不说明刘邦深谙用人之道。

三、屈伸自如，勇谋兼备

楚汉久相持未决之时，项羽曾对刘邦说："天下匈匈数岁者，徒以吾两耳，愿与汉王挑战决雌雄。"汉王谢曰："吾宁斗智不斗力。"以己之短克彼之长，这样的事刘邦是决不会做的。为了化解两军对立情绪，刘邦明知此去凶多吉少，但在权衡之后，还是毅然决然地选择了赴宴释嫌。鸿门宴上，刘邦一言一行，可谓是恭谦有加："臣与将军戮力而攻秦，将军战河北，臣战河南，然不自意能先入关破秦，得复见将军于此……"刘邦讲这番话是智慧的，先提及自己与项羽的战友情谊，接着说到战略分工，然后再言及自己无意为项羽立下的大功，却没料一番赤胆忠心竟遭小人"离间"。我们说，大丈夫能够屈伸自如，从某种角度而言，刘邦不愧为智慧型的政治家。

四、沉着应事，当机立断

刘邦先行入关后，由于曹无伤的告密，再加上范增的煽风点火，令项羽勃然大怒，欲"击破沛公军"；紧急关头，刘邦并未自乱阵脚，他自忖以自己十万大军来敌项羽的四十万大军，会如卵击石。因此他不想逞匹夫之勇，而是沉着冷静下来，与众谋士商议。商讨之后，当机立断，接受张良意见，马上笼络项伯。鸿门宴上当项羽说出是曹无伤的告密后，他不动声色，可等他回到军营，就"立诛杀曹无伤"。刘邦的这一当机立断，为他的将来的宏伟大业消除了隐患。看到紧张的宴会气氛稍为缓和，刘邦又紧紧抓住有利时机，借口"如厕"，以便趁机逃走。当想好对策，准备逃走时，又谨慎交待张良，叫张良稳住项羽，待其回到军营后方可进献白璧与玉斗。我们不得不佩服汉高祖遇事冷静沉着，处事当机立断。

（原载于《黑龙江教育·中学教学案例与研究》2009 年第 7 期，原标题为《第三只眼看刘邦——从〈鸿门宴〉教学所想到的》）

《孔雀东南飞》："四体康且直"？

人教版高中语文第三册《孔雀东南飞（并序）》一诗中焦仲卿别母殉情时有一句"命如南山石，四体康且直"，此句课文中注解值得商榷，特别是将"直"字解为"意思是身子骨硬朗"。对此，笔者不敢苟同。

笔者查阅了《古汉语常用字字典》（商务印书馆，1998 年版）、《现代汉语词典》（商务印书馆，修订本，1996 年版）及相关资料，综合"直"字的古今意思，无非有以下几种：

1. 会意。小篆字形，从 L（yǐn），从十，从目。徐锴："L，隐也，今十目所见是直也。"本义：不弯曲，与"枉"、"曲""横"相对；引申为正直；公正；不偏私；爽快，坦率等。
2. 动词，伸直，挺直，面对，遇到；
3. 名词，价值，代价；
4. 连词，即使，仅，只是；
5. 副词，径直，一直；
6. 介词，当……时候。

翻阅其他资料也未见有"身子骨硬朗"之说。由此可见，课文将"直"字解为"身子骨硬朗"，只能是编者取其语境义了。

但是，若根据语境断义，课文的注解则有重复释义之嫌。因为注解将"四体康且直"整句释为"（愿您的）身体永远健康。四体，这里指身体；直，意思是身子骨硬朗。"既然是"身体永远健康"（"康"解释为"健康"），那么也就意味着焦母"身子骨硬朗（身体健壮）"。一个"康"字就已经完整表述此意了，那"直"字又"意思是身子骨硬朗"，这岂不是多此一举？要不就是"直"之意在此处被忽略了。

虽然"直"字并无"健康"之意，但我们可以根据语境取其引申意。

根据前后文意可知，性情蛮横的焦母在家中是至高无上的权威，其一意孤行是无人能阻的。而性格坚强的刘兰芝又是一个具有反抗精神的女性，因而婆媳冲突难免，长此以往，焦母心中岂能无怨气？另外，有分析指出，焦母与仲卿相依为命，其全部情感都倾注于儿子身上，而仲卿婚后，与爱妻兰芝感情甚笃，这势必会引起焦母嫉妒之心（典型的多年守寡的"恋子情结"），再加上摩擦不断，时间一久，焦母自然会心积怨恨。而这些隐情焦仲卿是心知肚明却又无可奈何的，所以，当最后走投无路决定与爱妻殉情时，焦仲卿心中必定是"悲"而有"愤"的。因此，当他与母亲辞别，除了祝愿"命如南山石"、"四体康"之外，还一层意思就应该是"现在兰芝终于被遣回家了，母亲大人您也该怨消气顺了吧！"若按此推断，那"直"字在此就应该解释为"怨消气顺"为上。

另据考证，苏轼《子姑神记》"妾虽死不敢诉也，而天使见之，为直其冤"一句中的"直"，就有"伸雪［冤屈］消怨"之意。所以，综上所述，笔者窃以为"四体康且直"中的"直"释为"身子骨硬朗"倒不如释为"气顺、怨消"之意更妥。

（原载于全国中文核心期刊《语文教学与研究》2006 年第 3 期，原标题为《"四体康且直"中的"直"为何意?》）

《寡人之于国也》：探究"之"语义

人教版《普通高中课程标准实验教科书·语文（必修三）》收录了选自《孟子·梁惠王上》的《寡人之于国也》一文，其中"之"字使用颇多，其用法意义，值得我们深入探究。

（一）"树之以桑"中"之"

文中"填然鼓之，兵刃既接，弃甲曳兵而走"和"五亩之宅，树之以桑，五十者可以衣帛矣"两句中都含有"之"字。前句课文注（13）："［填然鼓之］……之，没有意义的衬字。后句课文注（2）：［树之以桑］（在住宅场地上）种上桑树。树，种植，动词。"

遗憾的是，教材对"树之以桑"中的"之"字没有注解。结果在实际教学中，有人把这里的"之"也与"填然鼓之"中的"之"等同，都作"没有意义的衬字"。

应该说，"填然鼓之，兵刃既接，弃甲曳兵而走"一句，对"鼓之"的"之"的解释是正确的，"之"是助词，没有实在意义，只起补足音节的作用，但"树之以桑"中"之"用法则需审慎度之。翻看教材，文中将"树之以桑"翻译为"（在住宅场地上）种上桑树"，教材编写者是有意将"在住宅场地上"当成补充注释，难怪读者会将"之"字作"没有意义的衬字"解。其实，将"之"字放在完整的语境中来考察，"五亩之宅，树之以桑，五十者可以衣帛矣"，我们不难发现，所谓"（在住宅场地上）"的补充解释，其实就是指"树之"前面的"五亩之宅"，按照文言文行文习惯，这属于承前省略，这样来看，"树之以桑"即"以桑树之"，直译为："把桑树种植（在）五亩（大）的住宅（周围）。"而这里的"之"就不是"没有意义的衬字"，而是在句子中作为代词，指代"五亩之宅"，作为"树"的补语（不是宾语）了。

（二）"鸡豚狗彘之畜"中"之"

文中"鸡豚狗彘之畜，无夺其时，七十者可以食肉矣"一句中"之"字，教材将其解释为助词，无实义。窃认为注释有失偏颇。此处"之"，应

作代词"这、这些"解较妥。

为何？因为"之"用法及意义，是由其前后语境决定的，换而言之，要确定"之"字意义，则先要确定"畜"意义。"畜"字常见意义有两种：①xù，动词，饲养。②chù，名词，家畜。若"畜"作名词解，则"鸡豚狗彘之畜"句中"之"可释为"这，这一类"，当代词用。此句可译为"鸡豚狗彘这些家畜"，做句子主语，与后文"无夺其时"构成完整的句子。

若"畜"作动词解，则"之"字意义又分两种情况：①助词"的"，句子可译为"（对）鸡豚狗彘的饲养，不要错过它们繁殖的季节"。②助词，用在主谓之间取消句子独立性。让"鸡豚狗彘饲养"做句子的主语，整句翻译同上。不过要在"鸡豚狗彘"前加"对于"，做句子状语，前面省略了主语"我们"，句子主干则是"我们不要错过它们繁殖的季节"。

那么，到底哪种解释更合适呢？联系《寡人之于国也》文旨。我们不难发现，孟子向梁惠王阐释"仁政"思想及措施，其中"鸡豚狗彘之畜，无夺其时，七十者可以食肉矣"是其中一项重要措施。如果这里"畜"作名词"家畜（chù）"解，则"畜"为"六畜"，家禽牲口的总称，即牛、马、羊、豕（猪）、鸡、犬。文中列举其中三种，可作"六畜"代表，表明孟子要求梁惠王能够注重养殖业，遵循物之本性，这样实行"仁政"、"王道"之日才不远，而"之"解为"这，这些"，则顺理成章，较好地表达了这层意思。

另外，从语法角度而言，若作动词"饲养"解，那后面"无失其时"从句子结构上看，两个谓语还是不合适的。全句为"饲养，不要失去繁殖的时期"，主宾搭配不当；若当"家畜"讲，与后面的"不失其时"组成一个完整的主谓句，"家畜"做主语，搭配更合适。

从这两处"之"的辨析解释，我们发现，"之"字的使用，极其灵活，在不同语境中所表示的意思大不相同，要想准确地理解词语的含义，就不能静态地注释，而应该放在具体的语境当中动态地去考察，换句话说，即便是"之"字这样简单的文言虚词，我们也需要在阅读中去"瞻前顾后"，联系比较，才能准确地把握它的"语境义"，从而反过来再加深我们对文章整体的领悟。

（原载于《黑龙江教育·中学教学案例与研究》2010年第11期，原标题为《〈寡人之于国也〉"之"语义探究》）

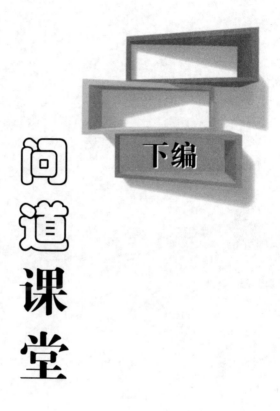

下编

问道课堂

"做课"

做课，精心教学也；作文，文章写作也。

一堂课怎么做，无定法可依。因为什么样的课算是好课，无标准定则。叶澜教授认为"扎实的、充实的、丰实的、平实的、真实的""五实课"是好课；崔允漷教授则说"教得有效、学得愉快、考得满意"的"三得课"是好课……窃以为，循规蹈矩的，肯定不是好课。

一篇文章如何写，无套路可循。因为什么样的文章算是好文章，无通用准则。《文心雕龙》说"本乎道，师乎圣，体乎经，酌乎纬，变乎骚"是为好文；清末最大文派"桐城派"说"清真雅正"是为好文……窃以为，中规中矩的，肯定不是好文。

做课与作文，正所谓"教无定法，文无定则"。

教无定法，使做课区别于车间流程。一个课题让不同人做，往往神通各显，差别悬殊；一堂课让不同人来评，"一百个人会有一百种说法"。

文无定则，使作文区别于产品制造。一个文题让不同人写，常常内容有别，风格迥异；一篇文章让不同人来品，"一千个读者有一千个哈姆雷特"。

做课与作文，似风马牛不相及，但二者之于语文，却有相通之处。细究之下，做课如作文，其皆有"言之有物、言之有序、言之有文、言之有情"之特质。

一、言之有物

一篇好文须言之"有物"。文章言之有物，乃指作者有感而发，而非无病呻吟。通俗言之，即你写出的东西，表达的意思，要站得住脚，经得起推敲。大凡好文，或富含哲理，或寓情明志，或抒发实感，或褒贬时弊，

下编 问道课堂

虽不求有济世普化之用，却必有存在之意义。如此文章方可为"立言"之作，写之，才有合理的价值。

一堂好课须教之"有物"。课之"有物"乃指课堂教学有"内容"。通俗言之，即"教什么"。有君愤然，"哪有教学无内容之课？"君言差矣！昔者国学大师陈寅恪授课有"三不讲"之说（"书上有的不讲，别人讲过的不讲，自己讲过的不讲。"）衡之大师，联之现实，虽不苛求，却存警醒。君不见当下语文课堂所教内容本是错的，却以非为是，如此教之有害；或所教内容虽是对的，却是无用之物，如此教之无益；或所教内容虽是对且有用的，却是学生自学能会的，如此教之无获。一堂课，真正该教的，应是对而有用且自学不会之内容，如此，方为此处所谓课堂"教之有物"。

另外，一堂课该有多少"物"，达成怎样目标，不但教师自己要清楚明了，还要让学生心中有数。教师须以学情为底线，"物"情为衡量，有的放矢，因材施教。不同的对象确定不同教学之内容，不同阶段给予不同目标之定位。若教之任务不明确，学之内容很含混，学生则会听之费劲，想之茫然，食之无味，弃之不甘。

二、言之有序

好文章，必有其内在逻辑。文章怎么切入，怎么展开，怎么承接，怎么收束。层次段落，过渡衔接，详略繁简，皆须通盘考虑。可以说，文章结构合理，可以盘活各个章节，使词句文段，联成整体。反之，文段章节就会各自孤立，一盘散沙。

好课堂，必是一有机整体。开头如何导入，内容如何安排，环节如何过渡，中间如何串接，临了如何收束，这些亦为章法。可以说，课堂节奏合理，环节相为呼应，教学就会融会贯通，畅通无阻。反之，教学无序，环节失调，就如乱石拼凑而怪嶙，就如呼吸不畅而憋闷。

文章之"序"在于起伏。"文似看山不喜平"，其意为好文章如观赏山景，以峰回路转、高低远近为佳。"文须错综见意，曲折生姿"，说的就是文"序"。好文之"序"，行文布局跌宕起伏，曲径通幽，如此引人入胜，读之兴趣盎然。

课堂之"序"在于灵动。好的课堂绝非平铺直叙，而是内容疏密有间，氛围动静结合，节奏张弛有度。这一切皆缘于教师设问、悬念、铺垫手法之运用，才使得课堂呈现轻重、急缓、张弛之变化。课堂变化多姿，高潮迭起，既是教师有意为之，也是课堂"序"之趋势使然。我们说，如此灵动课堂，学生学习积极性焉能不高？

三、言之有文

孔子曰："言之无文，行而不远。"刘勰说："古来文章，以雕缛成体。"其实，文章即"文"章，即"雕缛"之章，也就是文采修饰之章。好文章，或言语活泼，或句式灵活，或意蕴丰富，或意境深远。无论哪种，都是一种美的存在。

课堂亦须文采。课堂乃语言交流之场所，课堂之文采体现于课堂之言语。夸美纽斯讲："教师的嘴，就是一个源泉，从那里可以发出知识的溪流。"苏霍姆林斯基说："教师的语言修养，在极大程度上决定着学生在课堂上脑力劳动的效率。"确如所言，课堂语言是一门艺术的学术，好的课堂语言，犹如火种，能点燃学生心中兴趣火焰；犹如石块，能激起学生心海兴趣之浪。

或许有人认为，口若悬河、滔滔不绝，是为课堂之文采。其实不然！子曰：不愤不启，不悱不发。说的就是关键时刻，择机点拨。也有人认为，字斟句酌、言简意赅，是为课堂文采。此言差矣！一些貌似"插科打诨"之语，放之适时，如味精入菜，可成为渲染情调之手段，精巧过渡之桥梁。

其实，课堂之文采，何必拘泥一格？课堂之上不啰嗦，不赘余，不夸张，不做作；或轻或重，或快或慢，收发自如，让学生思想之弦，始终随你语言指挥棒而跳动。欢快时，如泉水叮咚，轻松流畅；激昂时，是疾风骤雨，呼啸而过；悲壮时，凝重低沉，惋惜之情油然可见。这，才是真正课堂之文采，有这等文采，定能燃起学生求知欲望，引发学生情感共鸣。

四、言之有情

叶圣陶曾言："如有所感兴，则必须本于内心的郁积，发于情趣的自然。"确如先生所言，文章是作者认识感悟的文字表现，更是一种真情实感的流露。

大凡好文章，皆情入字里行间。文章写得情真意切，读之方觉情真感实。否则，虽是辞藻华丽，文采飞扬，却如剪彩为花，刻纸为叶，尽管精致，却无生命活力。

好课堂亦如此。课堂是人的课堂，语文是情感的语文。课堂上传承的不仅是知识，更是情感文化的濡染。一句名言，一首诗歌，一篇散文，哪个没有人情世故于其中？

诚然，课堂教学，博大精深。每位教师就其人生阅历、气质禀赋而言，是鲜有"拷贝"版的，这正如世上绝无两片完全相同的树叶，如有的擅长书法，能画出栩栩如生的简笔画；有的口才极佳，绝不亚于激情飞扬的演说家；有的感情丰富，能即兴流露出喜怒哀乐等等。但无论哪般"绝技"，其背后都是对学生对学科对自己的情感投入。没有激情迸发，所有技巧枉然；没有情怀相系，一切皆为做作。

所以，课堂情感不是表层的张扬，不是肤浅的铺陈；不是华而不实的渲染，不是冗余累赘的堆砌；不是声嘶力竭的呐喊，也不是矫揉造作的表演。课堂情感是一种真实的、由衷的、发自内心的、感人至深的爱。陶行知先生说过："以激情感动激情，以理想鼓舞理想，以生命点燃生命。"语文教师不必是诗人，但他应具有诗人的气质；语文教师不必是作家，但他应拥有作家之情怀。上课，即如作文，语文教师就得用自身的气质情怀，领着学生创写出属于自己的人生华章。

（原载于《教育科学论坛》2013 年第 1 期，原标题为《做课如作文》）

"做"课

　　如今已是知识激增、更新极快的信息时代了。据说各种各样的教育名词术语也正在一轮又一轮的"课改"浪淘下改头换面，譬如以前的"学堂"改称"教室"，"思想"变为"理念"，"模式"叫做"模块"，等等。"一朝天子一朝臣"，推陈出新，与时俱进嘛！自古如此，无可厚非！可没想到，近日偶翻报刊，竟发现"公开课"（包括一些竞赛课、示范课、评优课等）也不叫"公开课"了，而被冠之为"做课"，甚至连一些著名的特级的教师"上课"也被称为"做课"，据说还得到了"业内"的认可——好一个"做课"！"课"都能"做"得出来？我当然不是"业内人士"，可好歹也是个教书之人，可怎么越想越别扭？我以为，这是对咱教师"上课"最大的曲解、嘲弄和作践！

　　我总认为，教育是个严肃的事，"上课"是个直接关系到学生发展而绝对容不得半点马虎的大事，用"做"字称谓，不是说我这人脑子不正经，还真让人忍不住胡思乱想，难道这又是新课改下的"创新"？为了证实自己思想的错误，我忙将其输入全球最大的中文网站"百度"以求解惑，不料"百度"一下，用时 0.035 秒就蹦出了约 25，200 篇的相关网页，可仔细一看，网上众说纷纭，莫衷一是，弄得我还是一头雾水。于是我又用最新版的《汉语词典》来查证，遗憾的是词典落伍的竟未收录！不过，却意外地看到了一串如"做神做鬼（装神弄鬼），做腔（装腔作势），做嘴脸（装模作样），做声分（装腔作势），做意（装假，做意）"……"做课"，好一个新概念！不会也是？——罢了，就此打住吧！人家"做课"不容易啊！历经艰辛，反复斟酌，费尽心思，不停打磨，最后臻于"可师可范"，切不可如此"大不敬"地胡乱联系！

　　其实，我并不是个固守传统的老朽，容不得半点新生事物的"萌芽"。可是，咱们的教育理念也"超"发展了！别说是"做课"，就是"公开

课"，在教育发达的西方国家也没这一说。据说，"人家的母语课堂是轻轻松松，简简单单，随随便便，实实在在"，也没见过一大群人在台下围着而某个人在台上汪洋恣肆，"电""论""导""演"，可奇怪的是，人家"教"出来的"6 年级的学生就能自己查阅文献，以标准的研究生论文模式撰写，并当众答辩诸如'你认为纳粹德国失败的原因是什么'的论文"，就更别提人家出了多少位"诺贝尔"级的大师名家了！

我也不是一个坚决反对"公开课"的偏执狂！或者是看人家台上风光而自己嫉妒得眼红。其实自己也曾在不大不小的场合登台过数次，据说还博得了专家的好评。但退一万步而言，不管是评优、比武、研讨的"公开课"，还是"传经送宝、承前启后"的示范课，概以"做"论之，其本质也大相径庭。窃以为，凡言"公开"者，必定是有价值有意义、可圈可点的，否则就没有"公开"的必要；凡言"示范"者，应该是有特色、有风格、有思想，虽有高下之分却必有可取之处的课。难道这些内在深层的东西都是"做"得出来的？

我听过一些公开课，包括一些新秀的比武课、专家的研讨课、名家的示范课等。在有限的 45 或 40 分钟内，一个执教者，几十个受教者，众目睽睽之下，执教者导入之奇、设问之巧、挖掘之深，使得课堂时而鱼翔浅底，时而鹰击长空，时而百川归海，时而鸦雀无声，让观者不仅能看到一个完美的过程，还能看到令人惊叹的结果，简直是"完美得令人遗憾！"但是，铅华洗尽，一切归于平静之后，人们不仅要问：我们"教"出来的 6 年级的学生也能写出并当众答辩诸如"你认为纳粹德国失败的原因是什么"的论文吗？

其实，"上课"就是"上课"。"课"本是师生探索质疑、创造发展的平台，真正的好课哪有什么观赏性？即便能够"观赏"，也仅是观其外在"技术"，皮毛而已，其中教育智慧、教学灵性，人情交往，岂可模仿得来？如果仅是为了博得"精彩"而去准备"精彩"，如果仅是让"精彩"之人成为风光无限的"教学大师"，那又有何意义？于是，当再次听到某某在某处"做课"时，我心里就在想：我们今天缺的到底是"教学大师"还是"教育大师"？其实，放眼看去，各类全国性的评优比武后，一课成名者还少吗？新秀、能手、名师，简直如雨后春笋，冷不丁就会冒出一个、两个、三个……但遗憾的是诸如叶圣陶、吕叔湘、张志公等教育大师却再也没看见。也难怪，大师是谁想成就成的？大师是集天地钟灵、人文毓秀于一身，百年之中，大浪淘沙，砥砺锤炼而成也就数人而已。

当然，"成大师者难！"是绝不会吓住年轻一辈向往之脚步的。年轻无极限，追梦不可诽啊！但令人遗憾的是，就有一些青年教师，不是去挣脱于"教学大师"技术主义所形成的桎梏，反而是津津乐道地去极尽模仿；而另一些本该是引领教育改革的"先锋"、"精英"们，却正忙着"做课"于全国各地的讲坛。这真让人不禁想问：教育改革，你到底要走向何方？

（原载于全国中文核心期刊《中学语文教学》2006年第4期，原标题为《也说"做课"》）

附：江苏特级教师崔国明在其博客上回应《也说"做课"》一文，现转录如下：

程永超老师的《也说"做课"》（载于《中学语文教学》2006年第4期）一文，对当前比较流行的"做课"一说提出了自己的看法，见解独到而新颖，使人读后很受启发。但对程老师在文中所表露的反对"做课"的观点，本人不敢苟同。相反，我倒觉得，从某种意义上来说，语文课还是非"做"不可的。

首先我们必须要明确的是，我们所说的"做课"绝不等同于"做秀"。在这一点上，我很怀疑程永超老师是不是将二者混为一谈了。当然，将这二者相提并论且划上等号的远不止程老师一个，很多人反对将"上课"称为"做课"，恐怕也正源于此。不错，当前语文教学界确实存在着一种不正之风，将语文课堂变成了舞台，将严肃的语文教学演变成了一场又一场五彩缤纷、令人眼花缭乱的"时装秀"，外表的热闹繁华掩盖了内在的空虚苍白。但这仅仅是语文课堂教学中少有的"怪胎"，而不是语文教学的多数常态，我们没有理由更没有必要来以偏概全，因为语文课堂教学中"做课"的实质毕竟不是"时装发布会"上的"走秀"。

那么，"做课"到底在"做"什么呢？本人也有幸听到过许多公开课，其中有初出茅庐的年轻教师的试验课、比武课，也有晋升职称或优秀教师

下编 问道课堂

称号的能力考核课，有围绕某个专题而开设的研讨课、研究课，更有像魏书生、钱梦龙等这样的名家大家的示范课。这些课有一个非常鲜明的特点，或称之为共性，那就是：精心准备，倾力打造。引人入胜的导入，精准巧妙的问题设置，高屋建瓴的教材分析，清晰流畅的课堂教学组织，使得课堂时而行云流水般的平滑，时而鸦雀无声般的等待，时而慷慨激昂般的喷薄，时而百川归海般的澎湃，这些无不彰显出教师的教学才华和教学机智。但程老师却说，这样的"做课"并不正常，因为"让观者不仅能看到一个完美的过程，还能看到令人惊叹的结果"，但我想问，这又有何不妥呢？这难道不是我们所希望的课堂教学的本原吗？

因此，我们通常所说的"做课"，就是要在导入新课、教材分析、问题设置、课堂组织等方面"做"足文章、"做"好文章。

课堂教学是一门艺术，语文课堂教学和其他学科的教学相比，更是一门精致的艺术。课是"磨"出来的，是一个"众里寻她千百度"的过程，更是一个学会反思，追求完美的过程，这一点已成为人们的共识。说到底，我们每一个语文教师其实都在"做课"，"做课"也不是名家、专家的"专利"。我们平时花费了大量的时间和精力，分析教材、精心备课，这本身就是"做"；我们合理组织、理顺思路，用心上课，精心设计教学的每一个环节，这不是在"做"那又是什么呢？的确，正如程永超老师所言，"教育是个严肃的事，'上课'是个直接关系到学生发展而绝对容不得半点马虎的大事"，所以，他认为课要实实在在地上（如何将课上实在，这其中一个很重要的问题，就是要学会"做"）。

但我想说的是，也正因为如此，我们的语文课才更要花大力气去"做"，要"做"精"做"细，要用心去"做"，"做"出精品。

一句话，语文课非"做"不可。

课堂"废话"

课堂语言似乎是个老掉牙的话题，而今重提乃事出有因。笔者在一些观摩课、评优课的研讨会上，总能听到一些专家特教反复强调说，"我们的课堂语言，应当言简意丰，最好是杜绝一切没有什么意义的废话！"——"废话"，一个略带贬意之味的概念，本无探讨研究之必要，但笔者发现，一旦某个"观念"约定俗成之后，就会影响人们对该"观念"统摄下的事物的理性判断，即所谓"晕轮效应"。鉴于此，一些看似已成"定论"的问题还确乎有深究的必要，或许如此才可将其本不该忽视的地方给正视过来。

首先，让我们来明确一下何谓"废话"？各类词典解释得很明白，即"没有意义的话"，似乎无须赘言；而通常所谓的"课堂废话"，就是指"缺乏教育教学价值或离开课堂主题的言语"，因其"毫无意义"，故称之为"课堂废话"。好了，问题出现了——什么叫"毫无意义"？若仔细揣摩，我们就会发现"废话"的界定，实际上是被设置了一个很模糊的评判标准。因为"意义"本身就是一个相对性概念，任何事件相对于特定情景下的不同主体，都有可能呈现出不同的主观评判。譬如第三者所认为的"废话"，相对于对话的 A 和 B 而言，就可能存在"意义"，而这种"意义"只有特定情境下对话的双方才能心领神会。因此，我们说任何以"第三者"身份，用脱离具体语境的、静态平面化的语用标准来评定"废话"，甚至武断地为其罩上一层浓厚的"贬意"色彩，其前提就有失公允。

一、适时"废话"：一种有效的课堂语用策略

"任何人说出口的任何话都是有意义（意思）的，没有意义的话是不存在的。"语言学家如是说。而作为特殊情景下的课堂对话，由于"教化意识"评价的强势介入与主宰，人们从来都是以教育教学的价值标准来评判

的，而将与之无关的话语一概斥之为"没有意义"，但真的"没有意义"吗？其实并非如此，笔者在教学中就发现，一些貌似"插科打诨"的课堂"废话"，若放之适时，就如炒菜时适当地放入味精，即可成为营造气氛渲染情调的手段，成为表达中精巧过渡的桥梁，成为稀释费解话语的清流，甚至是一种言语美学的智慧。

譬如笔者教学《滕王阁序》一文就深有体会。这篇文赋名句云集，典故罗列，教师若一味含英咀华，时间一久，学生恐怕要"昏昏然"也。如"落霞与孤鹜齐飞，秋水共长天一色"一句，历来为论者所激赏。若只听教师干巴巴地讲析，弄不好就会落得个"晚霞与野鸭一起飞，秋水和天空是一色"，若真如此鉴赏岂不是暴殄天物？因此，笔者灵机一动，即兴穿插了几句"废话"："这句真的无可挑剔吗？老师每次讲都觉得没意思，算了，不讲了！还是说个故事吧！——写完此序，王勃南下探亲，不幸渡海溺水而死。死后王勃的魂魄天天在海上吟唱此句，唱啊唱……最后连摆渡的老船工也听烦了，于是就忍不住嘀咕了一句，'唱什么唱？如果去掉两个字——落霞孤鹜齐飞，秋水长天一色，就更好了！'没想到，从此亡魂再也没出来唱过！你们认为王勃真的服输了吗？老师请大家课后自己慢慢品吧！"一石激起千层浪。没想到的是，课后班上80%的学生都在周记里对这句进行了斟酌推敲，还旁征博引不少资料，不少鉴赏短文还写得尽情入理。

原以为这种插科打诨式的"废话"，顶多只是调节学习兴趣而已，哪曾想正是这课堂上即兴发挥的几句"废话"，却激发了学生文学鉴赏的原动力，收到了"不讲而释"的效果。其实，在修辞学里就有"旁逸"这一修辞格。"旁逸"即指在说话过程中故意"逸"出表述主旨，说几句题外之言——如果没有这些"废话"，原本简洁凝练的话语，在一定时间内就很难使人们接受认同。看来，适时"旁逸"（废话）几句也是一种有效的课堂语用策略。

二、适度的"废话"：一种必要的课堂语用手段

"语文味"理念倡导者程少堂老师曾说，"不会讲废话或者说不会科学地艺术地枝蔓的语文课，不是我心目中上好的语文课。"程老师曾在"教育在线"论坛上公开宣称，"有许多'废话'是我备课时精心准备好的，我

历来对所谓'没有一句废话的课'不以为然"。其实，"说闲话""侃大山"自古就是人们最方便的休闲消遣形式，正所谓"古今多少事，都付笑谈中"。当然，课堂不是闲聊之所，但也并不意味着就要求语言务必"言简意赅、洗洁凝练"。这正如吃饭喝汤，味太淡则如饮开水，味太浓又难以下咽。君不见许多名家上课，讲一些与教材貌似无关却有关的话，看似"废话连篇"，其实却与教材"水乳交融"。这种乳中"掺水"，寓教于乐的"对话"，却引得一江春水将课上活了。

实际上，在修辞学里还有一种叫"故复"的修辞格。所谓"故复"，就是以不同方式故意反复地运用同义话语，以保证听者在视听过程中接受某种强刺激所需要的"语量"。的确如此，课堂教学中有些松散的"谈话"看起来是"重复冗余"，却是很有必要的。再如介绍《滕王阁序》作者王勃的才思敏捷时，一般教师都会提到他"打腹稿"的故事。而有的教师就是将《新唐书》中的一段文字投影出来："勃属文，初不精思，先磨墨数升，则酣饮，引被覆面卧，及寤，援笔成篇，不易一字，时人谓勃为腹稿。"如此看似语言精练之至，但效果肯定不好。但有的教师却适度地加以发挥——"王勃写作文啊，也跟某些同学一样，从来不打草稿，也没人见过他冥思苦想。你猜怎么着？原来他先是磨啊磨，磨出几升墨汁来，然后痛饮几杯老酒，蒙头大睡！你以为他真的睡了吗？没有呢，原来他在打腹稿呢！片刻工夫，只见人家一个鲤鱼打挺，健步走到案前，提笔刷刷刷……转眼间，作文就写好了！"虽然用这种看似"罗嗦"的语言来重述故事，听课老师不爱听，但学生听了一定会记忆犹新，在笑声中加深对王勃才华的认识。

三、艺术的"废话"：一种课堂语言的优化

综上所述，教师在课堂语言实践中若能有效地对看似"冗余信息"加以妙用，那么课堂语言则会成为充满灵性与活力的师生交际语，但是，这并不意味着课堂言语就可以随心所欲，无限扩张，它更需要教师在实践中不断优化，以最大限度地发挥课堂语用的效果，而优化过程中最重要的一点，就是要求教师能够科学而又艺术地把握废话（冗余信息）的"火候"。这个"火候"既是指说什么时候说废话，也是指说废话的多少。

孔子曾说"不愤不启，不悱不发"，意思是说教师在学生有解决问题欲望时，然后才启发诱导，讲究的是个"时机"。同理，那种"东一榔头西一棒"，想到哪儿就说到哪儿的话，不仅浪费时间而且误人子弟；而有的虽口若悬河，但天马行空，一去不回；更有甚者不仅满堂"嗯嗯啊啊""这个那个"，而且语法逻辑上也存在毛病，如表述某一问题循环往复，说着说着就不由自主地说回来。我们说，这些"课堂言语"才是真正的无意义的废话。而本文所指的"废话"应是科学而又艺术的课堂语言的一个有机组成部分，说其科学，其意义在于求真；说其艺术，其生命在于创新。这种求真而又创新的语言才是课堂真正追求的语言，哪怕别人认为是"废话"，而有的教师一味追求语言文采而不顾其他，即便再"文采"也是无用之语。譬如有位老师非常讲究课堂语言艺术，可谓是"文采飞扬"，一次作文课上的话语却"艺术"得让人琢磨不透——"同学们，感情如水，理性如冰，正如八分之一的冰块浮动在水上呈现着庄重和威严，一任冰下蓝色的水飘荡，不减半点高雅，这便是理性的美啊！"说心里话，面对如此"色彩斑斓"的语言，学生大脑思维能否运转跟得上，这让人怀疑！我们说这样的"艺术语言"非但不能起到交流作用，反而成了不可逾越的"障碍"。

作家汪曾祺曾说过："语言不只是一种形式，一种手段，应该把语言提到内容的高度来认识。语言不是外部的东西，它是和内容（思想）同时存在、不可剥离的。我们不能说，这篇小说不错，就是语言差一点……语言是浸透了内容的，浸透了作者的思想的，语言的粗糙就是内容的粗糙。"——不管你说了什么，你的语言本身就是"内容"。这是一种发人深思的语言观，笔者认为，科学而艺术的课堂"废话"也应该被包含于其中吧！

（原载于全国中文核心期刊《语文教学通讯·高中刊》2006年第10期，原标题为《再说课堂"废话"》）

课堂"原生态"

一、什么是课堂

课堂教学是教师生活的主要内容。生活的特质如呼吸那样自然，故课堂理应具有生活的特质。但是，公众视野下的课堂不同程度地过滤掉生活的原素，装饰性、表演性、展示性"三性"合一令课堂有了不同程度的精彩，而这种精彩又因满足公众的感观而得到张扬。

从研究与交流的角度看，精彩的公开课不可责难，它为实践者提供了理想的样本，呈现出经努力可能企及的教学高度，提供了实践走向的参照。但是，问题却出在：追求教法新异、高潮迭起、感观愉悦的课堂审美取向被过度强化，人们极易戴着公开课的有色眼镜观察日常教学现场。观赏期待的心理落差令人对日常课堂报以失望、冷漠。实践者也因此而对自然状态下的课堂自信不足。当教师达成"只有公开课才有'看'和'被看'的价值"的共识，便消减了对常态课的敬畏和尊重。尽管教师、学生日复一日地在日常课堂中发展、成长，但又有多少教师从中体验到职业的骄傲与辉煌？当教师的职业形象通过亮相的课堂而提升，而定格，又有多少教师对日常课堂报以自信、自足？如果有，更多的是考试结果带来的内心踏实，而不是课堂中师生交流的过程。试问：在结果良好的背后，难道就没有实实在在的过程精彩？生活在，呼吸在，成长在日常课堂，却对此不报以充分的自信，不能自信地，快乐地生活在课堂，岂不是教师职业生活的憾事？

当我们热衷于公开课的"专业引领"，而公开课却又毫无主观故意地在比较中"打压"着生活中的课堂，我们真该"打抱不平"！我们希望日常课堂价值得到重认，希望教师在日常课堂充满自信和愉悦，希望灿烂的阳光投向教师的心灵。为此，我们理当摘下观公开课的有色眼镜，观赏"原生态"课堂。

真实的生活与"原生态"同义，那些没有以高成本进行刻意打磨的有

下编 问道课堂

着教师自身气息的和原创冲动（特质）的，有着过程生成与暴露认知矛盾冲突的课堂，我们称之为"原生态课堂"。原生态课堂的特征是师生交流的互不设防，认知冲突的真实展开，在焦虑、困惑、障碍中不断地生成教学的智慧。也许它远不如公开课那样赏心悦目，但它真实的生活状态令人感到厚重。教师每天生活在真实中，厚重的生活才能积淀教育的智慧——这就是我们重视原生态课堂，将原生态课堂摆上桌面加以讨论的理由。讨论的目的是：还原生活课堂的真相，重树"原生态"课堂的审美价值，让教师充满自信与快乐地生活在课堂；关注、尊重、呵护原生态课堂，为原生态课堂撑腰壮胆，提升原生态课堂滋润、发展师生生命的价值。

二、原生态课堂

当有人将"原生态"一词置于"课堂"之前，生成一个新的名词术语时，我们才突然发现，那种自然生长式的课堂已在不知不觉中离我们而去。基于失去才懂得珍惜，人们便提出了"原生态课堂"这一新概念。笔者以为这并非是什么追求新奇，臆造术语的炒作，而是一种"教育回归教育"的理性呼唤和"课堂回归原生态"的迫切期待。

何谓"课堂"？传统文化将教师定位为"传道授业解惑"者，那"课堂"自然应该是"传道授业解惑"与滋养心性的神圣殿堂。然而，长期以来，教师职业"工具化"的社会价值取向，动摇了教师对其职业的神圣与幸福的体验。人都是有实现自我价值需求的。于是，就有了将热情倾注于风光无限的公开课舞台，认为成功亮相才是教师生命张扬的追捧。然而，人们逐渐习惯于那些展示性、表演性课堂并对之报以节日般期待时，忽然又悲哀地发现，自己面对日日栖居的课堂，其兴趣却愈来愈低迷。于是，人们便又开始对那种没有刻意打磨的有着教师自身气息的和原创特质的日常课堂产生一种怀念，对那种有着过程生成与真实矛盾冲突的朴实而厚重的师生交流心存一种敬畏。"让课堂回归原生态"，这不是课堂改革的止步，更不是陈腐教学方式的"复辟"，而是"还原"到被我们曾经所忽视或放弃的课堂本真状态：去除雕饰作秀，强调真实自然，追求和谐融洽，让师生情感勾通交融，才智共生互赢，共同尊严而自信地生活在课堂上。

当然，求解课堂"原生态"，还需进一步追问教育是什么。叶澜教授曾说："在一定意义上，教育就是直面人的生命、通过人的生命、为了人的生命质量的提高而进行的社会活动。"杜威也说"教育就是生活"。基于这种对教育的深刻理解，我们说，作为教育主阵地之"课堂"，就应该是师生生命成长的绿洲，或者说课堂"原生态"就是促进生命自然和谐发展的一种生存常态。

从这个意义上讲，课堂教学就不仅仅是传道授业解惑的过程，还是师生共建精神家园的过程，是生命与生命的对话过程。在这一过程中形式完美与否并不十分重要，重要的是师生情感相通，心智互动，而促进生命发展的课堂生活常态就是生命主体间敞开心扉的交往和互动。师生在彼此坦诚相待中表真情，道真言，求真知，获真绩；实现双方在课堂上或愉悦，或庄严，或活跃，或深沉的内心体验。这丰富多样的内心体验又构成了多姿多彩的生活常态，让人们重新获得朴实厚重而又持久的幸福感。因此，那种斤斤计较于形式美感和倾心于手段创新，但缺乏质朴厚重与心灵关怀及思维摩擦的课堂，断然离"原生态"愈来愈远。

三、日常课堂

如果有人要问：教师的价值体现在何处？

相信很多教师都会回答：课堂！的确如此，作为教师而言，几乎将生命的全部意义都付予了教书育人，而教书育人的主阵地在哪？毫无疑问是年复一年，日复一日的日常课堂。如果说学校是教师职业的场所，那课堂就是教师的精神家园。然而现状又如何呢？尽管教师将生命的年轮刻印于日常课堂之上，但又有多少人能从中体验到幸福与骄傲？更有甚者是将自己"关在心造的监狱里"（余秋雨），整日陷于职业疲倦的煎熬中。试问：生活呼吸在日常课堂，却不能快乐幸福于其中，岂不是天下为师者的一大憾事？

（一）日常课堂：教师生活旅途中的幸福驿站

毋庸置疑，面对现代人酒吧、茶座式的生活时尚，教师业余生活无疑清贫而艰辛。尽管也曾想"潇洒走一回"，但一想到明天课堂上那几十双求知的眼睛，谁又能忘情于享受？是的，美好时光可用之于享受，也可用于创造；一样翻转的年轮，可以碌碌无为，也可以被永远铭记。人真正的幸福应该来自于人的内心。其实，素有"人类灵魂工程师"之誉的教师，其生活质量的高低在很大程度上是取决于他对教育事业的追求及每一天的内心体验的：如果某一天的某一节课没上好，自己心里就会觉得堵得慌；如

果某一天课上的得心应手，自己就会默默地回味一整天……原因何在？就在于日常课堂已然构成了教师生活的一部分，它的质量直接影响着教师生命的质量。

也许有人不以为然，"日常课堂平淡得如同居家过日子，谈什么生活质量？"是的，曾几何时，我们就一直面对着这样的尴尬：除了公开课，你能记住几堂自己的日常课？若干年后你的学生又能记得几堂你上过的课？于是有人感慨"教书育人几十年，一眼却能望到边"。难道这一切都源于日常课堂的平淡？笔者认为，其根本原因并不在课堂本身。罗丹说："美是到处都有的，对于眼睛，不是缺少美而是缺少发现。"朱永新教授说："一个教师不在于他教了多少年书，而在于他用心教了多少年书。"一个"发现"，一个"用心"，答案不言自明，当你在轻慢日常课堂的同时其价值也正在被日常课堂所轻慢！其实，当我们明白了教师职业使命就决定其人生轨迹必然运行于课堂时，我们为何不去"用心"经营自己日常课堂，从中"发现"曾被一度轻慢的人生价值呢？——用心经营自己的堂课，就等于经营自己的生活，让每一堂课都能或多或少地延伸你生命的深度和广度，让每一堂课都能成为你生活旅途中的幸福驿站。或许蓦然回首之时，你会突然发现，"原来教书也能教得有滋有味！"

（二）日常课堂：教师提升职业价值的土壤

教师职业价值取向如何，取决于教师怎样理解自己从事的职业的意义。华东师范大学的一位教授曾这样说："如果有人问你是干什么的，你不能说你是'教书的'，而要说你是'教人的'……""教书"与"教人"，一字之差，意义相去甚远。自古赋予教师"教书育人"的使命，但随着社会文明的演进，人们却将其简化成了"教书"的职业，淡漠了"育人"的根本。当我们习惯于"教师是太阳底下最光辉的职业"的赞颂时，却早已在心里淡化了投射孕育生命的光辉。从某种角度讲，教师职业关系着千万个生命健康发展与价值自我实现，其每天的付出远远超出 8 小时工作制以外，其辛苦的程度外界难以理解。如果在漫长的职业生涯中只有辛勤付出，而无生命增质，你会觉得很苦很累。

也许有人会说，精彩的公开课才能让教师骄傲、辉煌。是的，如果没有日常课堂的脚踏实地、千锤百炼，哪有公开课堂的真正精彩。如果仅仅倾力于、倾心于在公开课中提升价值而忽略在日常课堂为生命"充值"，职业形象终会随时间的流逝而失去光辉。日常教学是一个真实、安全、和谐的生活过程。从本质上讲它不是以"节"、"堂"为单位的，它应该是师生生命在相互交融中自然生长的一种状态。在这种状态下，看似平凡的过程流淌的应是行云流水般的自然，看似朴实无华的背后应是教育良知和教学智慧的支撑。而良知与智慧需要担待，它要有勇气包容缺陷，挑战难度，在教与学真实的冲突中经历"焦虑"、"困惑"与"障碍"，在突围教学困境的挣扎中迎来"柳暗花明"后的又一村。而这些，是我们在公开课中难以看到的。因此，与其希望于在短暂的公开课中塑造职业形象，不如扎根于日常课堂的土壤为职业生命的强盛而自我充值。

（三）日常课堂：师生绽放生命精彩的舞台

美国心理学家马斯洛认为："人的一切行为都是由需要引起的。"其中"自我实现的需要"为人之最高境界需要。其实，无论是教师还是学生，都有追求自我实现需要的呼唤。尽管风光无限的公开课堂将"教学价值"推到了一个高度，但我们说，日常课堂才是师生绽放生命光彩的广阔舞台。

"教育绝非单纯的文化传递。"是的，教育之为教育，正在于它是生命对生命的唤醒。在日常课堂，生命与生命是在互不设防中进行交流与欣赏的。交流已不仅是为了教学任务的完成，而是师生精神共享、情感交流、心灵沟通，是师生生命共同成长的过程。所以说，日常课堂不仅是教师职业生活最基本的组成部分，也是教师和学生生命历程的有机构成。它的质量不仅影响着教师对其职业的感受和专业水平的发展，也直接影响着学生个体生命价值的实现。也许当下课堂是平凡甚至琐碎的，但是当你将生命的激情投放于课堂，或大气磅礴，或清丽温婉，或机敏厚重时，学生便会在你魅力的濡染下放眼生命的天光云影，以强烈的庄严和神圣之感徜徉于科学与艺术的殿堂；当你努力将科学与文明的基因移植给学生时，你就会发现，用一颗心灵去启迪另一颗心灵，用思想去垂钓思想，生命便在看似平凡而琐碎中更加丰实……这一切似乎都印证了冯建军教授所言，"将生命融于教育，将教育融于生活，让教育成为生命的诗意存在，凸显生命的灵动、自由和独特，并以此渐臻生命的完满与幸福"。

（原载于《教育科学论坛》2007 年第 5 期，原标题为《日常课堂：我们的精神家园》）

下编 问道课堂

三问语文"新课堂"

新课程实施以来，我们明显感到语文课堂悄悄发生了变化，这也正应了"改革最终发生在课堂上"那句话，但由于不少教师对新课改在本质认识上还存有困惑，继而在课堂之上也出现了一些形式化、片面化、绝对化的做法。鉴于此，笔者窃以为，若想彻底根除我们思想认识上的障碍，就务必重新审视一下困扰着语文教学的三个"原始问题"——"为何教"（why），"教什么"（what）和"怎么教"（how）的问题。下面，笔者就不揣浅陋，试以2006年浙江省"南湖论剑"语文教研活动（主题：多元文化背景下的语文课程）为切入点，谈谈自己的一些想法。

一问："为何教"（why）

当前，新课改在试验区实践过程中碰到了一些问题，于是就有不少人群起而攻之，认为是"新课标"制定的理想化了，在现实中根本行不通！其实想来也奇怪，为何我们宁愿花更多的时间盯着"理念"的东西不放，而不去实践探索验证真理呢？试问，当我们发现自己的语文课已不再被学生喜欢，甚至是厌恶时，就是没有所谓的"新课改"，我们语文教师还能厚颜麻木多久？笔者认为，只要是有理想有觉悟的教师，都会自觉或不自觉地反省自己，"我为什么要这样教？"其实，能否想到或试着解决"我为何这样教"的问题，却正是困扰教师如何在本质上认识"新课程"的关键问题。从某种角度上讲，"为何这样教"的问题，体现了一个语文教师对新课程理念的个性化理解，或者说是体现了教师当下个体的课堂教学的价值取向。从现实观之，并不是太多的语文教师能在教之前就思考"我为什么要这样教"的问题的，有也多是放在课后反思或评他人课时提提罢了——为什么我们讨厌做"事后诸葛亮"呢？因为人们都认为，研究"用什么形式教"、"教什么内容"等似乎更容易靠拢"新课程"。于是乎，大家都以为自己用"新形式"教了就是新课程，教了"新内容"了就是新课程！

笔者窃以为，不论是"新形式"还是"旧内容"，从本质上说其本身都是没问题的，问题是我们事先是否真的将"教"之目的，建立在"如何用语文来促进学生发展"的前提上；或者说，我们语文教育的终极目标是否关怀学生作为"人"的更好地发展。著名特级教师史绍典先生曾说过，"语文，是很本色、很清醇、很生活、很自然、很人性的……；语文，是生活的、生命的、生态的……"是的，语文教育，就应该流淌着生命快乐的灵动，就应该架设着精神丰韵的崇高。如果说语文教师心中真的有了这一点，至于如何去做，那就是目标具体操作的问题了。古人云"教书育人"，就已经告诉我们"育人"才是"教书"的终极关怀，"教书"其本质就是"教人"，只是我们很多人没去深想罢了！

毋庸置疑，此次"南湖论剑"活动开课教师其个人素质在课堂之上得到了精彩演绎，但作为"研讨课"，窃以为，大家对执教者在这堂课上"为什么要这样教"，"课堂上面对突发问题为什么要那样处理"等问题会很感兴趣，但遗憾的是无论是教师课后自评，还是观课者（包括专家）他评，人们似乎更多的是在讨论、关注执教者"教了什么"、"怎样教的"，真正评说"为何这样教"的微乎其微，有个别提到者也是蜻蜓点水，一带而过。鉴于此，我们是否应该在教学反思基础上再进一步，或者说也留出一点时空，在教之前后多想想"为何这样教"，"如此教了会怎样"等问题？如果说这样做了，我们的语文教学是不是有可能上升到一个更加理性的层次呢？

二问："教什么"（what）

也许有人会说，"一个教师上课对'为什么这样教'是不会去细想的，但'教什么'不可能不知道吧！"宁波大学王荣生博士就曾指出，"我们的许多语文课，任课老师还真的不知道自己在教什么，常常连'教参这么规定'、'考试这么出题'这种极为勉强的理据都找不到、对不上"。（《从教学内容角度观课评课》）的确如此，君不见从当前语文界"语文是什么"、"语文课什么"、语文课要有"语文味"等有关语文本体大讨论中，就不难发现语文课教的是什么内容了。事实上，也正因为至今没有给"语文"下

下编 问道课堂

一个终极定性，"语文课"就被"编成了一个筐，什么都可往里装"；也正因如此，我们突然发现所有"课"，唯有"语文课"是什么人都可以指手画脚，品头论足的！其实，无奈之中我们又能说什么，因为自己连"自己是什么"至今都要去讨论，那又拿什么去驳斥别人评说呢？也难怪今天有那么多人站起来大声疾呼"语文课应找回自己的家园"，"语文教育应有自己的专业理性"等。

譬如这次"南湖论剑"展示课《爸爸的花儿落了》（小说教学）和《音乐之声》（戏剧教学）。这两篇课文可谓是"语文味"极浓的作品，在教学过程中执教者都将"电影片段"引入了课堂，手段时尚而合理，这有错吗？没有——问题是教师引入电影的意图与其产生的客观效果之间存在的落差。尽管执教者和观课者心里都清楚明白"电影"在此只不过是用来评析作品的手段，是凸显文本的参照物。可是，课上完后留给学生及观课老师的感觉是"电影"（陪衬物）而不是"文章本身"（主体），这当然也合乎情理，但给人的启示是：为什么我们的语文课就不能通过"语文"本身来让学生体验作品（语文）呢？

又如两堂作文教学课：《阅读歌词：让我去追让我去飞》和《短信生花》。作文教学本身就是一个难题，这里不再赘述，但比较这两堂都是指导写作技法的作文课，我们发现一个有趣的现象：两位老师都重在启发学生"写作思维"，但前者是教师先提出规律（五种鉴赏歌词方法），然后再让学生选择练习；后者则是教师引导学生从若干语言现象中总结出规律（短信特点等），然后再让学生练习。从两堂课效果来看，后者明显好于前者，有人说是前者在选材上没有贴近学生（选用的都是老歌曲），这或许是个原因，但从更深层次挖掘，我们发现，两者其实存在着本质的区别，即"演绎思维"和"归纳思维"的不同。著名物理学家杨振宁先生曾指出过，中国人一贯讲究的是"演绎思维"，即先拿出规律，然后再按规律去验证现象；西方人更重于"归纳思维"，即他们喜欢在现象中去寻找，然后从中归纳出共性的东西。两种都是"思维方法"，孰优孰劣，不分上下。但是，就是这两种看似简单的"思维方法"，一旦在生活中被演化为习惯、态度，则会产生截然不同的效果。前者尽管能够短时见效，立竿见影，却不能给人灵动的空间；后者看似费时耗力，但若习惯使然则会开拓出创新的天地

（所以有人认为西方创新者多）。如此看来，语文课堂上教师思维着眼点不同，则会导致学生对世界认识习惯的各异，正所谓是"种瓜得瓜，种豆得豆"，教师教什么，学生则会学什么，而且是一辈子的影响。

三问："怎么教"（how）

如果说语文教育是一门"艺术"，那么有人认为"怎么教"就是在研究这门"艺术"。其实严格来讲，现实教学中的"怎么教"还没有真正触摸到"教育艺术"，顶多算是被人异化为"方法、技巧、手段"的东西罢了！而真正的"艺术"是站在一个更高的境界来审视过程中的点点滴滴，是灵动与创新的结合。著名教育家吕型伟就说过"教育是艺术，其生命在于创新"，"创新"不是谁短时间内就能修炼成就的。于是纵观当前语文教研，我们会突然发现，原来更多的人关注"怎么教"，而不在乎"教什么""为什么这样教"的原因了。其实，"方法、技巧、手段"的东西并非不重要，或者说它就能够"短、平、快"地让人接受，而且有时候立竿见影。但须注意的是，方法技巧若想运用自如就务必要建立在深厚的"内功"基础之上。君不见武功道场深厚者，即便是随意一招，都能使对方招架不住，靠的就是"内功"而非"招数"；而我们在观摩一些名家上课时，就会发现他们于不经意中引入课堂的平常之物，却能春风化细雨，腐朽变神奇，不见招数，却显艺术，给人予"看似无招胜有招"的享受。反之，有些人刻意地去追求方法的新颖、技巧的不凡和手段的独特，却往往会弄巧成拙，"画虎不成反类犬"，即便掩饰得点水不漏，却让人感觉不到什么有价值的东西。这次"南湖论剑"活动主办者意在探讨多元文化背景下语文教育问题（其中包括"教什么"、"怎么教"），所展示的课例有"网络、电影、流行歌曲、手机短信"等，可以说"论剑"活动高潮迭起，反响强烈，但在"怎么教"的问题上却留给我们深层次的思考：

例如教学《两小儿辩日》，教师在课堂上引入"网络"，即将网线接到了课堂，让学生用"百度"搜索引擎查阅资料，可谓手段独特，紧跟潮流。学生也兴趣盎然！可教师让学生查阅的是"太阳离我们远近"的资料，这不禁让人大跌眼镜，试问这究竟是在教经典《论语》篇章，还是在学"自然地理"呢？

下编 问道课堂

　　再则就是"合作探究"的课堂形式。现在是逢公开课必"讨论",而且还是"小组合作"的,那到底什么样的"小组的讨论"才具有教育价值?笔者认为肯定不是那种追求活动表面的热闹和形式,而忽视对内在过程有效转化和品质提升的"为活动而活动"。本次活动展示课例中《音乐之声》是一堂非常好的课,可遗憾的是教师偏要插上三次"不超过一分钟"的小组讨论,很明显这样的"讨论"是肤浅形式化的、是局限于表层的活动,这让人又不禁要问:难道"新课程"就一定要贴上讨论的"标签"?

　　还有就是《短信生花》这堂课,教师将短信引入课堂的确是用心良苦,因为现代生活中的人们(主要指城里人)离不开"短信",我们相信,这位来自上海的老师面对上海的学生一定会让课堂"生花",但放在城乡结合部的一所普通初级中学,并想以此来上作文教学,结果还真的遇上了麻烦。教师用了14分钟才好不容易将学生引到"短信"上来。当然,后面也有几个学生写出了一些"优秀短信",但主要还是得益于教师牵引使然。如此看来,不同教学手段一定要因人而用,区别对待。如果说放错地方,即便是再好手段也是"虎落平阳"而无用啊!

　　(原载于人大书报资料中心《中学语文教与学》2006年第12期,原标题为《三"问"语文新课堂》)

作文"课堂"五点思考

杭州萧山举行的"浙江省高中语文（作文课堂教学）优质课竞赛"，来自全省各地的优秀教师共展示了十三节优质课，此次竞赛可谓是代表了浙江省作文课堂教学的最高水平，与会者观摩之余，感慨颇多。

一、动力："要我写"还是"我要写"

众所周知，作文乃"缘情言志"之物，是主体情感的自觉倾诉，其写作冲动主要来源于内驱力。它既不受制于人，也不屈从于外，但有的作文课堂教学却是建立在学生外驱力基础上的"命题"写作，即教师预设目标不切实际，学生不会写也得写，不想写也要顺着教师的套路写。

譬如有位教师讲《诗化写作》，他侧重的是技法的指导，本是想让学生在写作中掌握所谓"诗化"的方法（"语言诗化、意境诗化、构思诗化"）。姑且不说让学生写"诗"有多难，更别提"诗化写作"了，就是这位教师自己是否弄懂了什么叫"诗化"也让人怀疑。从他努力推演的效果来看，学生根本就没能进入状态，始终在所谓的"诗化"大门外徘徊。最后教师非要学生当堂习作，其结果是要不学生习作干瘪无味、没有"诗化"，要不就是文笔不凡但与此豪无干系。教师这种非"要我写"的做法，实在是揠苗助长，强人所难。

而另一位教师讲《巧用·突转·兴波澜》则完全不同。她先让学生质疑自己的下水作文《父与子》（没有用到"突转"的微型小说），以激起学生兴趣，然后通过熟知的课文资料《德军剩下的东西》，师生总结出巧用"突转"的方法，在此基础上再让学生运用所学改写《父与子》。学生兴趣盎然，改写很成功，最后教师趁热打铁让学生运用"突转"练习，给一篇小小说《网》续写结尾。学生写作情感被完全激发，课堂气氛热烈，结果是水到渠成，佳作不断。有的习作看来比原创还要好。

可以说，激发学生的写作欲望和创作情感，永远是写作的原动力。因

为只有学生的内驱力被激发，写作才可能变"教师要我写"为"学生我要写"。教师若能从学生知、情、意、行等方面入手，全方位多角度地调动学生情思，才可能消除他们畏惧作文的心理，写作活动也才能顺理成章地进行。

二、情感："真情感"还是"伪情感"

把激发写作欲望和创作情感作为写作的原动力本是件好事，但须明确的是"欲望和情感"应该是学生自然而生的。可是在实际操作中，许多"欲望情感"的人为激发，在很多情况下只是教师个人的一厢情愿，对学生而言，欲望是"假欲望"，情感是"伪情感"。譬如想当然地认为"只要移用'悲情'就能打动学生!"

纵观此次公开课，发现很多教师恨不得采编世上一切悲惨音像图片来打动学生，于是感情基调一个"悲"过一个，有好几幅"悲情"图片还出现了"撞车"。而某位教师的课题干脆就叫"让悲悯之光照亮心底"，课堂上教师悲情四溢，想方设法调动学生的"悲悯情怀"，最后以材料《一只"西装鸡"的诞生》来要求学生写出自己的"悲悯情怀"。说实话，"悲悯情怀"并非是谁能在短短数十分钟内就能激发起来的!果然，有些学生竟然是笑着读习作，这让人怀疑，学生究竟是为自己而写还是为了应付而写，尽管有的文笔不错，但这情感是发自学生内心的吗?

但有一位教师讲的《感受·唤醒·表达》则是一次成功范例。教师紧扣马思聪的《思乡曲》，先让学生谈谈感受（不熟悉作家，感触自然不深）；然后教师谈及自己第一次听曲的感受，因为对马思聪了解不多，因而感慨也不深刻；但当知晓了作家一生坎坷经历后（特别马思聪去世前一段话"这个世界很美"），教师自身情感积淀被强烈唤醒，从而写下了散文《这个世界很美——关于马思聪及〈思乡曲〉》（《散文》2005年第6期）。教师讲述完再让学生听《思乡曲》，学生听了教师的亲身感受及《思乡曲》相关背景，内心对"家"、"亲人"等情感也随之被唤醒，从而写出了许多感人的佳作。

新课标指出：写作要"注意表现自己觉得新奇有趣的或印象深刻的内容"，"力求表达自己对自然、社会和人生的独特感受和真切体验"等。其中反复提到"自己"，如果说"我要写"是写作的动力，那么"为自己写"则是写作的终极追求。所以，教师若能积极与学生进行情感对话，以情动情，以心换心，才能使学生内心产生强烈共鸣与反响，从而使他们产生进一步联想和创作的欲望，并顺着这个方向为自己写、写自己的东西。

三、途径："方法技巧"还是"情感思考"

探讨此问题之前，首先要弄清"作文课堂教学什么"。过去我们对此认识往往是多了些神圣的诠释，却少了些质朴的理解。其实，"作文课堂教学"就是在课堂这一特定环境下的师生之间的作文活动。至于怎样活动，活动什么，传统的作文课堂模式，大多是教师居高临下指挥着学生如何"审题、谋篇、行文、润色"，如何做到"构思要巧妙，立意要独到，语言要生动，技法要高超"等。可这些"方法技巧"的传输和训练，在实际操作中却直接导致了学生作文普遍呈现"新八股"风（情感虚假，言之无物，千篇一律），但问题是否就出在"方法技巧"本身上呢？

其实不然，如一等奖获得者讲的《用心感受生活》则较好地回答了这一问题。这位老师侧重的也是方法指导。他设计了三个环节（方法）：调动感官（耳、眼、舌、鼻、身）；生命同构（赋万物于人的情感）；角色互换（如果我是他……）。三个环节，符合情理且层次递进，而每一环节之前教师都极尽可能地创设具体可亲的情景，通过多媒体演示，动情解说等，有效地调动了学生的情趣，触动了学生内心的思考，最后学生化用其法，思如潮涌，写出了不少片断佳作。如此看来，写作"方法技巧"本身无错，而错就错在教师"教授之法"。因为任何"方法技巧"都必须是学生在拥有了"写作情感"的前提下，才能在实践中去感悟、内化成为自己的写作技能。

纵观此次成功的作文课堂教学，譬如《感受·唤醒·表达——关于自由写作实践的一次对话》《对写作素材的深度挖掘》等，不论是偏重于指导"方法技巧"，还是侧重于激发"情感思考"，所呈现出总体趋向是：教师将"方法技巧"的指导与"人"的存在有机结合起来，即教师在关注学生思想情感和其主体性的基础上，逐步做到让学生先"动情"再"入理"，然后"得法"。这才真正体现了新课改理念在作文课堂教学中的渗透，也凸显了课堂教学在写作中的价值与意义。

四、能力："语言能力"还是"思维能力"

也许从前过分强调"表达"而忽略了"思维"，现在形势则又倒了过

下编 问道课堂

来，作文课非常重视"思维启发"。其实，突出强调"意在笔先"、"思维先于表达"本没有错，但将本是一个整体的东西割裂开来则是过了，而更有甚者，有些美其名曰"重视发展学生思维能力"的作文教学，却让人感觉是打着"发展思维"的幌子在上"思想分析课"、"政治辩论会"。如果说语文课要有"语文味"，那作文课也应有"作文味"，而"文味"又何在呢？

此次竞赛的十三节课大部分都是侧重于"启发思维"、"激发情感"，如《情真如何意切》、《作文，亮出你的思想来》等都是侧重于此。教师大多数堂课都是以展示画面和播放音乐为煽情手段，课堂在教师精心设计且"循循善诱"下，学生情感被激发，思维受启发，看起来一切似乎都在顺利进行。但笔者总觉得少了些什么，这种看似完美的做法，究竟是拓展了学生视界，还是诱导学生陷入单一的事先预设呢？即便教师启发正确无误且能引起学生思维漫射，但课堂上三言五语的思维点拨就真的能让学生写出文章吗？这不仅让笔者想起数学家苏步青教授说过的话，"现在有的研究生连起码的一篇完整通畅的论文都写不好"。难道数学研究生就弱智到无"思维"来表达吗？显然不是！思维和语言就如同硬币的两面，两者相辅相成，不可偏颇。

当然，笔者在此无意否定作文教学侧重于培养学生思维能力。应该说注重学生的思维训练是当前作文教学的重要内容，因为我们学生在作文中存在的最普遍的问题也正是思路狭隘，逻辑混乱，表现出来的就是老生常谈、千篇一律、不知所云等常见的问题。但作文教学并不单单是思维训练，其最终目的还是要培养学生的语言表达能力。新课标认为写作教学应"重视发展学生的思维能力，发展创造性思维"，但也指出"应着重培养学生的观察能力、想象能力和表达能力"。可惜的是，此次唯一一节有关语言表达的课《因为（语言）出彩，所以出众》却遭到了某位特级教师的质疑："这哪是在讲作文，倒像是在讲修辞。"笔者实在搞不懂，没有语言表达能力的培养，再精妙绝伦的思想又怎能让人品得出来！

五、作用："教师引导"还是"多媒体误导"

这次竞赛中还有一"亮点"就是十三堂课中唯有一堂课没有用到多媒体。有人说，"万一停电，不知还有多少课可以继续的？"戏语中道出了一个悲哀的事实。的确，就如同有些医生停了电就不能给病人看病一样，也有些教师离开了多媒体技术就无法上课（特别是公开课）。此语并非危言耸听，过去我们总是认为"技术在本质上只是摆在人手中可以让人控制的一种东西"。可是不少教师却用"电"成瘾，最终演变为"技术在本质上成了人靠自身力量控制不了的一种东西"（海德格尔）。关于此类问题，阅读教学中已有人论及，笔者在此不再赘述。

我们知道，作文课堂教学中的"对话"只是一个引子，目的是触发联想、启发思维，引导学生进入写作状态。如果教师能够适时恰当地使用多媒体，则有助于师生之间进行智慧的交流，思维的碰撞。如果"不该用时用，不该用的也用"，对于能力强的学生而言，直观的多媒体就会限制他们的思维；而对于思维处于弱势的学生而言，则会消除理解难度，养成思维惰性。

其实，任何先进技术最终还是由人控制的。若能将人的自身潜力挖掘出来，则能以静制动，以不变应万变，特别是在写作教学中，教师若能以身示范，下水在作文，岂不是"身教"胜于"电教"？可惜的是，在十三节课当中，真正能拿出自己文章的教师寥寥无几，人们不禁要问，"一个自己都不会写作的教师，凭什么在学生面前高谈阔论"。而此次竞赛冠军得主之所以能赢得大家青睐，或许与他自己就是一位优秀的作者（创建"守望"校园文学网，在《散文》等纯文学刊物上屡见文章）不无关系。教学中这位老师仅以音乐《思乡曲》为引子，整堂课紧扣自己写的散文《这个世界很美》，以自身体验来唤醒学生写作的激情和欲望，从而在动态中生成不少教学契机，而这些契机则又成为新的情感触发点，使作文课堂焕发出生命的活力。

当然，课堂上教师还要有一双慧眼，才能敏锐地识别捕捉住契机，并果断地做出教学决策。这又要求教师有较强的临场听知力、综合判断力、教学理解力和高超的协调力等，所以于漪老师说："语文教育的质量说到底是语文教师的质量。"

（原载于人大书报资料复印中心《中学语文教与学》2006 年第 7 期，原标题为《关于作文课堂教学的五点思考》）

下编 问道课堂

辑二　镜头

一句诗中读境界

——《人生的境界》教学叙事

　　人教版高中语文第五册选录了冯友兰先生的文章《人生的境界》，这是一篇哲学随笔，内涵丰蕴，却在深入浅出中让人感受着中国哲学的深邃与洞明，特别是文中冯先生提出的"人生四境界"之说，学生兴趣盎然。其实，我对中国哲学也颇感兴趣。为了能使学生体悟个中精髓，我还特意查阅了很多相关的名家解读文章，在自认为充分备课的心理准备下，我援引了陶潜《饮酒》诗中"采菊东篱下，悠然见南山"一句来阐释"天地境界"，我问大家"从这句诗中你能看出诗人是何种境界？"

　　学生开始众说纷纭，莫衷一是，于是我点拨道："关键在于你对'见'字作何理解。"其实，在我的（预设）理解中，陶潜这句诗应该是冯友兰先生"天地境界"最好的印证，关键看你如何理解"见"字：若将"见"读成"见（jiàn）"，人与自然之间就是欣赏与被欣赏关系，人在自然外，自然成了人观照的对象。若是理解成"现（xiàn）"，人与自然则不是欣赏与被欣赏的关系，而是人在自然中，自然映人眼，所谓"我见南山悠然，料南山见我亦如此"，从而体现了人与自然，乃至于宇宙之间"天人合一"之和谐，这或许就是冯先生所说的"天地境界"……

　　然而，正当我准备顺理成章地引导学生"入瓮"时，班上那位叫韩莉的同学却站起来说，"老师，我不敢苟同"！更让我"吃惊"的是，事后她在"周记本"中还写下一篇《一句诗中读境界》的文章给我：

　　　　上课时语文老师提了一个问题：从"采菊东篱下，悠然见南山"这句诗中你能读出陶潜的什么境界？众说不一。我在回答这问题的时候说"菊也是生命，采之有违自然"，大家都笑了。但我却是很认真的。我说，这诗句中最令我重视的不是"见"而是"采菊"二字。因为在我的意识中，"生命高于一切。"尽管咱们中国人似乎更崇敬舍"身"取"义"的道德伦理。

后来老师给了一个参考答案：若是"悠然见（jiàn）南山"，是物为我所见，则物在身之外，这是自然境界。而若是"悠然见（xiàn，现）南山"，南山自然浮现，不着痕迹，真的南山与心里南山一同浮现，则是物我合一，这是天地境界。不得不承认这个答案很玄妙。但老师说这也只是一家之言。

的确，这也只能是一家之言。我有不同的思考。其实，我的立场简而言之四个字："众生平等"。"弱肉强食，适者生存"是自然界的规则。动物食人或人食动物都是生存之道，无善恶之分。但我坚决反对在完全不必要的情况下伤害生命，为了自己的快乐而玩弄生命让我深恶痛绝！而陶潜先生之所以不能达到"天地境界"则正是欠缺了这种生命意识。

菊和人类在自然界是平等的。他为了"悠然的情调"就能采之，可见他还是脱不了人类俯视他物主宰他物的优越感。所以，陶潜不过也是达到"胸怀百姓"的道德境界罢了。退一步而言，即使那是一株无生命的假花，存在于东篱之下便也是自然的一部分。而一个天地境界的人，理应顺应自然的人如何能去加以破坏？一念及此，又不免觉得迷茫。什么是自然？是一切自然界有生命的事物，是在人类影响之前就已经存在的事物，还是能与自然融为一体的事物？如果我坚持着我的观点而推断，那么，人类就只能小心翼翼地生存，力求不把自己的影响加诸于任何自然的事物之上。所谓的天地境界就是"无为"了。于是，我再度翻看冯先生笔下的"天地境界"："最后，一个人可能了解到超乎社会整体之上，还有一个更大的整体，即宇宙。……有这种觉解，他就为宇宙的利益而做各种事。他了解自己所做的事的意义，自觉地在做他所做的事。……就是我所说的天地境界。"如果"顺应自然"是我对冯先生的话的错误的引申，那么我回到原点。先生的意义很明确："天地境界"是要自觉地为宇宙利益做各种事。可谁能告

下编 问道课堂

诉我，什么才是"宇宙的利益"？

　　课堂上说了那么多，现在想想有点苦笑不得，但这都是心里真实的思考，自然而然也就用笔画下了轨迹。其实，要了解一个人谈何容易？诗中窥人，真的就代表了他自身的真实的境界么？……

课堂上韩莉同学提出她的见解时，我亦不以为然。记得当时我还结合陶潜的生平思想做了进一步"劝解"：

　　我说，诗人陶潜曾在另一诗中说到"久在樊笼里，复得返自然"，这一"返"字，其实就是诗人高度"觉解"的体现，也正是那些无觉解或少觉解的乡民所无法达到的。这里的"樊笼"可能是指"功利境界"与"道德境界"，而陶潜已越过了这一境界。而韩莉你所说的"顺应自然"的困惑，我以为正是大家区分"自然境界"与"天地境界"的困惑，而解惑的关键就在于"觉解"。其实冯先生所谓"天地境界"与道家主张也有相似之处。道家讲究"法天法地法自然"，以自然为法，已经不是"自然境界"，而是一种很高的境界。"自然境界"中的人浑浑噩噩地混日子，以近乎本能的状态行动着，他们"少知寡欲，不著不察""行乎其所不得不行，止乎其所不得不止"，"凿井而饮，耕田而食""日出而作，日入而息"，等等。他们都"顺应自然"，但这种"顺应"却是"被动顺应"，而"天地境界"之人则是在"觉解"宇宙规律中去主动地顺应。……如果大家还有异议，可在周记中进一步探讨！

　　然而，直到韩莉将这篇文章交到我手上时，我才突然意识到自己"霸权话语"扼杀了这个美丽的思想。现在仔细想想，她所提"采菊"一说不无道理，而且就是"天地境界"最生动的诠释，我当时却自持有"名家解读"不以为然，真是后悔不已。同时，我明白了一个道理：学生对教师"预设"问题的兴趣远不如来自他们自己阅读体验得来的"问题"。

　　记得王荣生教授曾将语文教材分为四大类——"定篇""例文""样

本"和"用件"。按照其划分标准，《人生的境界》当属"定篇"类选文。（定篇：一般是指经过时间淘洗而留存下来的人类基本典籍；在每一个文学式样、时代或领域里，它是代表性的经典。"定篇"作品教学的主要目标是"彻底、清晰、明确地领会"作品。）根据"定篇"类选文的教学原则，教师在课堂上不可随意发挥，做无根基的创新解读，以使学生能充分了解"关于作品权威、正宗的解说"，或者说，教师预设的"教学问题"应该服从权威解说。然而，实际教学中我们困惑的是，"定篇"类选文的阅读教学就非得膺服权威解说不可？

其实从某种角度上说，这也关乎语文教育价值取向的理解问题。仔细想想，语文阅读教学的价值取向并不是"静态"的，在这一点上新课程理念早已明确指出，语文课程是为了能够"全面提高学生的语文素养，充分发挥语文课程的育人功能"。换而言之，任何文本的解读学生都有提"问题"的权利，无论是"定篇"教学还是其他类选文教学，我们教学的最终指向不仅是让学生接受"结论"（当然，学生应该传承目前这一相关的权威主流的结论），更重要的是能让学生在接受过程中培养起"问题意识"。现代教学从本质上说"知识"（权威结论）不是产生学习的根本原因，产生学习动力是学习主体的"问题意识"。"问题"就是开启知识大门的钥匙；学习就是一个不断"质疑"和"解惑"的过程。可以说，如果没有"疑惑"（问题）就不会激发起学生的好奇心和求知欲。这样的语文课堂，即便教师教的内容再"精彩绝伦"，也是失败之作。

现在仔细想来，我们教师的"精力"还是应该放在课堂之上如何去培养、呵护学生的"问题意识"，如何去处理学生"生成"的问题，就如同医生研究"病人"而不是研究"药"一样，让我们的学生探究未知世界的兴趣和思维惯性能得以无限扩展。

（原载于《黑龙江教育·中学教学案例与研究》2010年第10期，原标题为《一句诗中读境界》）

让细节绽放精彩

——《项脊轩志》教学叙事

毋庸置疑，语文阅读教学要"关注文本"，"回归文本"；语文课堂要有"语文味道"，"语文意识"。的确如此，走进文本，精读细品，深挖细掘，教出"语文味"，是语文阅读教学的根本所在；且有学者早已指出："其他课程学的不是文本本身，而是文本所负载的内容；而唯有语文课，它才主要是学习文本本身的。"

然而，再看看当前某些流行的"阅读教学"（特别是一些公开课），披着新课改的外衣，打着"人文性"的旗帜，撇开文本而"高谈阔论"，营造氛围而"电闪乐鸣"！可是热闹之后，学生却惘然若失。原因何在？笔者认为，最根本的一条就是"忽略细节"。细节，无论是文本中的细微之处，哪怕是一词一字一标点；还是教学过程中的"小插曲"，哪怕是一言一笑一叹息，都有可能成为一个新的亮的教学生成点！而许多人在教学过程中却不以为然，或一笔带过，或蜻蜓点水，因对"细节"内在价值缺乏足够认识，其结果是失去了一次对文本深入开发，课堂再度升华的极好机会。"细微之处见功夫！"在语文教学中，关注文本细节，观照教学过程，机智巧妙设疑，积极引导探讨，往往可以形成一个又一个意想不到的高潮，从而也使学生对文本的阅读上升到一个新的层次，使课堂上升到一个师生融合互动的境界。下面，笔者就不揣浅陋，以《项脊轩志》为例，以求方家指正。

当研习到"借书满架，偃仰啸歌"一句时，笔者也陶然于中，得意地解说道："借来书籍堆满书架，归有光安居于轩内，长啸高歌，多么逍遥自在，怡然自得啊！"突然，有学生冒出一句，"老师，借来这么多书，难道不还给人家吗？"一石激起千层浪！马上有学生附和，"是啊！他出身于官宦之家，家有婢女，应该是富庶的，为什么还要向人家借书呢？这不合情理呀！"学生们议论纷纷，笔者当时一愣，也觉得言之有理！而自己备课时却忽略了这一细节（其实教参就译成"借书"），看来此处确有问题！于是圆场道："大家读书心细如发，把老师也难住了！精神可嘉！这样，我们一起查证，看看'借'字在此处到底作何解？"学生很兴奋！不一会儿就查到了"借，即藉字之转注。古只作藉。"之后师生又查了"藉"，发现"借"的繁体字就是"藉"（空籍五岁矣——《史记·陈杞世家》）。最后师生统一了意见，此处"借"应作"藉"，意为"杂乱"，极言归有光家书之多！没想到，一个"借"字倒生成了师生深入探究语言的"其乐融融"场面。

而当学生口译"后五年，吾妻来归"一句时，又出现了一幕。有位学生将其译为"过了五年，我的妻子来到归家。"他认为，这里的"归"就是指"归家"，没必要将简单问题复杂化，尽管课文注解为"女子出嫁"。可能是受刚才"借"字影响，有些学生也赞同！说心里话，学生能有如此钻研精神，为师者均倍感欣慰！但在鼓励之余，错误必须得到纠正。笔者结合例证解释："若解为'归家'，那'吾妻归宁'中的'归'又当何解呢？其实'归'乃会意字，从止，从妇省。本义就是女子出嫁。《说文》曰，'归，女嫁也。'在此解为'归家'，是巧合了！"

一"借"，一"归"，细节之辩，尽管教师差点下不来台！却让我笔者到是多次教学此文中最好的一次。在此，笔者不由想起深圳特级教师程少堂先生所言，教学要"教出对语言的敏感，包括对文体、语体和字、词、句的敏感。要让学生学会通过字、词、句的字面意义或字典意义，读出字、词、句的深层含义或象征意义。而这三者之中，教出对字、词、句的敏感为最基础最核心"。其实，除了字、词、句等文本研习外，还有些细节涉及文旨文趣的理解。

如文中借老妪之口回忆母亲一幕："妪又曰：'汝姊在吾怀，呱呱而泣。娘以指叩门扉曰：'儿寒乎？欲食乎？'吾从板外相为应答……"一般很少会有人在此质疑。因为母亲听到儿女呱呱啼哭而问寒问暖，本是人之常情。但有个学生却说："老师，既然归母如此疼爱儿女，为何自己又不带着孩子睡呢？"（笔者也曾有过疑问），但这是"吹毛求疵，钻牛角尖"吗？其实并非如此。据资料表明，归母周氏生育八个子女，就在归有光八岁那年，年仅二十五岁的母亲因节育手术不当而过世时，尚有三子两女未育成人。

那时候母亲"隔门相问",只因自己难以照顾众姊妹,才让老妪代劳,其苦衷又有谁知?如今母亲亲切话语犹响耳际,这对于幼年丧母之人而言,是何等亲切温暖,值得眷念!实际上这是进一步赞美了母亲之美德。作者仅仅用寥寥数语,就把母疼儿之情,儿悼母之意,写得深沉感人。当笔者解说之后,学生洞察了内情,个个唏嘘不已。

综上所述,对于课堂教学过程中的点点滴滴,教师须练就一双慧眼,敏锐地识别,及时地捕捉,果断地做出决策。如此,才能引导学生走进文本的语言深处,才有可能使得"细微之处见精彩,细微之处显神奇",而这"精彩、神奇"之中又散发着浓浓的"语文味"。

(原载于全国中文核心期刊《语文建设》2006年第3期,原标题为《让细节绽放精彩》)

含蓄，也是一种力量

——《纪念刘和珍君》教学片段

当再次教学《纪念刘和珍君》一文时，我对学生说，这是一篇经典散文，倒并不是因为鲁迅先生的名气，也不是因为它是入选语文课本多年的传统篇目，而的确是文章处处闪耀着"鲁式智慧"。学生笑，不信！我说：纵览全文，作为读者你体会最深的是什么？学生答：是文章那通篇燃烧着的"悲愤"的火焰！我问，那火焰如何燃烧才能最大极限释放"悲愤"呢？学生众说纷纭——那好，咱们就尝试评析，看看先生如何匠心独运，将他那"鲁式"智慧隐于文中，艺术地将这"悲愤"燃烧起来的？

一、"出离"，还是"它们""后死者"

课堂上师生研习文章第一节这样几句话：

> "我已经出离愤怒了。我将深味这非人间的浓黑的悲凉；以我最大的哀痛显示于非人间，使它们快意我的苦痛，就将这作为后死者的菲薄的祭品，奉献于逝者的灵前"。

师：毋庸置疑，这是一段极尽悲愤之情的文字！你以为哪些词眼最能体现先生心中的那份"悲愤"呢？

生1：譬如"出离愤怒"、"浓黑的悲凉"、"最大的哀痛"等词语就最能体现了，尤其是"出离愤怒"，我觉得这一说法很新鲜，很特别的。

师：特别在哪里？是不是"出离愤怒"就是没有愤怒了？

生1：那倒不是，应该是超越了愤怒。

师：什么叫"超越"愤怒呢？

生2：也许就是此时无怒而胜有怒吧！（生笑）

师：很好，像"出离"这样的词语最能直抒胸臆、宣泄情感了。还

有吗？

······

生 3：老师，我觉得"它们"这一词用错了。一般来说用在人身上多用"他们"，而动物和无生命的事物才用"它们"的。

师：你读书很仔细，这或许是先生的笔误吧？！

生 4：我以为这不是作者笔误，而是有意为之。对于那些走狗政客，就是一群"它们"。（众笑）

师：分析有道理，比老师聪明啊！其实，这还有一个词大家忽略了！——"后死者"，（板书）这是一个极其深刻的概念！谁来说说看？

生 5："后死者"不就是"后死的人"吗？

师：是吗？那为什么不说是"后死的人"或"死得晚的人"呢？

生 5：用"后死者"应该更精练些。

生 6：我明白了！这里是不是表明鲁迅先生和刘和珍君等烈士之间的关系：不仅仅是表面上"先死"或"后亡"的关系，而是"后死者"与"先行者"的关系？！

师：说得好。其实，我们这里是不是可以这样理解，所谓"后死者"是相对于"先行者"而言的。先行者对后死者有"托付"，后死者对先行者则更有"责任"和"承担"，作为后死者们不仅应该传播先行者的思想，还负有"接着往下讲，往下做"的历史使命。（生鼓掌）······

毫无疑问，文中那种"出离愤怒"的情感宣泄是对杀人者强烈的控诉，而"它们"、"后死者"等遣词造句却不失为一种力量的蓄势，而含蓄，即力量之源。

二、"击"，还是"弹从背入"、"手枪"

文章第五节，先生极尽细腻刻画之能事，生动而细致入微地再现了三位女性的死状及虐杀场景。我设置了这样一个问题：一向惜墨如金的鲁迅先生是怎样精心刻画这一杀人场景的？为什么要这般渲染？

······中弹了，从背部入，斜穿心肺，已是致命的创伤，只是没有便死。同去的张静淑君想扶起她，中了四弹，其一是手枪，立仆；……但她还能坐起来，一个兵在她头部及胸部猛击两棍，于是死掉了。

　　每一届学生教到此处，我知道他们的解答不外乎是"控诉了反动政府的残暴及三位女子的勇毅"之类的套话。这也难怪鲁迅先生的文章就在这"套话"中被中学生曲解了。果不其然——

　　生1：我觉得这样的细节刻画，就如同电影特写镜头在观众脑海里放映，给人强烈的视觉冲击力，反动政府的残暴仿佛就在眼前。

　　生2：文章不厌其细地说"（子弹）从背部入"、"（杨德群）又想去扶起她，也被击……"读来如临现场，好像能看清刽子手杀人的每一个动作，而更难得的是杨德群等弱女子之间的英勇互助。

　　师：应该说刚才两位讲的都没错，但这还是一种宏观概括，大家能不能深入品味文章，看看先生是如何将"残暴""英勇"落实在字里行间的？

　　生3：譬如这一句"一个兵在她头部及胸部猛击两棍，于是死掉了"，他们的确残忍得令人发指，中枪了还要"猛击"，这不是非要置人于死地吗？

　　师：如果我们将这个"击"字改成"敲"呢？

　　生4：不好！"敲"没有"击"的力度大，"击"就是刽子手的凶残。

　　师：不错！但老师这里还是有疑问——作者有必要这么细致入微地刻画吗？譬如文中说"中弹了"，就够了，有必要再繁笔一句"从背部入，斜穿心肺"？是不是有些啰嗦呢？

　　生：……

　　生5：哦！"弹从背入"，子弹应该是从后面打的，可见她们并不是与军警面对面地对峙，而是进入了军警预设的包围圈，而且能"斜穿心肺"，说明军警早已瞄准多时，这个证明就是一场有预谋的大屠杀！

　　师：你分析得很精彩，看来可以成为刑侦专家了！（生笑）

　　生6：老师，我有不同意见，我觉得鲁迅先生是有些啰嗦！文中描写到殉难细节，什么"弹从左肩入，穿胸偏右出"，特别是"中了四弹，其一是手枪"。难道鲁迅先生真的想做刑侦专家，难道连什么凶手用的什么枪，什么子弹穿的什么部位都要交待明白吗？这又不是验尸报告？

师：你这个问题提得非常有意思，"其一是手枪"有必要交待吗？

生：……

师：手枪一般是谁用的？

生7：手枪是军官使用的！我明白了，这次屠杀是有人指挥的。

师：对了！这些铁的事实，有力地戳穿了段政府"通电"。政府所谓的"通电"造谣这次惨案是李大钊等人（投影）"率领暴徒数百人，闯袭国务院，泼灌火油，抛掷炸弹，手枪木棍，丛击军警。各军警正当防御，致互有死伤"。从先生的这些隐晦的字里行间，我们发现，这一惨案，绝非是什么军警"正当防御"，暴徒"丛击军警"，而是事前筹划好的，有预谋有组织的一场大屠杀。

生8：老师，那鲁迅先生为什么不直接写出来呢？

师：这就是先生文章的智慧之处啦！我们都说鲁迅先生的文章是"匕首投枪"，其实那不仅仅是说先生澎湃激昂的直面搏杀，更是一种高超的艺术。我们说艺术的力量在于情感，而情感的价值有时候直接讲出来，不如隐含在字里行间的空档里，留得空间越大，留给读者的空间就越大。换句话说，含蓄，也是一种力量。

（原载于全国中文核心期刊《语文学习》2010 年第 11 期，原标题为《含蓄，也是一种力量》）

"阿Q，色狼乎？"

——《阿Q正传》教学片段

　　粤教版高中语文必修四第三单元的小说《阿Q正传》可谓中国现代文学中的经典，正如法国作家罗曼·罗兰所说："如果让我选编世界上十篇最伟大的作品，其中就有一篇是《阿Q正传》。"如此可见，阿Q这一文学形象，曾吸引多少世人探究的热情。我和我的学生也不例外，课堂上对小说文本细节之处，若不咀嚼一番是绝不放过的。

　　这不，当研读到《续优胜记略》"阿Q调戏小尼姑"一章：

　　　　阿Q走近伊身旁，突然伸出手去摩着伊新剃的头皮，呆笑着，说："秃儿！快回去，和尚等着你……""你怎么动手动脚……"尼姑满脸通红的说，一面赶快走。"和尚动得，我动不得？"他扭住伊的面颊。……

　　"意外"出现了！下面有人突然扑哧一笑，平时那几个活跃男生在窃窃私语，看着他们"不怀好意"的样子，我知道一定是这段"描写"触及了他们青春敏感区，于是故意问他们有什么问题。其中一生小声说道："老师，我们在讨论阿Q是不是个色狼！"此言一出，全班哗然！我还真有点猝不及防，他们竟会在课堂之上说出这等话来！

　　——怎么办？联想到近期阅读了不少研究鲁迅小说的文章，心中有底，何不就此入手，引领学生深入剖析阿Q性格一番？

　　师：是啊！孟子曰"食色，性也"。人食五谷杂粮，谁无七情六欲？阿Q也逃不过"色"这一关啊！

　　生：原来老师也赞同阿Q是色狼啊！正如老师您刚才所说，"食色性也"，阿Q也是人，而且是个男人！（生笑）

　　师：这不算证据，你从文中哪里可以看出他好色？要用事实说话！

生：其实，这从文中旁注就能看出——鲁迅先生为什么在文中让阿Q"摩"小尼姑的头而不用"摸"呢？这就细腻地刻画出了阿Q调戏妇女的色情味道！并且"摩"完以后还不忘"拧"一下小尼姑的面颊，看来色胆包天！（生笑）

师：呵呵，除此之外，还有证据吗？

生：还有！文中不止一处交待过（翻书）"他对于以为一定想引诱野男人的女人，时常留心看；他对于和他讲话的女人，也时常留心听"，"他五六年前，曾在戏台下的人丛中拧过一个女人的大腿"，最不能容忍的是他竟然对吴妈赤裸裸地说"我要和你困觉"，这已经不是一般的挑逗了，简直一个流氓行径！

师：分析得有些道理嘛！看来读得很仔细，但阿Q的"好色"除了天性外，就没有别的什么原因啦？

生：老师，我反对！刚才同学提到阿Q猥琐不堪，但大家别忽视了一个前提：阿Q是在什么情况下调戏小尼姑的——他是被他这一生中最看不起的两个人王胡和假洋鬼子痛打之后，且"精神胜利法"又无法拯救他的情况下才这样的！而这时小尼姑迎面走来，刚好成了他泄怒的对象。古人云：饱暖思淫欲。一个几分钟前还被别人痛打的人，又哪来闲心去调戏女人呢？

师：哦？你刚才说数分钟前还被别人痛打的人不可能"思淫欲"，这不恰好印证了阿Q本性好色吗？

生：我以为阿Q这样做纯粹是为了转嫁自己的痛苦。虽然阿Q是一个可怜的男人，但他却是一个可怜可悲可恨的男人，尽管他在小尼姑面前显得如此龌龊，貌似色狼，但其本性绝非好色，而是他劣根性的折射，这也正是当时病态社会产生的一个怪胎。

生：我也反对！阿Q向吴妈说出那样的话当然龌龊，但大家注意到没有，阿Q为什么要向吴妈求爱？这都源于小尼姑那句"断子绝孙"的骂语。古人说"不孝有三，无后为大"，阿Q当然知道，正是这句骂语动了阿Q的心，于是，他才满脑子都是女人，才会脱口而出"我要和你困觉"——乍看是耍流氓，但这绝不同于今天"上床"之类的挑逗语。一个省略恋爱过程直奔"传宗接代"主题的阿Q，又哪来"色心"去调情呢？

师：果然不愧是语文课代表。老师补充一点，咱们问题讨论一定得基于课文，大家发现没有，当吴妈寻死觅活时，他还傻乎乎地去看热闹，浑然不知道是自己惹的祸。天下哪有像阿Q这样的流氓！其实，阿Q如果真是好色之徒，他还是有机会的，别忘了阿Q城里发迹回到未庄，还有那么多女人跟他套近乎，他完全可以动歪脑筋的，可文中有写他乱来么？（大家笑了）

　　生："老师，原来你早跟他们一伙的呀！"

　　师：（长叹一声）哎！没办法，谁让他们更有说服力呢！

　　……

　　上述课例片段中学生对"阿Q是否是色狼"问题的探讨，在笔者的引导下，构成了对阿Q人物性格分析的切入口，竟然成了难得的教学资源。记得当时听到学生提出此问题，感觉触及敏感，似乎有些不妥，但又一想，学生既已提出，若能依据文本分析，至少说明他们是在认真阅读。现在想来，辛亏当时因势利导，借用问题分析问题，以欲擒故纵的方式，形成了相互辩驳的意见，从而引导学生把对人物阿Q的性格分析引向深处。

　　纵观当下语文课堂，有时我们惧怕无法解答学生所提出的"奇形怪状"的问题，从而粗暴"打压"了学生的好奇心。有时我们这些"打压"或许无意，是因为自己没有意识到"问题"的教学价值，错误地认为学生"言不及义"。有时我们对于学生"旁逸斜出"的问题，担心影响教学进度，于是采取搁置策略，最终不了了之。当然，也有不少教师表面上让学生"思考"、"质疑"，然而多数情况下是给了学生"思考"的口号却没给学生"质疑"的权力。因为在传统"演绎教学"的惯性牵引下，教师骨子里就是将学生"质疑"限定于自己预设范围之内，不管学生怎么"质"也是"孙猴子翻不过如来佛的手掌心"，一切尽在掌握中。如此种种，其最终结果是泯灭了学生质疑的欲望，弱化了他们学习意识，丧失了教育最可贵的探索精神。

　　当然，巧用学生所提问题生成课堂教学资源是门学问，关键在于教师如何巧妙将学生问题和教学预设结合起来，让问题为教学服务。笔者认为，教师处置课堂生成问题的策略应做到：敏于倾听、巧于化解、善于捕捉、成于梳理。教师首先要抓准学生所提问题的根本，探寻其与教学预设的联

系（譬如上述教学片断中探讨阿 Q 是否好色与剖析其人物性格是一致的）；将问题巧妙分解或化解，组织讨论，在讨论中教师善于捕捉不同观点，指导学生深入思考辨析，并最终梳理总结形成定论。当然，教师当场应对课堂生成问题的策略，考验的是教师灵活的应变能力、扎实的教学功底和高超的教学智慧。

记得美国学者布鲁巴克曾说过："最精湛的教学艺术，遵循的最高准则就是让学生自己提问题。"笔者深以为然。只有当学生提出"问题"时，"教学"才真正开始。其实，教学中不论学生所提"问题"形式如何（譬如"阿 Q 是色狼"的问题），只要这些"问题"是学生在学习过程中有感而发的，就说明教学产生了"问题意识"。从某种意义上讲，对学生"问题意识"的培养正是教育的终极追求。因为"问题意识"形成的过程即学生形成学习能力的过程，是学生思维走向敏捷，思想走向深刻的过程。

（原载于全国中文核心期刊《中学语文教学参考》2015 年第 5 期，原标题为《阿 Q，色狼乎?》）

山阴道上走，如在画中游

——《兰亭集序》教学设计

一、教学说明

王羲之的《兰亭集序》作为书法作品，历来为人推崇，被尊为"墨皇"，亦有"天下第一行书"之誉。其实，作为入选教材，文章也是文辞优美，识见高远，至今脍炙人口，熠熠生辉。而作为一篇文言文来教学，如何在具体教学过程中妥善处理好文言关系，打破传统机械的先"言"后"文"教学模式，却值得探讨研究。鉴于此，笔者以"文言融生"（详见拙文《文言文教学：行于文言之中》）为教学理念指导，试图将"因言释文"和"因文悟言"相结合，尝试另辟一条文言文教学之蹊径。下面设计则拟从这一角度作如是探讨。

二、教学目标

1. 理解并掌握写景言情时关键词语（重点文言词语）的作用及影响。（"因言释文"）

2. 在了解兰亭宴会的基础上，认识作者感情由乐转悲的原因及在深沉的感叹中暗含的人生思考的哲理性。（"因文悟言"）

3. 了解本文骈散并行而以散为主的行文笔法。

三、教学过程

（一）导入新课

素有"书圣"美誉的王羲之不仅擅长书法，也长诗文。书法作品《兰亭集序》被后世评论者誉为"行书第一"（出示临摹图），只可惜我们看到

的是临摹本，据说其真迹已随唐太宗葬入昭陵而失传。但是，作为散文佳作的《兰亭集序》却脍炙人口，流传至今，真可谓是"文质双绝"。下面，我们就来一同欣赏这篇文章。

（二）审读课题，

提问：《兰亭集序》这一标题如何断句？（或问：这是一种什么文体？在文中哪几句话能看出来？）

明确："兰亭/集序"还是"兰亭集/序"？A.会于会集山阴之兰亭。B.后之览者，亦。C.故列叙时人。

（掌握"序"这种文体：书序与赠序区分；为下文"兰亭集会"展开垫本）

（三）朗读文章，研习文本

1.朗读课文，提问：既然《兰亭集序》是一篇序文，它与通常序文有不同之处吗？

明确：作为书序，除了具备一般书序介绍写作缘由、成书过程和本书意义外，最大的不同是：文章由事及理，从一次宴会上升到对生死的思考。

2.文中作者是如何从一次宴会上升到对生死的思考的？（或者问：作者的情感变化的过程是怎样的？）

明确：这篇作品的情感变化流程是一个由"乐——痛——悲"的过程。作品也是以作者的情感为主线来建构的。

接下来具体研读作者是怎样表达三种不同情感的。默读第一自然段。

（一）第一段

1.提问：本文记叙了这次兰亭集会盛况，这是一个怎样的集会？何以见得？最好用原文回答。

明确：良辰——美景——佳处——乐事："信可乐也"。师生共同研习如下：

良辰："永和九年，岁在癸丑，暮春之初"。即东晋穆帝永和九年三月三，结合"癸丑"，简介古代干支纪年及相关知识。

佳处："会稽山阴"即浙江诏兴，兰亭在诏兴兰诸山，当年勾践曾经在那种过兰花所以就以此为名为兰亭。

乐事："修禊事也"。"修禊事也"，禊事，类似于云南傣族的泼水节。

这种祭礼要挑个黄道吉日，古人规定三月上旬的"巳"为修禊日。但魏以后用三月三日，不用"巳日"。（提问：春天在古代分几个阶段？明确：孟——仲——暮）

人物：群贤毕至，少长咸集。重点落实"咸"字。

美景：崇山峻岭、茂林修竹、清流急湍、映带左右（解释词语并板书）重点落实研习"修竹"、"清流"。

明确：作者用简洁雅净、铿铿有致的语言，写出了宴集之地优美的自然风光。"崇山峻岭，气势高峻；茂林修竹，幽深静谧；清澈溪流，洁净明朗；湍急的流水，飞花溅玉"。这些景物清澈明朗，而又生机盎然。

2. 赏析："引以为流觞曲水……"

我国古代有流觞而饮、吟诗歌赋之雅俗，因此，贤士聚会免不了"酒"与"诗"，"酒"是感情的催化剂，"诗"是情感的产品。流觞曲水（把盛酒的杯放在水面上循曲水而下，流到谁的前面，谁就取来饮酒），于是诗兴大发，贤士纷纷临流赋诗。虽无丝竹管弦之兴，然而可以"畅叙幽情"，各抒怀抱。同时教师补充"滥觞"一词：江河发源处水浅，仅能浮起酒杯。后来比喻事物的起源、开始。

3. 出示"流觞曲水"图片：要求学生展开想象，做一段宴会场景描写，然后与原文两相比较，从中理解一些文言词语的文化意味。

明确：看到这幅图，似乎时光倒转，回到兰亭集会上，仿佛看到了这些雅士间儒雅的风度和诗意人生，这种美好的聚会自此以后成为千古美谈。直到今天，每年三月三日，有许多书法家、画家、文学家都会汇集此地。

"天朗气清，惠风和畅"。（"惠风"："暖风熏得游人醉，只把杭州作汴州。"只有春风才算得是惠风，和风。）

"仰观宇宙之大，俯察品类之盛。"（要求学生翻译此句，并能分析"俯""仰"所指，同时体会这两个骈散结合的句子）

总结：有人说，自然是心灵的风景。的确，自然是人心灵的外化，诗人和艺术家笔下的"风景"，往往不是纯粹的客观外在物，而是贯注了诗人和艺术家心情的情致化之景，是主客观交融的产物。中国传统美学和哲学都特别强调天人和一，天人感应，相互交流与相互共鸣。自然的存在与人类息息相关，它体现人的精神生活，展示人的精神品格。

（二）第二段

人们常说："好花不常开，好景不常在"，"天下没有不散的筵席"。第一段宴会描写是如此欢快自在、酣畅淋漓。为何这一段却让我们咀嚼到痛感呢？

1. 提问：本段表现了作者什么样心情？找出最能体现作者情感的一个字。

明确："痛"——这是痛心？痛惜？悲痛？先不忙作答，作者因何而痛？

人要真实地生活在现实里，总要与各种人、事打交道，这就是世俗生活。如何面对世俗生活，作者概括了两类不同的人生态度：

其一是"或取诸怀抱，悟言一室之内"。（把自己的胸怀抱负，在室内畅谈。）

其二是"因寄所托，放浪形骸之外"。（就着自己所爱好的事物，寄托自己的情怀，不受约束，放纵无羁地生活。）

2. 提问：这两种人生态度可取吗？能否有更积极的人生态度，譬如就着自己的才华，到社会上去施展人生的抱负？

赏析：王羲之所处时代是"天下名士，少有全者"，许多著名的文人都死在残酷的权力斗争中。因此，天下名士首要任务是保全性命。因而，有的人谈玄悟道："悟言一室之内"；有的人归隐山林，"放浪形骸"之外。正如王羲之在文中写道："虽趣舒殊，静噪不同，当欣于所遇，暂得于己，快然自足。"他们陶醉于一时的快乐，追求暂时的满足。可就一时的满足和陶醉中，岁月流逝，青春已经不再，而功业无成，作者自然发出人生的感慨"曾不知老之将至"。

3. 重点研习以下语句，深度明确作者的"痛"是什么？

"及其所之既倦，情随事迁，感慨系之矣。"人生就是这样永无止境地追求满足而又不断地厌倦，既充满了快乐也充满了无尽的烦恼，怎能不感慨万分。

"向之所欣，已为陈迹，犹不能不以之兴怀。"往昔的盛会已化为历历在目的往事，过去曾有的欢乐，已如流水向东而去，这真是"胜景不常，胜筵难再"，这怎能不让人黯然神伤。

212

"况修短随化，……"况且人的寿命的长短，要听凭造化，无论寿命的长短，其结果是殊途同归。自然是自在、自足无外求的，而人生需要外在的事物来满足。自然是永恒的，人生却如此短暂且欲望无止尽，而更多时候是"心想而事不成"，这样"人生的矛盾"又是绵绵无尽的。作者在对死亡的观照中，再次感受到人生之痛。

这种"痛"是痛什么？——对"人生短暂，世事无常"的痛惜。

（三）第三段

前面两段分别讲到了"乐""痛"，那么接下来作者的感情会有怎样的延伸转变呢？（请一学生朗诵，师生感受作者字里行间的情感）

1. 理清本段的思路。

明确：首先，作者陈述读古人"兴感"之作时的体验，"若合一契"说明古人也有感于死生，然后转入对人生的深入书写，这与当时的社会风气有关，随后作者发出"后之视"的感叹。最后交代了作品的成因，总结全文。

2. 提问：很多人都说这段以"悲"为感情基调，那么到底是不是真的"悲"呢？重点研习以下几句：

"每览"一句：每看到古人对死生发出感慨的原因都像契那样感触相合，我就为此悲伤感叹，也说不出是什么原因。

"若合一契"一句：像符契那样相合。"契"是古人借贷的一种凭证，从其甲骨文字形可一目了然。（写出甲骨文 用刀在木上刻字，古人把它分成两半合起来就是凭验）

"一死生"和"齐彭殇"一句：这里"一""齐"是同义词，都是"把什么看作一样"的意思。"一"和"齐"都是庄子的看法。"彭祖"（活到800岁懂得养生之道，所以把他当作长寿的代名词）。

"后之"一句：后人看待今天也像今人看待从前一样真是可悲啊！

教师总结，钱钟书曾说："目光放远，万事且悲。"魏晋时代，由于社会黑暗，现实残酷，人们便转向了内心世界的思考。从某种意义上说，魏晋时代人们的精神是最解放最自由的。近代"生命情调"、"宇宙意识"的哲学思想，都是从其超脱的境界里萌芽而来。他们对时间和死亡的恐惧，并没有必然导向消极悲观，反而有更强烈的创造冲动，以扎实的现实努力，

来抗拒人生的"空无"。就这一段而言，可以说，虽然王羲之在尽述古人、今人和后人之后，慨叹了人生的无常，但是他的这种慨叹，不是消沉，沉寂，而是一种奋起和抗争。

三、课文总结

"山阴道上走，如在画中游"。读罢《兰亭集序》，那掩映其间的森森林木，那穿插云霄的处处绿竹，还有那清幽水中自在嬉戏的鹅群，也许会在某一天"复活"在你的头脑中，激活起你对那个时代文化的深沉遐思。也难怪有人这么说：欣赏《兰亭集序》一文，亦如欣赏其书法作品一样：夏饮甘泉，神清气爽；秋日登高，天晴气朗；严冬围炉，温暖如春。

（原载于全国中文核心期刊《语文建设》2008 年第 3 期，原标题为《〈兰亭集序〉教学设计》）

平凡之中见新意，意到笔随显真情

——《随笔》作文教学设计

【教学目标】

1. 知识和能力：

掌握随笔写作的特点，从细节处培养学生语文综合运用能力。

2. 过程和方法：

在"听—论—练—评—写"的表达交流过程中感悟"平凡中见新意"。

3. 情感态度和价值观：

培养学生求真务实的写作精神，理解"平凡孕育伟大"的哲理，从而在日常生活中体味细节，思考人生，发展潜能。

【教学设想】

（粤版）普通高中语文新教材·第二册第三单元（议论散文）中"表达交流"部分，安排的是以"平凡之中见新意"为主题的小论坛。很明显，编者将这一"小论坛"放置于议论散文钱钟书的《窗》、莫利的《门》、秦牧的《菱角的喜剧》和孙绍振的《说不尽的狗》等文本阅读之后，其意图旨在让学生能从平凡生活及大自然中去发现不平凡的东西。本着"用教材教"原则，笔者以为"论坛"仅是便于师生表达交流的形式，但内容切不可简单地处理为"师生满堂论"，而应该是融"听—论—练—评—写"为一体、以"写"促"论"为终极的综合。其中"写"之形式，用具有"即兴笔墨、求真务实"等特点的随笔写作为佳，这也适合于课堂之上学生勤于动笔、善于思考、畅所欲言。

另外，笔者始终认为，激发学生表达欲望和创作情感，永远是写作的

原动力。作文乃"言志""缘情"之物，而绝非无病之呻吟，正所谓是"我手写我心"。任何"高招技巧"都必须是创作情感积淀达到"自由写作"的境界，学生才有可能在实践中内化为自己的技能。笔者拟用一课时，组织学生在"写中论"，在"论中写"，从而揭示"平凡之中见新意"的主题。课前教师搜集相关资料，做成多媒体课件；学生整理出《班级优秀随笔集》（与主题相关的优秀之作）。

【教学步骤与内容】

一、激情导入，营造氛围

上课伊始，教师导入："我们发现大师之所以为大师，有一点不可忽视，即他们能于平凡之中见新意，譬如钱钟书的《窗》、莫利的《门》，写出了新意且有哲理，可堪称为经典。其实，同学们平时周记随笔中也不乏'经典之作'，这些'经典'也都有一共同之处，即源于平凡世界的点点滴滴。"

然后教师当堂展示《班级优秀随笔集》（大部分已发表于校刊杂志），接着要求，优秀者请你谈谈随笔写作的成功之处？（《班集》激发学生潜在的创作欲望与兴趣；优秀者的感想一般都会是随笔的主要特点）。随后师生总结出随笔写作的两个相辅相成的条件及共同特点。（不求答案相同，意思相近即可）。（投影展示：）

"真——不求工、但求实、展个性、抒真情"，
正所谓"清水出芙蓉，天然去雕饰"；

"随——意到笔随、随兴泼墨、随处可写"，
正所谓"文章本天成，妙手偶得之"。

接下来，教师就通过"听—论—练—评—写"立体式"论坛"，来激发学生"在论中写，在写中论"——"平凡之中见新意"的主题。

二、手口并用，平凡见新

第一环节：听（投影显示：）

古有许慎《说文解字》，今改新版"解字说文"
"男" + "妇（婦）" = "家"

教师引导：平常汉字，无处不见。但你能否从这三个汉字中悟出新（深）意吗？［学生能悟出"男"和"妇（婦）"，但"家"字可能需要点拨；若能将三字联系起来则更好，若不能则点拨］然后教师或学生以"男＋妇（婦）＝家"为例，趣解汉字："在田地里出力气的男人，拿着扫帚的女人，即便是组成家庭也会在家里养着猪，由此可见咱中国人的勤劳品性啊！"师生从中提炼出"中国人勤劳"的话题，并口头作文，其他同学边听边思考，在听"解字说文"中感悟——原来用三个平常的汉字也能即兴"说"文，且能说出新意来。

这一环节旨在告诉学生写作要勤于观察、善于思考，新意就在平常中。实践证明，对学生进行口头演示有如点燃创作灵感的"火把"，极大地激发了学生写作兴趣，且在有意无意中锻炼了学生"听"的能力。

第二环节：论

"听"完之后，教师又出示一张写有"6/9"的漫画，走到学生中间，分别提问左边与右边的学生——"到底是6还是9？你能从这平常的阿拉伯数字中看出什么吗？"并以此为话题，要求学生联系社会现实，展开议论。学生基本上都能够从中感悟到"角度"、"相对性"等观点，教师尽可能引导持不同见解的学生结合生活感悟，尽兴"论"随笔。

这一环节，教师要留两分钟让学生完成诸如思考、讨论等准备活动。实践证明，如此学生才能够思路清晰、创生新意、畅所欲言。数字之"论"，虽微不足道，但积沙成塔、集腋成裘，所思所感，相互碰撞，无疑又启发了学生——"原来平常的阿拉伯数字也富有深刻的哲理！"

第三环节：练（投影显示：《兽言物语》）

　　鸭子说：走自己的路，让别人说去吧！

爆米花说：如果没有压力，我才懒得开花呢！

杨柳说：就是把我倒着插，我也照样长成大树！

镜子说：你对我怎样，我就对你怎样！

……

这一环节，教师让学生从这些平常之物中选择一语，联系生活，自选角度，写出新意（作 300 字以上的随感）。新意之作既可是完整内容的叙述，也可是写作提纲的概览，但务必突出一个"新"字。另外，教师还要求学生能够在 10 分钟后将自己的作品当堂完整展示。

10 分钟练笔，是学生独立思考、自由创造的时间。实践表明，学生的写作情感与原创力一旦被激发，如上述"听"和"论"等热身完成后，教师即刻让学生动笔，快速作文。学生基本上可进入状态；同时教师也可"下水作文"。

第四环节：评

在完成上述环节后，教师让学生相互传阅习作，再从中推荐出有代表性的优秀作品，要求学生自己大声朗读习作。（若时间允许，教师也可范读自己的"下水作文"）师生从是否"平凡之中见新意"这一角度，相互点评。并告知学生，对他人的评议也可整理成随笔。

实践证明，在相互讨论交流、评议比较的过程中，同学之间能取长补短，进一步规范、完善了随笔写作的要求；师生也从中发掘了有创意的"平凡·新意"的优秀之作；同时也训练了语言组织能力，取一举多得之功效。

第五环节：写

这是最后一个环节。教师要求学生或以"兽言物语"为话题，或另辟蹊径，另起炉灶，就近取材于身边的平凡事物，结合社会生活实际，写篇不少于 600 字的有创意的随感。

这一环节（大约一节课时间）是对前者的总结与深化。"写作不是教出来的！"实践也证明，学生在完成上述系列环节后，既激发了表达交流的欲望，又拓展了发散思维的空间，更主要的是很多学生觉得"言未尽，意也未穷"，已经整合生成的表达欲望和创作构想，使得自己有不吐不快之感。

三、总结反思

（粤版）新课标高中语文实验教材安排的"表达交流"部分，一改以往写作和口语交际分离的沿袭，而是将两者有机地融合在一起。笔者也认为这是语文教育的一种回归。因此，笔者将"平凡之中见新意"为主题的小论坛，处理为语文能力的综合运用。实践也证明，"听—论—练—评—写"这一立体式课堂互动，将"平凡之中见新意"的主题有机地融入了这一整体之中，使学生从典型事例中切实体验到"世事洞明皆学问"，"平凡之中见新意"的哲理；同时，也从人的"知、情、意、行"等方面入手，全方位多角度地刺激学生感官，既消除了他们畏惧写作的心理，又使大家真正体会到，"生活无小事，处处可作文"。

（原载于《新作文·中学作文教学研究》2007 年第 11 期，原标题为《平凡之中呈新意，意到笔随见真情》）

寻觅散文教学的情感 "链"

——《听听那冷雨》教学设计

【教学依据与思路】

一般而言，一篇散文都会有一个根本的思想或情感"链"。作家就是在这一"链"的牵引驱使下游走文字。有时这一"链"或是文本中的一句话，或是隐含于文中的数个词，这就启发人们：解读散文文本，读者可以通过"点击"这个能使作者产生创作冲动的触点，顺着那条勾连文本肌理的"链"，钻到作品的气韵精髓里去。具体而言，教学者可将其"链"整合成一个或数个牵一发而动全身的"话题"，从而以简驭繁，最终打通作品全部脉络。余光中先生散文《听听那冷雨》就是这么一个很好的教学样本。

《听听那冷雨》（节选）是苏教版高中语文实验教材必修二中的选文，被编排在"慢慢走，欣赏啊"一专题，根据教材编者的要求，教学应以活动体验的方式进行，学习重点是鉴赏余光中散文的意境美——感悟美、发现美、创造美。鉴于此，本课的教学流程便确定为：紧紧围绕着"听听那冷雨"这一情感"链"，采取层层剥笋的方式，将课题《听听那冷雨》分解为"听雨—听冷雨—听那冷雨—听听那冷雨"四个层面，逐层引导学生体验散文文本所蕴含的文学魅力。

【教学过程】

一、导入

（教师投影台湾诗人高雨秀《相思》，出示幻灯片）

打开电视机/台湾——雨/台湾——雨/几乎天天如此/雨多得出奇/说奇倒也不奇/人类四分之一的/相思泪/倾泻在那里

【设计意图】：学生通过诗歌《相思》的引导，可发现：①诗歌对彼岸台湾思念之情的主题与本文遥相呼应；②诗歌以"雨"为中心意象，本文以"雨"为行文线索，两相呼应。

二、赏析文本，体验文字背后的余氏情感

题如文眼。赏析余先生这篇散文，笔者以为从文题入手，紧紧抓住"听—听—那—冷—雨"一语，层层剥析文题，即"听雨—听冷雨—听那冷雨—听听那冷雨"。（出示幻灯片）：

> 何是"听雨"且是"听·冷雨"？
>
> 为何是"听'那'·冷雨"？
>
> 为何是"'听听'·那冷雨"？

【设计意图】：文章中心意象是"雨"，对这一意象的感悟方式是"听"（"听"的繁体字"聽"，既用"耳"，更用"心"），这种"聽"的方式自然能感悟出"雨"的多重内涵；而余先生偏用"冷"字饰之，既有客观环境之"冷"，更现内心所绪之"凄"；这种凄绪因何而来？是那一水之间的彼岸？是那渐行渐远的文化？是那……也许都有，但先生还是拿起他那支写诗的笔用左手写下这篇音韵绝华的美文《听听那冷雨》。可以说，我们对文题层层剥析解读的过程，也就是沿着余氏文字，一路观赏沿途风景，一路渐进先生内心深处的过程。下面，我们就按这一过程走进散文：

（一）"听·雨"

教师设问：（出示幻灯片）

> 问题：文题"听听那冷雨"，既然是"听雨"，那作者是从哪一节开始写"听雨"的？请找出并且画出你认为写的美的语句，在旁边写下你的感受。

【设计意图】：预读过的学生基本能明确文中"听雨"的描述是第 5 - 11 节，所以有别于传统按序降解的做法，教师引导学生直接进入第 5 节。

文章第 5 节除了是开始写"听雨"的语段，同时也是一段意蕴丰富的文字，无论是内容上还是形式上，都适合纲张目举，举一反三。在教学方法上宜用体验式的"美读法"。通过恰当的语调、语速、重音、停顿等来体

味余氏散文的意味。下面就以第 5 节为例：

1. 请同学朗读；指导学生评议朗读，谈谈体验。

2. 教师根据学生体验适当补充，帮助学生走进文本。如果学生体味不深，教师则需架设问题，恰当帮助学生走进文本。譬如：

①作者写大陆听雨："疏雨滴梧桐""骤雨打荷叶。"两句是写景有何特点？如何通过诵读体现？（化用了古典诗词，景色凄美。可以抓住关键词，如读"滴"、"打"，声音可放低、停顿稍长些。突出从"听雨"的角度写；停顿稍长，可以引发人联想、想象。可见，意境要靠想象去感悟。）

②作者分别用了怎样的一组词来形容大陆和台湾听雨的不同感受？这些词语位置能否调换？如何通过诵读体现？（在学生讨论的基础上明确：凄凉、凄清、凄楚和凄迷。不能调换，"凄迷"更添游子命若浮萍，飘泊无定感。诵读时声音渐次低落，语速逐渐缓慢。）

③作者如今岛上听雨，为何会想起蒋捷之词？如何诵读体验？（作者写本文时已人到中年，蒋捷之词也抒发了作者的人生感悟。尤其是十年前他的小儿子夭折了，正好是一场大雨，称之为鬼雨。因而在诵读"一打少年听雨——三打白头听雨在僧庐下"等语句时，其中三"打"，停顿时间可渐次增加，语速逐渐减慢，"江阔云低"、"亡宋之痛"，放慢语速。放慢，能突出人生不同阶段听雨的感受，并引发人联想，体会字里行间丰富的内蕴。）

④文中"雨，该是一滴湿漓漓的灵魂，窗外在喊谁。"你如何理解？如何诵读？（一"滴"灵魂，绝响量词，浸淫的是雨水、泪水。另外，按照习惯，本应"雨在窗外喊谁"，而作者却以倒装句呼问。而倒装句式常用于欧式语言，在诵读时舒缓语气可引发联想："在窗外喊谁"，"窗外谁在喊"等。作者欧化句式，使语言灵活新颖，增加了阅读的乐趣。）

3. 赏析后再让学生配乐自由诵读，然后引导学生总结：通过第 5 节的学习，你了解了哪些欣赏散文的方法。学生回答后总结：

①感知意象，把握景物的特点；（调动多种感官）

②揣摩语言，体悟蕴藉的感情；（抓住关键词、修辞句式等）

③展开想象，领会散文的神韵。（用自己的体验去感受作者的情感）

接下来，学生在第 5 节赏析示范下，自由选读第 6–11 节，体味余先生在大陆听雨和在台湾日式瓦屋内听雨的不同描述。（明确：第 8 节承上启下，而六七节和九十节则分别是两岸听雨感受。）教师必须备课充分，仔细研读每一细节以备不虞之需，若有时间有学生提出，则适当引导。譬如：

——第6节：王禹偁黄冈竹屋听雨。引经据典，文白夹杂，化用诗文，自然随意，浑然天成。

——第7节：①"雨天的屋瓦，浮漾湿湿的流光。"化用冯延巳《南乡子》中"细雨湿流光，芳草年年与恨长"一句。②"温柔的灰美人来了，她冰冰的纤手在屋顶拂弄着无数的黑键和灰键，把晌午一下子奏成了黄昏。"雨是感性的女性、雨如敲打乐等意象，比喻绝妙。尤其是一"奏"字，生动贴切地点出雨中天色，呼应了前面纤手弹键。

——第9节："不然便是雷雨夜，白烟一般的纱帐里听羯鼓一通又一通，滔天的暴雨滂滂沛沛扑来，强劲的电琵琶忐忐忑忑忐忑忑，弹动屋瓦的惊悸腾腾欲掀起"，以"羯鼓一通又一通"比喻雷电交加的雨夜，"电琵琶"则形容闪电，"忐忐忑忑忐忑忑"则又令人联想到电子乐器的演奏，以此描绘滂沛硕大的雨滴击打在屋瓦上的声音，以及作者雨夜倾听雨势而随之起伏不定的心情。

——第10节："雨是一种回忆的音乐，听听那冷雨，回忆江南的雨下得满地是江湖下在桥上和船上，也下在四川在秧田和蛙塘，一下肥了嘉陵江下湿布谷咕咕的啼声。"此处作者刻意将文句拉长，造成文字稠密，意象繁复之效果，"满地是江湖"，原为"雨下得满地是江，满地是湖"，而作者这样写就更能营造出一种滂沱的景象，且句式新颖"下肥了嘉陵江，下湿了布谷咕咕的啼声"，就更显得新鲜有趣。

——第11节："因为雨是最最原始的敲打乐从记忆的彼端敲起瓦是最最低沉的乐器灰蒙蒙的温柔覆盖着听雨的人，瓦是音乐的雨伞撑起。"原为"雨是从记忆的彼端敲起的最原始的敲打乐，瓦是覆盖着听雨的人的最低沉的乐器，瓦是撑起音乐的伞"，而作者在这里运用的欧化的句法、活泼的句型与特意的倒装，加上不完全的句子，使得文章显得错落有致。……

【设计意图】：以上各节要点，难免挂一漏万，教师不必也不可能在一堂课上一一详述，只需在学生有提出困惑之时，适当点拨，以助学生体验感悟；在教学方法上，教师指导学生把玩文字，同时穿插声情并茂的诵读，让其沉潜到文本深处，体验感受余氏散文的语言、意境和情感。

（二）"听·冷雨"

教师设问：（出示幻灯片）

> 问题：赏析完"听雨"之美，我们疑惑，为何如此美的雨境却说是"冷雨"？

如果学生难以回答，教师需将问题分解引导：

1. "雨"，能"听"出"冷"感吗？听是声觉，按理是听不出冷之触觉的。之所以有"冷"感，必是由心而生，心冷，才会雨冷！

2. 余光中简介：余光中1928年生于南京，祖籍福建，1949年随父母去了香港，1950年迁居台湾，之后，就一直在台湾、香港和美国之间辗转漂泊。1974年，他到香港中文大学任教，并于同年写下了《听听那冷雨》这篇散文。1992年，他终于回到了思念已久的大陆。阅读散文，"知人论世"，对相关背景材料介绍尤为重要。了解作家身世经历、时代背景、创作缘由等材料，会让学生更好的理解文中作者的思想情感。

3. 作者心"冷"何处？本文从绵绵春雨，写到潇潇秋雨（引导学生赏析第1节和最后12节：文章从开篇"回家"到文末"等着他的公寓"，作者在淅淅沥沥的雨中走了一路，听了一路，想了一路，最终又回到眼前的冷冷的现实的雨中。文章前后呼应，成一环形结构），而"冷"既表现了雨的凄冷；更蕴含了漂泊在外的游子故土之思。一个"冷"字把迷蒙凄冷的雨景与听雨者淡淡思乡之愁融为一体，构成了独特的艺术境界。

（三）"听·'那'·冷雨"

教师设问：（出示幻灯片）

> 问题：既已听出"冷雨"了，为何作者还要在其前加一"那"字？

如果学生难以回答，教师需将问题分解引导：

1. "那"字给人什么感觉？远指，指向远方，有渐行渐远之感。

2. 如果说"冷雨"是因乡愁；"那冷雨"还仅是那远方的故土之思吗？引导学生比较第6节和第11节：从第6节"王禹偁竹屋听雨"，到第11节"台北公寓时代"，"雨打屋瓦"不在，不难发现那渐行渐远的是传统中国式的意境消逝，这折射的恰恰是余光中对中国传统文化的热爱。

3. 投影背景资料：余光中热爱中国传统文化，他说"中国，最美最母亲的国度"，他说"要做屈原和李白的传人"，文化的"多妻主义者"。余光中的作品，无论散文、诗歌，都充满浓郁的传统意识和乡土观念，抒发了浓浓的去国怀乡之感，强烈的思乡之情，这与他的经历不无关系。

4. 文中作者对中国传统文化的热爱散见何处？

无论是第 6 节中王禹偁竹楼听雨，还是第 5 节段蒋捷的人生三听雨，还是第 4 节米氏父子的宋朝山水，以及与美国落基山形成鲜明对比的中国山水，还是第 2 节那无论是英语还是法语都无法与之媲美的方块汉字。无一不是中国文化的构成，中国作为一个"乡"，让作者痴情回望望几回。

至此，顺着"中国传统文化"这条脉络，我们从文章后面向前追溯，就会发现"那"字之妙，原来"听雨"只是引子，引出的是乡愁，但隐藏在"乡愁"背后的，更是对那渐行渐远的中国传统文化的热爱！这也正如余光中自己所言："一个读书人的乡愁是把空间加上去，乘上时间，乘上文化的记忆，乘上沧桑感，这种乡愁就是立体的。"

（四）"听听" · 那冷雨

教师设问：（出示幻灯片）

> 问题：试比较："听，那冷雨"与"听听那冷雨"，哪种语言表达好些？

1. 叠音词，音韵美；同时也映照了本文无所不在的旋律节奏。余光中是拿着他那支写诗的笔用左手写下了这篇音韵绝华的美文。

2. 师生从文中选取一些经典语言形式赏析诵读。譬如："淋淋沥沥""淅淅沥沥""料料峭峭"淋漓尽致地刻画了雨的特点，写出春雨的缠绵细密。连缀叠词叠音可以组成一幅图景一幅画卷。如："回忆江南的雨下得满地是江湖下在桥上和船上也下在四川在秧田和蛙塘下肥了嘉陵江下湿了布谷咕咕的啼声。"一气呵成，如板行歌。……

3. 投影余光中《炼石补天蔚晚霞》语句：我倒当真想在中国文字的风火炉中，炼出一颗丹来。我尝试在这一类作品里，把中国的文字压缩、捶扁、拉长、磨利，把它拆开又拼拢，折来且叠去，为了试验它的速度、密度和弹性。

教师总结：在这里我们充分体验到了汉语的魅力，正是这种感性丰富的语言，让我们充分领略了余光中先生的深厚的学养，生命的激情，体味

下编 问道课堂

到了余氏散文的古典和现代之美。

三、结尾：教师再次投影台湾诗人高雨秀的诗《相思》

（出示幻灯片）

> 打开电视机/台湾——雨/台湾——雨/几乎天天如此/雨多得出奇/说奇倒也不奇/人类四分之一的/相思泪/倾泻在那里

"前尘已隔海，古屋已不再"。他或许还是在一个春雨潇潇的春分之夜，在无瓦的公寓中，"听听，那冷雨。看看，那冷雨。嗅嗅闻闻，那冷雨。舔舔吧，那冷雨！"

【教后反思】

南宋学者陈善曾说："读书须知出入法。始当求所以入，终当求所以出。见得亲切则是入书法；用得透脱，则是出书法。"读书如此，散文阅读教学亦如此。"进得去"而又"出得来"，从而真正做到进出随意，收放自如，浑然天成。其实，这本是课堂教学的最高境界。笔者浅薄，自然是无法达到此境界的。

笔者于教学中发现，《听听那冷雨》这篇散文虽然是从原文中节选的，但内容丰富，围绕一"雨"，写到大陆、美国、台湾，除了写"听雨"，还从触觉、嗅觉、视觉、味觉等角度写——何不就以标题"听听那冷雨"为文本切入口，并以此贯穿始终？于是就有了上述教例。

一堂课下来，虽然自己总想以一根游动如锁链般的话题"入乎其内，出乎其外"，可是遗憾的地方也不少。首先是研读文本的地方还不够，没能给学生更多的探究时间。其次，教师对文本的创新解读，虽放开了手脚，却"主宰"了学生的解读，即学生的理解与教师主导的话题产生了冲突，而如何化冲突为共鸣呢？这的确是个难题！另外，师生对话最忌讳的是一股脑地灌给学生，应引导学生自己去发现，去探究，去提升，去解决自然生成的新问题，从而真正做到从学生内在需求出发，以学生的心灵为起点来进行阅读教学，这也是亟待解决的问题。

（原载于全国中文核心期刊《中学语文教学》2017 年第 12 期）

基于学生的阅读体验

——《高考诗歌鉴赏》课堂实录

一、【课例背景】

连续教了几届高三，然后深深知道"教，然后知不足"之理。每一届高三复习专题之诗歌鉴赏教学，笔者都会广泛搜集、模仿名家方法，但结果却不尽如人意，学生对于"诗词如何鉴赏"依旧茫然。问题到底出在哪？笔者搜集大量的诗歌鉴赏教学案例，观摩同伴教学，最后惊奇地发现：传统的高考诗歌教学在教学内容选择上非常相似，将其简单概述为：

①教师呈现高考诗歌鉴赏考纲；

②教师结合高考例题示范讲解诗歌鉴赏方法；

③教师要求学生解题总结答题技巧。

这样的教学结果也相似：教师教完了，即便总结出诸多技巧，学生课后遇到新题仍旧无从下手。原因何在？调查发现：绝大多数学生诉苦说，"老师，我读不懂这首诗歌！"因为不能读懂诗歌，所以也就谈不上如何鉴赏，这就好比高楼没有屋基而悬于半空，虽然教师示范出不少诗歌鉴赏方法，但这些方法技巧是在读懂诗歌的基础上归纳总结的，如果学生读不懂诗歌，再好的鉴赏技巧也无从谈起，这也难怪学生每次面对一首新的诗歌都会傻眼！鉴于此，笔者在接下来的高三诗歌鉴赏复习教学中，针对现有的教学内容做了重大调整，概述如下：

①我们一般如何欣赏诗歌；

②我们应该如何具体读懂一首诗歌；

③我们如何对接高考，探索考试答题策略。

下编

问道课堂

两相对照发现：如果传统的诗歌教学属于"演绎法教学"，即教师演绎已经存在的诗歌鉴赏方法，然后让学生模仿学习，其特点是以教师讲授为主，以教师预设目标的实现为准，但严重束缚了学生的思维创造力。调整后的诗歌教学则应属于"归纳法教学"，即学生在教师指导下从具体的诗歌鉴赏案例中归纳总结方法，其特点是突出学生主体地位，教学以学生研讨为主，学生求知主动，互动性强。我们说，高考诗歌鉴赏，按照接受心理规律，其前提应该是先读懂诗歌，然后再依据读懂诗歌过程中归纳出的鉴赏方法去答题，最终才能达到诗词鉴赏与高考答题兼顾的目的。

当然，这一愿景能否实现，必定需要在教学实践中不断探索和修正。下面，笔者就结合自己在全市高考复习分析会上的诗歌鉴赏公开课例，具体呈现这一教学转变的过程。

二、【教学实录】

（一）搭建框架：一般如何欣赏诗？

师：同学们，平阳我是慕名而来，因为平阳有一位名气很大的诗人，"岁寒三友"就是他所提，但先不告诉大家，因为我很想知道你们一般是怎样欣赏诗歌的？

生：就是看一首诗写了什么事情，抒发什么情感

师：呵呵，简约！不过，你还没正面回答我的问题哟！请坐！

生：读诗要看诗题，一般诗的题目会告诉我们这首诗写了什么内容；然后是看作者，有些名家有自己独特的风格；还有就是留意一下诗词后面的注解；当然最主要还是内容，看看作者写了什么东西，抒发了怎样的情感。

师：很具体！是不是你的老师也是这样说的？果然受过高考训练！（生笑），但我问的是"大家一般是怎样读诗的"，虽然我知道你们一般也就是为了高考而"读诗"的！（生笑），但若没有所谓的高考，我们是不是就不去读诗了呢？是不是就不会读诗呢？

生：我读诗词是因为诗歌很美，读来很享受！特别是宋词，有时候自己遇上一件快乐事情，会情不自禁地用一句自己喜欢的诗词来表达心情。

师：（板书"享受"）这位同学说得好！其实，一般人喜好唐诗宋词，

并不是为了高考，做诗填词者也并不是为了出高考题。诗歌本是缘情言志之物，吟诗唱词者是因为诗歌能给人带来精神上"享受"。上述两位同学分别代表了两种观点：一种是为了"高考"做功利性程序化的阅读，一种是为了"享受"而阅读。其实两者是可以统一到一起的。（师投影）

> 浙江省考纲古诗文鉴赏评价内容：
> 1. 鉴赏文学作品的形象、语言和表达技巧；
> 2. 评价文章的思想内容和作者的观点态度。
>
> 3 W（维）：what / how / why

师：（对着 ppt 上面 3W）有哪位同学能看出我这里"3W"的意思吗？（环视）

生：（议论纷纷）老师，是不是"是什么""怎么样""为什么"的意思？

师：对！但这仅是表层意思，我将其称之为"三维"，一首诗"写了什么"、"怎么写"的和"为什么写"三个维度建构成一个世界。而三个维度恰好对应着《考纲》所要求的内容。大家看看能否找到这种对应？

生："写了什么"对应"文学作品的形象""文章的思想内容"，"怎么写"对应"语言和表达技"，"为什么写"对应着"作者的观点态度"。

师：聪明！其实，任何一篇文章都可以从这三个维度去发散、细化自己的思维，这样能避免我们在阅读诗文时茫然无措，文学欣赏才能由"知其然"到"知其所以然"，品味到精妙之处，同时也能面对那功利的高考。

（二）细读文本：如何读懂一首诗？

师："理论是灰色的，生活之树常青"。下面我们就来欣赏一首古诗。（投影）

> 清秋有余思，日暮尚溪亭。
>
> 霁痕朝镜觉，书味夜灯知。
>
> 梦断潮生枕，愁新雁入诗。
>
> 思君心欲折，又负菊花期。

诗词是诗人依情而出，很少据题而做，譬如这首诗，无题无作者无注释，甚至是没有题目的指引，这种阅读我戏称其为"裸读"。现在，大家根

下编

问道课堂

229

据刚才"3W"阅读框架，来尝试欣赏这首诗。（思考，讨论后）

生：我觉得诗人在思念自己心上人，晚上都睡不着，只能以读书打发时间。

师：你这是从哪个角度来赏析的呢？

生：从"写了什么"这个角度。

师：好，再请一位同学说说。

生：这首诗写出了一种极度的"思念"，像"梦断潮生枕"这句，诗人想到梦中哭醒，把枕头都弄湿了。我是从"怎么写"来欣赏的。

师：你认为这诗是写"思念"，而且认为这是一种"极度思念"，且以诗句佐证。你这已经开始"细读"诗词。

生：我也想从"怎么写"的角度来欣赏，我觉得诗的尾联"思君心欲折，又负菊花期"写得好。就如写"菊花"就让我想到"待到重阳日，还来就菊花"，而重阳节又是登高怀远的节日，在这样的一个日子里诗人"思君心欲折"，这个"折"字就用得非常好！

师：不错！你这是"以诗解诗"，那我要问一问这个"折"字用得好在哪里？

生：嗯，这个我还没细想。

师：那我就换一问法，这里如果用"碎"字好不好？我们不是常说"心碎"么？

生："碎"字我认为不过瘾，一下子就碎掉了，而"折"字有折磨死人的味道。

师：哦，"折"字就是故意不断，让你慢慢地忍受思念的煎熬，半死不活的！那这里除了用"碎"字外，难道非得用"折"字么？

生：我觉得这应该和后面的"菊花"有关。

师：哦，为什么呢？

生：因为"菊花"是重阳节嘛，诗人吟作此诗时，眼前所见必定是菊花，而我们对于花一般是讲"折花"，所以这里用到"折"字。

师：很好！你这般理解就读到诗文深处去了。老师这里也有一个很类似的例子。贺知章有首《咏柳》诗，其中两句"不知细叶谁裁出，二月春风似剪刀"，请思考一下，为什么诗人此处不说"二月春风似砍刀"呢？

或者是"似菜刀"呢？

生：因为春风温暖柔和，用"剪刀"比用"砍刀"更能显出春的特点。

师：有道理，但既然是要写出春天温暖柔和的特点，那用"小刀"岂不更好？

生：哦，因为前句"不知细叶谁裁出"中有一"裁"字，所以下文用"剪"字对应。

师：呵呵！很好！这汉语中特有的语言联想机制，上文提到"裁"，下文最为相近的就是"剪"字啦！就像这首诗里为何用"折"字一样，因为后面顺应的是"菊花"。

生：老师，我觉得还有一个原因，如果用"碎"字马上就会让人联想到普通的"心碎"，而用"心折"却会给人耳目一新之感。

师：赞一个！你能这样欣赏，其实可以联系语言学上的"陌生化"理论来解释了，这里我们三言两语也不便展开。（指着投影）同学们，关于欣赏这首诗"怎么写"有兴趣的话，课余我们还可以深入探讨。

（三）你来命题：如何解答高考的诗？

师：现在我想再请大家仔细吟诵一遍这首诗，你能看出诗中有什么问题么？

生：感觉这首诗地点不一致，诗的开头写的是"尚溪亭"，怎么突然就"鬓痕朝镜觉"了，空间跨越很大！

生：这首诗第一联和二三联看起来联系不上，有点脱节！

生：我觉得一二联不押韵，如果对调一下读作"日暮尚溪亭，清秋有余思"就好了！

师：读书很仔细！其实我给大家"裸读"的这首诗是从网络上下载而来，你们知道这首诗是盗谁的版吗？

生：不知道！

师：还记得我们刚上课时留下一个问题么？我让你们猜我是慕谁名而来的？

生：哦，我们平阳历史上的一位诗人。（生笑）

师：是的，就是平阳县史记载的南宋爱国诗人林景熙，我就是盗他

《溪亭》一诗的版。（同时投影两首诗）

溪 亭 　林景熙	无 题
清秋有馀思①，日暮尚溪亭。	清秋有馀思，日暮尚溪亭。
高树月初白，微风酒半醒。	鬓痕朝镜觉，书味夜灯知。
独行穿落叶，闲坐数流萤。	梦断潮生枕，愁新雁入诗。
何处渔歌起？孤灯隔远汀。	思君心欲折，又负菊花期。
［注］：①"馀思"，是指诗人在南宋灭亡之后所怀有的旧君故国之思。	

师：大家诵读一遍，看看这两首诗有什么区别。（生齐读）

生：我觉得出了第一句以外，其他的内容完全不一样了！

师：（笑）那这首诗还是写"情思"吗？

生：不是了！但确是写"思"！

师：是的，现在我们这首诗有作者、标题、注释，来看看南宋著名爱国诗人林景熙是何许人也。（教师边投影幻灯片，边讲解）林景熙，字德阳，号霁山，浙江平阳腾蛟带溪人。历任泉州教授，礼部架阁，进阶从政郎。南宋灭亡后，他时怀旧君故国之思，晚年隐居于平阳白石巷。

现在大家能否从"3W"框架出来，依照高考题型，为自己家乡大诗人的作品命制几个题目。试试看！（学生活跃起来！）

生：我从"写什么"的角度拟题"这首诗表达了诗人什么样的情感"。

生：我想问"为什么作者用'溪亭'做诗的题目"。

师：前面同学是从"写什么"的角度来命题，其实"写了什么情感"，注解已经给了我们提示。

生：应该就是一种"余思"吧！就是指诗人在南宋灭亡之后，时时所怀有的旧君故国之思。

师：对，诗题本身已经做了内容上的注解，所以这首诗鉴赏点应该放在"怎么写"上。不同诗词有其不同的特点。这样，我们先解答一下为什么作者用"溪亭"做题目，谁来说说看？

生："溪亭"应该是诗人吟作此诗时所在之处，整首诗写到的景象都是在"溪亭"所能看到的。

师：的确如此。这种现象在古典诗词当中很普遍的。这样，我们切换一个欣赏角度，从"怎么写"来尝试一二。

生：我觉得诗人在表达自己思绪之时写到"闲坐数流萤"一句非常绝妙。

师：为何妙？

生：这句诗中用一个"数"字，读起来有深意，因为人只有到了很无聊的时候才会去数那飞来飞去的萤火虫。

师：不错，你能够对诗词进行炼字欣赏，已经开始往诗词的深处欣赏了。同学们，诗人林景熙的这首《溪亭》被2007年广东省作为一道8分值的高考诗歌鉴赏题，其中第二题就有你刚才所说的"数"字艺术效果。你能回答这个问题吗？

（师投影：请结合全诗，评析第三联中"穿"、"数"二字的艺术效果。）

生：我觉得"穿"字形象地表达出诗人的哪种孤独、徘徊的情绪。诗人又坐在林中百无聊赖地"数"起了流萤，"数"字传神地描绘出诗人苦闷无聊的心境。

师：基本和参考答案一致！加4分！同学们，其实，我们发现近年的高考诗歌鉴赏题，很多都是从"怎么写"的角度出题的。现在，我们可以总结一下这堂诗词鉴赏课的收获了！谁来说说？

（四）总结提升：我的一点收获

生：诗歌从"写什么"角度读起来比较容易，大多数主题离不开"爱恨情仇""离愁别绪""思乡怀远"等。

师：赞同！你刚才说的这些主题都是不同时代不同作者的不同方式的演绎。可谓是千人千面千手，所以文学欣赏才有了"一千个读者有一千个哈姆雷特"之说。

生：我最大的收获就是知道了还有一个"三维"的框架来读诗词的！这为我们今后如何去欣赏古诗词提供了路径。

师：呵呵，很好！其实除了古诗词，其他的文学作品也可以按"三维"的框架来欣赏的。谁还讲？

生：我觉得在遣词造句时应避开熟悉词语，就像能用"折"字就不用"碎"字。

师：你说的是词语的"陌生化"吧！这个大家课后可以再找资料研究。

同学们，下课了，最后，我也用一首小诗送给大家（师边想边吟诵）：

借用景熙一首诗，平阳学子备考时。

诗词鉴赏千古事，得失成败寸心知。

生：下课（鼓掌！）

【课后反思】

教育心理学认为：教学就是要试图在学生和教育影响之间建立一种联系。这种联系不是一种表面形式上的新旧知识联系，而应是知识与学生经验、体悟之间的联系。因此，教师教学内容的选择不应基于教师想当然认为有用的东西，而应基于学情，聚焦学生目前的经验和体验。这也使得笔者对高考诗歌教学乃至其他文学作品教学有了如下感悟：

1. 以学生体验为起点进行阅读

从学情出发，以学生为本，这是诗歌有效性教学的前提。教师关注学情，从学生的需求出发，遵循教学基本规律，如此才能帮助学生在诗歌鉴赏过程中掌握解题方法，增强语文应用能力。因此，教学内容的选择确定首先就要以学情为基础，要分析班级学生的学习现状，学生已有的知识储备和答题能力，只有通过了解学生已有的能力去确定学习目标，才能使教学做到有的放矢，省时高效。其实，大凡文学作品教学都有相通之处，阅读教学设计要以学生的已有体验为依托，学生以生活经验和知识积累链接文本阅读，在阅读中提升经验。如果教师心中没有学生知识能力的现状图，仍将学生的起点设想为"零"，就容易形成以教师预设目标为体现的千篇一律的程式化教学。

2. 以学生体验为基点亲历阅读

以高考诗歌教学为例，过去传统的诗歌教学，由于应试专家和老师们精心炮制诗歌鉴赏的解题技巧，学生并没有进行真正的诗歌阅读体验，而是追求技巧的运用和答案的要点的完整性。实践证明，真正的诗歌教学，应该以学生的阅读体验为基点，充分尊重审美心理的形成规律，才能培养起学生的诗歌鉴赏能力和解题能力。其实，阅读教学的目的本身就是师生共享文本的意义世界，这一过程就是要在立足经验、亲历阅读的活动中才能得以奠基。从上述课例来看，这堂课的教学思路由三个层次构成：如何欣赏一首诗；如何读懂一首诗；如何解答高考的诗。三个层次由浅入深，由知识到实践，在梯度中深入。因此，课堂教学一定要重视学生的阅读体验，始终以学生的体验为基点，以学生研讨为主，让学生以感受、思考、探究的方式阅读文本。

3. 以学生体验为悟点升华阅读

在接受、理解和阐释文学作品过程中，学生不是被动的接受者，在与文本保持心灵沟通时，他们会带着先前的体验参与阅读，甚至能动、创造性地进行解读。实践证明，学生已有的体验就是他们解读文本的感悟点，体验的发展变化使得每一次阅读理解都不同于前一次所得。譬如上述诗歌教学课例中学生之前有了"思君心欲折"一句中"折"字妙用的分析，然后就有了对"闲坐数流萤"一句中"数"字的精彩理解。之所以有这一阅读深化，就在于学生用自己的生活体验、情感价值去解读作者在诗歌中所表达的生活体验、情感价值。同理，在文学作品阅读教学中，我们应提倡学生与自己的阅读体验对话，从而不断升华自己对文本的解读。当学生浸入文本中与自我对话，边阅读边反思自己的理解，学生内心的感受与文本之间的矛盾就会促使其去思考、感悟和探究，使其困惑不断走向澄清，自我的情感思维不断地获得充实和发展，对文本的解读也就不断得以升华。

（原载于人大资料复印中心《高中语文教与学》2015 年第 2 期，原标题为《高考的诗歌鉴赏：基于学生的阅读体验——一堂高考诗歌教学研讨课》）

下编

问道课堂

找一个"话题"代替

——《名人传序》课堂教学实录

【教学依据与思路】

一般来说，一篇作品都会有一个根本的思想或情感"核心"。作者就是在这一"核心"的驱使或规范下进行创作的。有时候这一"核心"或是文本中的几句话，或是隐含于字里行间的一种思维提示，一条情感线索等。而这无不启发了我们：解读文本，读者完全可以调动自身审美储备，钻到作品的气韵精髓里，去"点击"这个能使作者产生创作冲动的触点，去"解剖"那勾连文本肌理的关键之处；或者说就将其整合成一个或数个能牵一发而动全身的"话题"，从而以简驭繁，以静制动，引得源头活水最终打通作品全部脉络。

下面，笔者就以《名人传序》（人教版高中语文第二册）课例抛砖引玉，以求方家不吝赐教。

【教学过程】

师：有谁知道世界上演奏最多次数的钢琴曲？

生（齐声）：《命运交响曲》！

师：对，大家也许听过多遍了！今天再请你们闭上眼睛听一听！

（贝多芬的《命运交响曲》响起……）

师：以曲度人，同学们，当你听完之后，你心目中的贝多芬是个怎样的人呢？

生1：他是一位伟大的音乐家！

生2：他是生活的强者！

师：是的！当我第一次听这支曲子，也和你们一样感慨不已，当时还写下了一首短诗——不过是残缺的，因为有一个词我推敲很久也没有合适的。今天我就请大家看看用个什么词恰当？也算了我一桩心愿吧！

（幻灯片投影短诗）

生命的旋律

激昂的乐章

贝多芬/你是一位？

因为你扼住了命运的咽喉

驱除了罗曼蒂克的幻想的苦难

因为你/演绎了悲剧的壮烈

激励着人类担受残酷命运的挑战

生1：（笑）那就写成——贝多芬/你是一位"名人"？

生2：不好，太一般了！

生3：……

师：是啊！的确有些难！所以老师才请大家帮帮忙嘛！不过，当我前几天看了法国作家罗曼罗兰写的传记，倒有了些灵感——对了，罗曼·罗兰，大家熟悉吗？

生：不太清楚。

师：（投影解说）罗曼·罗兰是法国19世纪批判现实主义大师，因历经12年创作了《约翰·克利斯朵夫》而获得1915年诺贝尔文学奖。他的作品被高尔基称为"长篇叙事诗与20世纪最伟大的小说"。与此同时，他还写了三部传记——《贝多芬传》《米开朗琪罗传》和《托尔斯泰传》，三传合一，称为《名人传》。

生1：我知道了，贝多芬/你是一位"名人"？

生2：太俗气了吧！

师：当然不是了。老师看的另一本译作叫《巨人传》，有人也将它译为《名人传》，其实内容是一样的！对了，著名作家杨绛先生还为它作序了呢！课文后面不是有吗！

生：（翻到课文后面，恍然大悟）哦！应该是"巨人"……

下编

问道课堂

师：是吗？大家觉得如何？好不好？……

生：不错啊！用在贝多芬身上最好不过了！

师：真的吗？那可不一定哟！不是说"没有最好，只有更好"吗？如果你看了罗曼·罗兰写的《名人传序》后，你一定能帮老师这首"残诗"续上一个更好的结尾。

生：到底是什么呀？！

师：别急！欲知后事如何，请课文看来！注意，一定要仔细阅读，文中有疑难的地方，务必勾圈点画出来！

（学生快速阅读课文，边看边勾画；教师巡视。五分钟后）

师：大家觉得作家罗曼·罗兰会送一个什么词给贝多芬呢？

生1（抢答）：我知道了，是伟大！（师板书，"伟大"）

生2（反驳）：不对，应该是"英雄"！

师：到底哪一个好呢？

生（齐声）：英雄！

师：（笑，看着刚才抢答同学低下头）为何不能将其合二为一呢？（师在"伟大"后面板书"英雄"）怎么样？

生：（鼓掌）

师：真是"众人拾柴火焰高"啊！只要咱们齐心，其利断金，不是吗？（众生笑）但我有疑问了——贝多芬是位"伟大英雄"？那他是不是你心目中的英雄？你心中的英雄又是怎样的呢？

生1：贝多芬是位伟人我承认，要说是"英雄"，我倒不太赞同！

生2：我也没有什么英雄不英雄的，要说有，周杰伦就是我心中的英雄，我就佩服他很会作曲。

生3：我心中的英雄是姚明，他将篮球打出了中国，打到了世界！（生笑）

师：看来大家"英雄"所见不同啊！各人都有各人心目中的英雄，那贝多芬到底是不是英雄呢？

生：是！但他是罗曼·罗兰心目中的英雄！（众生笑）

师：不是你们的吗？

生：（有的说是，有的说不是。笑）

师：你们倒乐，可罗曼·罗兰可要哭喽！看来大家衡量英雄的标准不同，那现在我们就找找看，看看罗曼·罗兰心中的英雄有没有标准呢？最好用原文回答哟！

（生阅读课文，边读边勾画。两分钟后）

师：找到了吗？在哪一段？

生：找到了，第四段中"我称为英雄的，并非以思想或强力称雄的人，而只是靠心灵而伟大的人"。

师：很好！怎么来理解这句话？

生：在作家看来，那些思想家和政治家都不是英雄，而有"伟大心灵"的人才能称得上是英雄。

师：是吗？你能否结合课文讲一讲什么样的心灵才是"伟大的心灵"？

生：……

师：大家能否从此段中找一个词来解释说明？请一位同学朗诵一遍，大家注意听，听的过程就是思考的过程。

生：（一生朗读，声音洪亮）仁慈。具有仁慈品格的心灵才是伟大的心灵！

师：很好！一个具有仁慈之心的人才是英雄！古人云："人之出，性本善。"世间很多人有仁慈之心，你、我、他，难道不是都有一颗仁慈之心吗？那我们是不是都能成为罗曼·罗兰所说的"英雄"呢？

生：不行！要成为罗兰心中的英雄还得要条件。

师：什么条件？

生：毅力——"他们固然由于毅力而成为伟大。"

师：好，是不是"仁慈＋毅力＝英雄"呢？

生1：……

生2：不一定！"他们固然由于毅力而成为伟大，可是也由于灾患而成为伟大。"毅力要从"灾患"中历练出来。

师：你能不能具体阐述一下？

生：（很兴奋）在罗兰看来，一个能够成为英雄的人必须先要有一颗伟大的仁慈的心灵，如此他才能普渡众生！（生笑）但这还不够，"真金还须火炼"这个"火"就是"灾患"。越能经得起火炼，越能显出"英雄本

下编
问道课堂

色"！（生鼓掌）

师：（笑）看来咱们班藏龙卧虎！佩服佩服！其实，作家杨绛在《巨人传序》中也有类似解释——有怎样的解释？大家能找出来吗？

（学生快速找到文后的材料，有的学生找到后读出声来。）

（教师投影：英雄的内涵，罗曼·罗兰所指的英雄，只不过是"人类的忠仆"，是因为具有伟大的品格；他们之所以伟大，是因为能倾心为公众服务。——《巨人三传》，代序杨绛）

师：根据大家的分析，我们发现，要成为罗曼·罗兰眼中的"英雄"还真不易！他（她）不仅要有一颗博大的仁慈的心灵，而且还要有坚强的毅力，勇敢地去面对"灾患"！同学们，现在我们回过头来再看看，贝多芬是这样的"英雄"吗？

生：当然是了！

生：而且作家还将英雄的首席给了他。

师：噢？什么叫"首席"？

生：就是第一名。

师：第一名，就意味着有第二、第三，在米开朗琪罗、托尔斯泰和贝多芬三人之中，罗兰为何就将首席给了贝多芬呢？

生：……

师：我们可以在哪找到答案？

生：最后一段。

师：好，谁来说一说？

生：我觉得在三个"英雄"中，贝多芬是最最符合罗曼·罗兰"英雄"标准的。

师：你说"最最英雄"，此话怎讲？

生：我非常敬佩贝多芬，也了解他一些情况。他在耳朵全聋，生活窘迫和精神受到折磨的情况下还以巨人般的毅力创作了《第九（合唱）交响曲》，用音乐来鼓舞激励世人！

师：请问你以前看过《贝多芬传》吗？

生：没有。

师：那你是如何知道的呢？

生：我以前听初中老师讲过的。

师：那好，今天老师就让大家走近贝多芬！（教师边投影边解说）贝多芬，伟大的德国作曲家，也是人类艺术伟大的创作者之一。他从 26 岁开始便感到听觉衰弱，但是他对艺术对生活的爱战胜了他个人的苦痛和绝望——苦难变成了他创作力量的源泉。他最杰出的作品几乎都是在他后半生耳聋状态下创作的。当你知道这些，想不想读读包括贝多芬在内的三位"英雄"的传记？

生（异口同声）：当然想了！

师：可是课本里却有这样一句话，"我们毋须探询他们作品或倾听声音，就在他们的眼里，即可看到生命从没像处于患难时那么伟大，那么丰满，那么幸福。"（投影显示贝多芬、米开朗琪罗和托尔斯泰的画像）同学们，我们敢不敢和这些英雄或犀利坚毅或忧郁深邃的眼神对视？

（生都笑了，有的还低下了头）

师：好，我们还是看看作家是如何解说他将"英雄首席"送给贝多芬的原因吧？请将最后一段诵读一遍。

（生齐声诵读最后一段）

师：深沉的感情一下子就读出来了。我现在有个想法，看谁能从这一段中摘录"经典"词句，将老师的那首"残诗"完善，这样也归纳出了答案，好吗？

（学生很兴奋，跃跃欲试。师投影开始的那首"残诗"。）

师：谁来试试？那大家推荐一位，你们最想听听咱班谁的创作？

生：课代表！她平时就喜欢写诗。

师：好，课代表，你就露一手给我们瞧瞧吧？

生：（有些不好意思）我是这样写的——

"英雄的首席"给你，

伟大的"仁慈"，

担当"命运的磨难"，

又帮助我们，

"重新鼓起对生命对人类的信仰"。

生：（鼓掌）好！

师：写得比我好！也圆了老师的心愿，谢谢你！同学们，贝多芬是罗曼·罗兰笔下的"首席英雄"，也是我们心中的"巨人"！其实像托尔斯泰等也都有其"英雄"的一面，大家若想走近大师就请读读《名人传》吧，这也不辜负作家罗兰的心愿了！（生笑）但是，我又有一个疑问了，作家为什么要写这些英雄传记呢？（生翻书寻找）

生：他要"重新鼓起对生命对人类的信仰"。

师：为什么是"重新"，之前、现在不是很好吗？

生1：并不好，课文开头就讲了"我们周围的空气多沉重"。

生2：人类喘不过气来，所以想"打开窗子吧！让自由的空气重新进来！呼吸一下英雄的气息"。

师：老师是不是可以理解为作家罗曼·罗兰呼唤"英雄"，是因为"时代在召唤，社会急需要"？

生：正是这样！

师：除此以外，那还有其他原因吗？

生：第二段还说了，"为了援助他们，我才在他们周围集合一般英雄的友人。"不过，老师，我有一个疑问——"一般英雄"是什么意思啊？

师：你读书很细心！大家讨论一下，"一般英雄"是什么英雄？

生：可能是普通的英雄吧？老师以为呢？

师：我也有疑问，也许是傅雷先生翻译时弄错了，按照此处语境理解，应该作"一班"，是"一群"的意思。仅是一家之言，课后大家再找找资料，查证一下吧！——现在，我们终于找到了问题的所在，大家也终于明白了作家罗曼·罗兰为何要写这部英雄传记！那么，今天我们这个物欲横流的时代需不需要呼唤"英雄"呢？

生：需要！要不电影《英雄》、《天地英雄》就不会有人看了！（笑）

师：那我们需要什么样的英雄？大家心里面有没有自己的英雄标准？

生1：我认为不管出身如何，只要能够将自己的信念坚持到底，就是英雄！比如说洪战辉吧！他的事迹就是最好的证明！

生2：我也崇拜姚明！刚才我同桌说他心中的英雄是姚明！其实我说他是我心目中的英雄！不仅仅是崇拜他的篮球，而让我感动的是，上次我在电视里看到他还为中华干细胞血库作捐献，从美国赶回来救了一位白血病少年！

师：原来如此！（对着第一位说姚明的同学）你认同她的观点吗？

生：认同！不过我才听她说姚明还有这样的义举！那我更崇拜他了！

师：（板书"莫以成败论英雄，英雄众相本质同"）同学们！不论是姚明，还是洪战辉，或者诸位心目中崇敬的那位，他们也许都有可歌可泣的一面！但更重要的是他们都有着一份仁慈，一种勇毅，一份感动！尽管生活中不可能人人都是英雄，但人人都可以去成为英雄！至少这样，我们才会让我们这个时代的英雄流血不流泪，英雄无悔不寂寞啊！但是，我相信，不管是哪位英雄，他都会喜欢贝多芬的《命运交响曲》，不是吗？最后就让我们在为"首席英雄"贝多芬共同创作的诗歌中结束这节课！

（教师投影；以贝多芬《命运交响曲》为背景音乐。师生朗声诵读）

> 生命的旋律
>
> 激昂的乐章
>
> 贝多芬
>
> 你是一位伟大的英雄
>
> 因为你
>
> 扼住了命运的咽喉
>
> 驱除了罗曼蒂克的幻想的苦难
>
> 因为你
>
> 演绎了壮烈的悲剧，
>
> 激励着我们担受残酷的命运挑战
>
> "英雄的首席"给你
>
> 伟大的"仁慈"
>
> 担当"命运的磨难"
>
> 而又帮助我们
>
> "重新鼓起对生命对人类的信仰"
>
> ——高一（6）班·师生合著

【教后自评】

南宋学者陈善曾说："读书须知出入法。始当求所以入，终当求所以出。见得亲切则是入书法；用得透脱，则是出书法。"读书如此，阅读教学亦如此。"进得去"而又"出得来"，从而真正做到进出随意，收放自如，浑然天成。其实，这本是课堂教学的最高境界。笔者浅薄，自然是无法达到此境界的。

笔者备课时发现，《名人传》虽为贝多芬、米开朗琪罗和托尔斯泰三位巨人而写，但序文却是缘于贝多芬——何不就以"贝多芬"为文本切入口呢？于是笔者设计了"贝多芬，你是一位（　　　）"这一话题，并以此贯穿始终。课堂伊始笔者就以一首有关贝多芬的"残诗"导入，激发学生兴趣；而导入的开始又是解读文本的开始，随着"贝多芬是否是英雄"的辨析又使得学生进一步比照自己的英雄观，从而深化了对"英雄"内涵的认识。可以说，以"话题"牵动文本，并以此整合文本，最后又生成回归文本，是解读本文的一条蹊径。另外，人文精神的弘扬并不能取代对文本语言（词句）的研读，否则，话题的设置也就成了形式了，因此在教学过程中不可忘记观照字词。

虽然自己总想以一根游动如锁链般的话题"入乎其内，出乎其外"，可是遗憾的地方也不少。首先是研读文本的地方还不够，没能给学生更多的探究时间。其次，教师对文本的创新解读，虽放开了手脚，却"主宰"了学生的解读，即学生的理解与教师主导的话题产生了冲突，而如何化冲突为共鸣呢？这的确是个难题！另外，师生对话最忌讳的是一股脑地灌给学生，应引导学生自己去发现，去探究，去提升，去解决自然生成的新问题，从而真正做到从学生内在需求出发，以学生的心灵为起点来进行阅读教学，这也是亟待解决的问题。

（原载于《教育科学论坛》"走进课堂"栏目 2006 年第 11 期）

贴着学生教小说

——《最后的常春藤叶》课堂实录

【教学设想】

通常而言，教师预备的教学内容还只是想让此成为教学内容，并非已经是教学内容。因为，决定"教学内容"的一个非常重要因素，即学生学习的本身。学生"怎样学"决定了教师"怎样教"，唯有具体的学情分析，教学才有正确的方向和重点。

《最后的常春藤叶》是苏教版高中语文必修二"珍爱生命"专题中的一篇小说。小说教学属于文学教育，其本质是一种文学欣赏，而文学欣赏是一种复杂的高层次的情感活动，是读者对文学作品的感受、体验和鉴赏。那么，如何确定"这一篇"小说的教学内容才能达到文学欣赏的效果，这是一个值得探讨的问题。

从新课标下的课文呈现类型看，该小说属于"文本研习"类，笔者以为教学应基于学情，立足文本，把学生起点知识、体验和现有生成结合起来，在此基础上通过对文本的精读研读、品味感受，从而陶冶情操，掌握阅读方法，提升文学阅读素养和审美境界。

【教学过程】

一、字词很重要！

师：同学们，今天我们一起来欣赏世界短篇小说大师契诃夫的作品，请看投影：

下编 问道课堂

> 《最后的常春藤叶》
>
> 思考：1. 这篇小说的主人公是谁？ ＿＿＿＿＿＿＿＿
>
> 　　　2. 音形义填空：
>
> 　　　胡同（ ）—不速之客（ ）—常青 téng （ ）—模特（ ）

然后大家带着上述问题阅读课文。（学生阅读课文后，师生开始交流）

师：好，大家看完了，你们觉得这篇小说的主人公是谁啊？

生：贝尔曼。

生：我觉得是"琼珊"！

师：哦？看来有争议！有没有说是苏艾的啊？（生笑）没有！

师：看来莫衷一是。小说的主人公到底是谁，这很重要！但既然难以达成共识，那就暂且放一放吧！看看这些字词填空，我想请同学做一做，哪位？

生：（一生举手，走到前台）

师：大家看有没有要修正的？"不速之客"的"速"是"达到"吗？

生：应该是"邀请"，我刚查了词典。

师：很好，看来习以为常的词语有时我们并没有弄懂！还有没有问题？

生："藤"下面的"月"应该写在草字头的下面。

师：对，读音、书写貌似简单，其实不简单！看看最近的汉字拼写大会就知道了！大家注意到没有，黑板上这四个语词均选自课文，它们之间有着什么关系呢？

二、为何是"胡同"？

师：同学们，欧·亨利的小说是惜墨如金的。即便本应渲染的"贝尔曼夜画藤叶"，也是点到为止。然而在小说开篇，作者却浓墨重彩、郑重其事地写"胡同"，这是一个怎样的"胡同"？作者为何要花如此多笔墨来写"胡同"？

生：这是一个"形成许多奇特的角度和曲线"的胡同。

生：如果一个人在这条街上转弯抹角、兜圈子，转着转着就会"碰上他自己"。

师：很好，这些说明什么？

生：说明这里的胡同很多，很复杂。

师：是的，大家再看这句话，"街道仿佛发了狂似地，分成了许多叫巷子的小胡同"，想想，为什么这里会发狂似地分成"小胡同"，这又说明什么？

生：这里原来应该是宽敞的，但来了很多外来客租房子，就分割出很多小房子，这些房子构成了无数个胡同。我感觉这里应该是一贫民窟，虽然住的是"艺术家"。

生：我也赞同他的意见，这些关于"胡同"的描写，写出了这些艺术家怎一个"穷"字了得，难怪得了肺炎后就无钱治疗，只有等死了。

师：哦，你把胡同和"肺炎"联系起来了！文中哪些语句将两者联系在一起呢？

生："在这错综复杂，狭窄而苔藓遍地的巷子里，他的脚步却放慢了"，正因为有了这几段的交待，我们才能感受到这些下层人物生活处境。

生：我也这么觉得，作家看似随手泼墨，其实感觉他是有意的。作为为人类创造丰富精神食粮的艺术家，原本应该衣食无忧，然而现在却连维持正常的工作、生计都很艰难，这到底是一个怎样的社会？我觉得胡同是当时社会缩影。

师：你们分析得很有道理！欧·亨利作为 20 世纪伟大的批判现实主义作家，他总是以审视的方式远距离地观察，你看他用幽默、看似诙谐的方式大事渲染"胡同"，其实是对于这病态社会的批判，尽管这种批判看似"含泪的微笑"式的。

三、故事怎么讲？

师：下面，大家能否依据刚才投影中的这几个字词，将这篇小说的情节串联起来，将小说改写成一份简约版故事？（投影）

> 思考：
> 胡同（tòng）—不速之客（邀请）—常春 téng（藤）—模特（mó）

（学生拿出纸笔，几分钟后）

师：下面请同学将自己的改写投影出来，谁先来？

生：故事发生在纽约一个下层艺术家聚居的胡同里，年轻人琼珊被不速之客肺炎感染了，尽管有朋友的照料，而琼珊却把生命的希望寄托在窗外的一片常春藤叶上，想着树叶落下也就死了。她的绘画模特老画家贝尔曼，在一个风雨交加的夜晚，画上了最后一片叶子，自己却染上了肺炎死去，而琼珊却死而复生。

师：不错！概述很简练，老师也想改写一篇！（生很兴奋），不过，我只是在你的基础上做一些改写：

故事发生在纽约一个下层艺术家聚居的胡同里，年轻人琼珊被不速之客肺炎感染了，尽管有朋友的照料，而琼珊却把生命的希望寄托在窗外的一片常春藤叶上，想着树叶落下也就死了。—出乎意料的是，那最后一片叶子就是没凋落。于是琼珊重新燃起了生的希望，活了过来。最后谜底揭开了，是琼珊的模特老画家贝尔曼画上去的。大家看看，两个版本的故事有什么不同？

生：基本上一样，不同的是您在最后揭开谜底。

师：对，这是两种故事的讲法，或者说这是两种不同的叙事方式，大家以为哪种方式好些呢？

生：我觉得老师这种叙述方式好些。

师：为什么呢？

生：这样做等于先行埋下伏笔，设置了一个悬念，然乎再在结尾高潮处戛然而止，使人恍然大悟，读着有意思。

师：呵呵！大家有感觉了。作家苏曼诺夫曾说过，"艺术的打击力量要放到最后"，那些短篇小说大师往往在小说结尾处进行艺术处理，让结局出人意料，又在情理之中，从而让人荡气回肠，掩卷沉思。下面我们做一游戏，如果我们将结尾"最后谜底揭开了，是琼珊的模特老画家贝尔曼画上去的"提到前面，对小说的情节有影响吗？

生：故事还是那个故事，但就是没有什么味道了！

生：小说没有了悬念，变成了平铺直叙，好像仅仅是为了告诉我们一件事情。

师：很好，我们通常读小说就是读情节，请问小说是否就是"告诉我

248

们一件事情"？或者说我们阅读这篇《最后的常春藤叶》小说，是否就是为了知道"画片叶子救人"的故事？

生：不是！小说读到最后我被贝尔曼画一片叶子震撼了。如果开始就知道是他画的，也许我会有些感动，却不会有震撼！

师：你刚才提到"震撼"，是什么给了你这样的感觉？

生：我觉得应该就是欧·亨利的这种讲故事的方式。

师：说得很好！同学们，诺贝尔文学奖获得者莫言在瑞典文学院发表获奖感言，标题就是"讲故事的人"，我们欣赏小说，不仅要了解作家"讲的故事"，更应该理解作家"如何讲这个故事"。

四、谁是主人公？

师：好了，现在我们来解决上课之始留下的问题，不过加一前提条件——如果这篇小说是平铺直叙的，请问小说主人公是谁？一定是贝尔曼吗？

生：不一定，其实我觉得琼珊的好友苏艾更值得称赞，虽然贝尔曼画上了最后一片叶子使得琼珊恢复了生的信念，最终脱离了危险。但我们不要忘记了琼珊身旁的那位苏艾——琼珊病了，是她照顾，琼珊绝望，是她想方设法拖延，并把情况告诉了贝尔曼，如果没有她，也许琼珊就撑不到看"最后一片叶子"！

师：你是说主人公应该是苏艾？大家找找，看看小说是怎样来刻画苏艾的？

生：当苏艾得知琼珊病情很严重时，她"到工作室里哭了一声，把一张日本纸餐巾擦得一团糟。然后，吹着拉格泰姆音乐调子，昂首阔步地走进琼珊的房间"，即便是自己很悲伤，却依然装出快乐的样子来鼓励琼珊战胜病魔。

生：在琼珊病重期间，苏艾跑前跑后，而且还坚强地从精神上不停地鼓励琼珊。从小说篇幅上看，花在贝尔曼上面的笔墨还没有苏艾多啊！

师：哦？你是说小说花费的笔墨多的就应该是主人公吗？

生：一般是这样的。从文章篇幅而言，这篇小说主要是写琼珊和苏艾，而且从战胜病魔角度来看，我认为琼珊也算主人公。

师：此话怎讲？

生：老师你想啊，贝尔曼和苏艾对琼珊的帮助应算作外部影响，最终起决定作用的还是琼珊本人。就像马克思所说的，外因影响内因，但内因决定外因。（生笑）

师：呵呵！你把刚学的马克思哲学都搬来了。大家注意！我们现在讨论的问题是——

生：（齐声）小说主人公？

师：对！我们这里探讨的是"主人公"问题，不过刚才同学提了一个问题，即笔墨多少是衡量"主人公"的标准吗？譬如这篇小说，虽然作家在贝尔曼身上着墨不多，但欧·亨利这位短篇小说的大师，以其独特的"讲故事"的方式讲述了这个故事，请问，作家心目中的主人公会是谁呢？

生：（齐声）贝尔曼！

师：这样看来，"谁是主人公"，其实主要看谁能体现作家最想体现的东西！现在，我们可以做个假设：如果这篇小说换成老贝尔曼来叙述，也就是说整篇小说是由贝尔曼的讲述，你觉得哪一个情节是必不可少的？

生：贝尔曼在风雨中画叶子最为震撼人心，一定要详细交待。

师：那下面请同学们展开想象，结合第55段中有关语句，注意，是请你站在老贝尔曼的角度来叙述自己是如何画最后一片常春藤叶的。

（学生开始动手快速写起来，5分钟后）

师：由于时间关系，我们就写到这，巡视过程中我发现这位同学写好了，下面让我们一起分享他的创作？

生：（读）我喝完最后一口松子酒，嘴里还泛着一种苦涩的酒味，今天是怎么了？唉，琼珊，这个可怜的孩子哪！难道就……我，慢慢地走向那堵墙，手里拿着几只用秃了的笔和那块已经褪了色的画板，吃力地爬上那把梯子，衰老的身体在风中颤抖着，风雨无情地灌紧了我单薄的衣服，我心里却很清醒，用那画笔在墙上一笔笔画着，那星星点点的黄色和绿色的颜料在风雨中变成了最后一片叶子……（学生沉浸在她的描述之中，寂静，最后一片掌声）

五、哪个题目好？

师：好一个"最后一片叶子"！写得好，读得也好。同学们，贝尔曼用

250

自己毕生的力量描绘出最后一片叶子，你可知道小说题目有一种版本叫《最后一片叶子》，为何课文编者会选用《最后的常春藤叶》呢？

生：我觉得"常春"二字有着深刻含义。这片叶子是病人"生"的希望和信念，是友人崇高的爱心的付出，是老画家自我牺牲精神的体现，是人生最精彩的杰作！

生：我也赞同！小说中的"常春藤"貌似维系着两个人的生命，它是一个生命的寄托，更是另一个人生命的奉献。生命固然不能永恒，但绿色是永恒的，精神是永恒的！所以我认为其他题目没有这个题目好。

师：你们分析的很深刻，把老师要讲的都讲完了！那么，现在我们就来为这篇小说作一个总结：这是一篇关于什么的小说（主题）？（投影）

> 《最后的常春藤叶》
>
> 思考：
>
> 这是一篇关于 _____ 的小说？（主题）

生：这是一篇关于"奉献"的小说。

生：这是一篇关于"爱"的小说。

生：这是一篇关于"做人"的小说。

师：要我说，这是一篇关于"人"的小说，或者说是关乎"人性"的小说。请大家不要忘记了小说中人的身份。

生：艺术家。

师：对，他们都是艺术家，艺术家注重的是精神！如果把琼珊换成是菜市场卖菜的，也许就不会在乎那可笑的"最后一片叶子"了。其实，无论是贝尔曼还是苏艾，甚至是琼珊本人，从他们身上我们都能看到精神的力量、人性的灵光。

师：同学们！记得罗丹说过："在做艺术家之前，先要作一个人，要点是感动，是爱，是希望。"这堂课，我们从文字进入，从文字出来（师板书一大大"人"字），小说中折射出来的精神力量和人性之美，深深启示我们：如何做一个大写的"人"！也许我们看惯了花开花落，看惯了生死轮回，却没有思考过这个问题，那么，这堂课能给我们一些启迪吗?！

生：能！（大声）

下编 问道课堂

251

师：好！下课！

【教学反思】

教育心理学认为：教学就是要试图在学生和教育影响之间建立一种联系。这种联系不是一种表面形式上的新旧知识联系，而应是知识与学生经验、体悟之间的联系。因此，教学内容的选择不应基于教师想当然认为有用的东西，而应基于学情，聚焦于学生目前的知识和体验。这也使得笔者对小说教学乃至其他文学作品教学有了如下感悟：

通常而言，教师预备的教学内容还只是想让此成为教学内容，并非已经是教学内容。因为，决定"教学内容"的一个非常重要因素，即学生学习的本身。学生"怎样学"决定了教师"怎样教"，唯有具体的学情分析，教学才有正确的方向和重点。

《最后的常春藤叶》是苏教版高中语文必修二"珍爱生命"专题中的一篇小说。小说教学属于文学教育，其本质是一种文学欣赏，而文学欣赏是一种复杂的高层次的情感活动，是读者对文学作品的感受、体验和鉴赏。那么，如何引导学生亲历阅读，在此基础上确定"这一篇"小说的教学内容，这堂课做了一次有益的尝试。

从新课标下的课文呈现类型看，《最后的常春藤叶》属于"文本研习"类，执教者能够基于学情，立足文本，把学生起点知识、体验和现有生成结合起来，在此基础上通过对文本的精读研读、品味感受，从而陶冶情操，掌握阅读方法，提升了文学阅读素养和审美境界。

从这堂课的教学思路来看，课堂由五个板块三个层面构成，思路清晰，三个层面有梯度和深度，更主要的是体现了如下四点教改精神：①体现了"学生会的老师不讲，学生能做的老师不做"的教改精神，学生成了学习的真正主人；②课堂上自始至终是以学生研讨为主；③教者将知识与能力有机地结合在一起。既做到了"仰望星空"，又能够"脚踏实地"，当然，如何将这两者有机地结合起来，还需要执教者进一步去研究探索。

（原载于全国中文核心期刊《中学语文教学参考》2018 年第 5 期）

代跋 | 语论： 问道回音

今天，已毕业的学生来看我，其中项思杨同学说有记我上课"语录"一事，我甚为奇怪！请她打开 QQ 空间一看，整整 90 条，5000 余言。

读罢汗颜，原来自己在课堂上讲了那么多"废话"！但我还是要感谢思杨将其整理成录，因为，这其中有她两年的语文经历，更有我的语文人生。以下为部分转载：

> 才子者，吾班语文老师"超人"也。据说曾被评为"九大才子"之一。上课文采飞扬，写得一手好字，潇洒不失庄重，遒劲不失优雅（真可惜没拍下来），故得这一雅号也。省市教坛新秀，多次赛课获第一名，校庆、奥运等大型活动对联皆出其手。上课时常有新颖观点迸现，不同于说教式的语文教学，笑谈之中引人深思！两年来，零零碎碎记了这么多他的经典话语。
>
> 01. 你把动词抽掉，这个世界就停止了。
>
> 02. 一哄而上。一哄而散。这是中国人的特性。
>
> 03. 教育的本质在哪里？就是让人成就为"人"！
>
> 04. 你把不是问题的问题当作问题，它就成了问题了。
>
> 05. 狂人有两类：一类是至上之人，一类是至陋之人。
>
> 06. 高考不仅要把试题考趴下，还要把你旁边的人考趴下。
>
> 07. 每一个汉字都是一幅图画，每一个汉字都是一个神话。
>
> 08. 孤单是一个人独处思索的时刻。"孤单"并不等于"孤独"。
>
> 09. 有良知的"青蛙"都知道自己做过"蝌蚪"，就像我现在这样。
>
> 10. 丢芝麻捡西瓜，是符合常理的；既捡芝麻又捡西瓜，是有

悖常理的。

11. 叫你扩展句子，你就这样来增加字数："我家有只狗，汪，汪汪，汪汪汪……"

12. 生命的幸福不在于前30年奋斗，后30年享福，而是边奋斗边享受，边工作边生活。

13. 这世上不怕没好事，就怕没好人。坏事可以给好人做好，好事也可以给坏人做砸。

14. 你反对这样东西时，首先要拥有这样东西。就像中国反对原子弹，首先要自己先拥有一样。

15. 人不能有傲气，但一定要有傲骨。男人就要狂傲一点，当然是指骨子里的傲。我很看不起那些手机被学校没收，低三下四向老师求的男生。

16. 龚自珍认为"梅以曲为美"这一观点是残忍的，扼杀本性的。其实你们也是"病梅"。我也是，我们生活在"同一片烂天下"。

17. 整篇《长恨歌》我读出了两个字："色"、"情"。杨美女生前是绝"色"，死后是唐明皇的深"情"。

18. 我很生气，我们非要把英欧语系中的"主谓宾"结构强加在汉语中。其实日常用语和文言文中，基本上是没有这样的结构的。如果每句话都一定要这样说，那汉语过不了多久就会死掉。……

19. 子曾经曰过："知之为知之，不知为不知，是知也。"我好的，我可以越来越有信心。不好的，我可以舍弃。人太贪了，是要进康宁的。子曾经又曰过："知其不可而为之。"这句话我是不太赞同的。

20. 自古以来话语权就掌握在男性手里。（正好此时，下面一女生打了个"阿嚏"。全班爆笑）才子有点不好意思："你不服气也没办法，这是事实啊。"

21. 我恋爱时得出了一个经验：学习和恋爱一样，不在于你付出了多少，而在于你接受了多少。你学得再多，没有真正接受进去，也是白搭。

22. 俗话说："老子英雄儿好汉。"可在中国，往往是"老子英雄儿熊蛋"。比如包拯和他儿子，比如龚自珍和他儿子。

23. 古代妇女真是没有地位，因为"匹夫"这个词是不包括妇女的。所以后来又造了"匹妇"这个词。一般有大事是不会把机会给女性的，但坏事却都推给女性，所以才说什么"红颜祸水"。其实，什么"红颜祸水"，什么"一个女人毁了一个王朝"，这些都是不负责任的男人把罪过推脱给女人的说法！你们怎么能把亡国这么大一个责任全推到一个弱女子身上?! 褒姒、妲己、西施、貂蝉、赵飞燕、杨玉环……她们是无辜的！西方男人可以为了一个女人打一场长达数年的战争，而中国男人只会把战争和亡国的缘由推给女人！

24. 东西方文化的差异在于，东方注重集体主义，西方注重个人主义。从东西方写信格式中可以看出（省、市、地址、人）。在英语中，"I"无论何时都是大写！

25. 我鼓励大家大学起码都要谈一次恋爱！那买卖似的相亲太可悲了。不过大学恋人成功的几率可是很低的啊……（有同学问，老师你是不是从大学坚持到现在的啊?）这个……别别别……我还要讲课的啊……

26. 小说里的对话是写给文中的人物的，不是写给读者的。在情况危急时，作战的战士们会怎么说? 难道 A 说："把手榴弹给我。"B 说："干什么?"A 说："让我扔过去。"B 说："给你。"等他们讲讲完，人都被炸没了。(觉得被我写冷了，配上才子的表情、语气、动作，现场效果真的极为搞笑)

27. 有人说，中国近现代史是三个省份的人出的：浙江人，广东人，湖南人。浙江人出钱，广东人出主意，湖南人出命。看看孙中山这些人，是出主意的；湖南人是最猛的，像毛泽东、谭嗣同等，是出命的。

28. "她含着泪笑了"比"她微微一笑"更能让人的思维转一个大弯。我们会想，她为什么会含着泪笑呢? 是她的那个"他"

255

欺负她了？是她失恋了？还是她吃饭排队时没打着大排？……
（散讲功夫可见一斑）

29. 高三睡眠保障8个小时，那是屁话！历来中国的高三学生睡眠只用6个小时就够了！我不是站着说话不腰疼，我自己也是这么过来的。女生我不知道，男生精力很充沛的。我高三晚自修后还天天骑着自行车带女生去偷橘子的……

30. 在浙江出了多少大家？绍兴有鲁迅、朱自清，富阳有郁达夫，海宁有王国维、金庸、徐志摩。他们的相同点是：（1）幼年丧父，母亲独自抚养大，（2）身材矮小。其中鲁迅不到1米55，朱自清不超过1米6。身材矮小的人为什么浓缩成了精华？因为他们需要仰视他人。身材矮小，精神上就一定要强大。他们自卑，自卑后就自强。当然，自卑不能过火。

31. 当你做题时，一定要给自己一个理由，即使这个理由是错的。有的人稀里糊涂的，连自己是怎么死的都不知道。遇到不会的就闭上眼睛，随便选一个，以后到社会上怎么办？

32. 韩国编剧深谙"因果链"的道理，所以那么长的电视剧可以边写边拍。比如让我来编一个电视剧：A家族与B家族是世交，但某天A家族的人突然把B家族的人给杀了。大火中，B家族一个刚出生的婴儿被抢夺着。你不要紧张，不要担心，那娃娃是不会死的，要留下一个"因"，引出后面的"果"，不然这戏怎么演下去啊？娃娃被偷偷地送出去了，在嵩山少林寺长大，练就一身武功。如果你想让剧情马上结束，那就让他回来把A家族杀光，好了。如果你还想编下去，那么，他就在路上遇到了一个姑娘，和这个姑娘产生了感情，不料却发现这个姑娘是A家族的。（罗密欧和朱丽叶来了……）他回来想把A家族杀光，有这么容易吗？A家族那个老头太厉害了，《风云雄霸天下》不就是这么拍的嘛—那老头"啪嚓"一巴掌，就把他打下了悬崖，悬崖下面还有个山洞……@#￥%＊&（好长啊，我是怎么记下来的啊！）

33. "国王死了，王后也死了"这并不是情节。情节是把多个有逻辑关系的事件艺术地安排在一起。如果改为"国王死了，王后因为伤心也死了"，这就是情节了。如果改为"那个练 HU LAN GONG（温州话，NND 腾讯死也不给发表）的国王竟然死了，在操场上做广播操的王后听到这件事也死了"，这就是周星驰的无厘头风格了。

34. "木桶原理"还可以进行改装。一般人都说水量取决于最短木板的长度，但我认为，木桶的桶底是"先天（命）"，木板是"后天（运）"。如果命不好，底就一点儿大，不就试管嘛?! 装个屁啊?! 但如果后天很努力，变成很长很长的试管，也未尝不可。有的人命好，桶底很大，后天却不努力，也装不了多少水的。

35. 当你们走出高中校园后，你们就会发现现在精心打磨的东西都是垃圾，只剩下最后 0.1% 的东西——那就是你自己的思想和你所培养起来的意志。

......

高中生涯，能遇到他，实为一幸也。献给每一位拥有这段记忆的人。

代
跋

257